新编21世纪高等职业教育精品教材 / 物流类 / 浙江省普通高校“十三五”新形态教材



# 物流成本管理

# Logistics Cost Management

主编◎王顺林
副主编◎陈一芳

中国人民大学出版社
·北京·

# 前　言

《中华人民共和国国民经济和社会发展第十四个五年规划和2035年远景目标纲要》明确提出，国家将以推动现代物流业高质量发展为重点，以支撑构建新发展格局为目标，以深化供给侧结构性改革、推动现代物流业实现由大到强转变为主线，深入推进现代化物流提质增效降本。作为生产性服务业的重要组成部分，物流业将在提升制造业核心竞争力方面发挥更加重要的作用。面对这一重要战略机遇期，物流人才数量、质量、结构亟须优化，尤其在数字化转型、智能化改造、物流业与制造业深度融合、国际物流大通道建设等方面需要不断提质增效降本。

新时代发展迫切要求教材的创新应用，综合当前已经出版的“物流成本管理”相关国内外教材来看，在内容编排上，多是将重点放在物流成本管理的理论与方法层面，突出部分物流成本的核算方法，然后对物流成本进行分类，如客户服务成本、运输成本、仓储成本、库存持有成本与其他物流成本，再进行物流成本的分析、预测与决策以及物流成本的控制等介绍，缺乏岗位工作任务的嵌入与衔接；在形式上，国内外已有的教材中大部分体现在纸质教材中通过图形化阐述相关知识要点和技能要点，有部分教材虽然也有一些操作视频和动画资源，但是质量不高，且不成体系。

基于已有教材的缺陷，宁波职业技术学院物流成本管理课程团队自2003年从事物流成本管理教学实践以来，不断地将企业实战案例积极转化为教学成果，在教学实战中不断地推陈出新，去伪存真。2019年，课程团队成功申报浙江省省级精品在线开放课程“物流成本管理”建设项目；2020年，主持建设的校本教材获批浙江省普通高校“十三五”新形态教材建设项目，本教材便是该校本教材的正式出版成果。本教材在课程设计上，首先以岗位角色贯穿一家制造企业的物流成本管控工作为切入点，方便学习者将岗位职责与知识技能训练任务进行可视化和身临其境的融合。其次，本教材配备专门的精品在线课程资源，方便学习者借助二维码或增值服务码有效地将纸质教材和精品在线课程网站（https://www.zjooc.cn 或 https://mooc.icve.com.cn，具体操作方法可以看附录 2）进行线上、线下教学资源有机的衔接，使得学习者既可以获得系统全面的理论知识体系，又可以借助互联网技术，获取便捷的学习渠道和资源；既可以通过线下实际操作学习与训练掌握物流成本核算、分析、控制和绩效考核任务，又可以通过线上课程资源库进行反复预习、观摩、复习、拓展，提升知识点及技能点，强化学习者自学能力，将线上与线下两种学习模式完美结合、相得益彰。

《物流成本管理》新形态教材凸显了“一家典型项目企业，岗位角色跃迁引导，课程素养教育聚焦，任务驱动组合训练”等特色，具体来说就是，基于“十四五”时期物流业与制造业深度融合发展的大背景，引导学习者较为系统地学习并掌握物流成本和物流成本管理的理念和范畴，以经营一家拥有自营物流和第三方物流业务需求的综合性制造企业的物流成本管控工作为任务项目载体，基于不同岗位角色（物流成本核算员、物流成本分析专员、物流成本控制专员和物流成本绩效考核专员）面对的工作任务，从完成 IMC 公司物流成本辨识、辅助账户设计和作业成本核算等核算任务，到完成物流成本比较分析、物流成本习性分析和物流本量利分析等分析任务，再到完成物流成本控制的预算管理、标准成本法和绩效考核设计等管控任务作为学习脉络，最终使得学习者将实际工作岗位任务与学习任务进行有机融合，理解并掌握企业物流成本管理必备的基本技能和知识素养，以及成为不同岗位角色的必备知识和技能储备，在学习和训练过程中，进一步提升学习者的成本管控意识。同时在任务驱动学习中，本书有机地将课程素养教育与课程知识技能相融合，将会极大地增强学习者建设社会主义物流强国的责任感、紧迫感。

本书共分 4 个项目、13 个任务。

项目一作为概述部分，有 2 个任务，主要帮助学习者在认知物流成本与物流成本管理的基础上，能够帮助公司初步设计出合理有效的物流成本管理策略，便于学习者从整体上把握物流成本管理的脉络。

项目二有 3 个任务，从物流成本核算的角度出发，帮助学习者为公司构建出合理的物流成本核算体系，对物流成本进行有效的核算。

项目三有 4 个任务，从物流成本分析的角度出发，帮助学习者根据公司已有的核算成本数据，对物流成本进行合理的分析。

项目四有 4 个任务，从物流成本控制与绩效评价的角度出发，帮助学习者根据分析结果，采用合理的方法对公司物流成本进行控制管理。

本书由宁波职业技术学院的王顺林担任主编、陈一芳担任副主编，由宁波职业技术学院的郑军和肖林玲、湖州职业技术学院的王利芳、漯河职业技术学院的陈绮、宁波金智源科技服务有限公司的舒文兵和刘青等参编。具体分工为：项目一由王顺林、郑军编写，项目二、项目三由王顺林、陈一芳和陈绮编写，项目四由陈一芳、王利芳、舒文兵和刘青编写。

由于编者水平有限，加之涉及内容繁多以及时间仓促，书中难免有一些疏漏和不当之处，恳请有关专家和读者批评指正。

编 者

2022 年 4 月

# 目　录

扫一扫

物流成本管理
宣传片

# 项目一
# 认知物流成本管理

## 【知识技能结构导图】

- 认知物流成本管理
  - 辨识物流成本，初步构建物流成本分类表
    - 知识点：物流成本内涵
    - 知识点：物流成本构成
    - 知识点：物流成本分类
    - 知识点：物流成本特点
    - 技能点：能够正确地对企业提供的物流成本数据进行物流成本分类，完成初步的物流成本分类表工作
  - 初步分析公司物流成本管理问题
    - 知识点：物流成本管理内涵
    - 知识点：物流成本管理目的及意义
    - 知识点：物流成本管理内容
    - 知识点：物流成本管理方法
    - 知识点：物流成本管理学说
    - 技能点：能够运用合理的物流成本管理观念，结合初步的物流成本分析，完成物流成本管理工作

# 任务1
# 辨识物流成本，初步构建物流成本分类表

## 【能力目标】

能够正确地对企业提供的物流成本数据进行物流成本分类，完成初步的物流成本分类表工作。

## 【知识目标】

1. 掌握物流成本的内涵；
2. 了解物流成本的构成；
3. 掌握物流成本的不同分类；
4. 理解物流成本的特点。

## 案例引入

### 对企业物流成本的认知

中国实体经济发达，2018年第二产业占国内生产总值的比重为40.7%，是世界第一的制造大国，也是世界工厂，生产的产品除满足本国需求，还是世界第一出口大国。中国的物流成本既包括生产物流成本，也包括消费物流成本，且生产物流成本大于消费物流成本。

物流成本通常都被认为是业务工作中的最高成本之一，仅次于制造过程中的材料费用或批发、零售成品的成本。以美国为例，物流成本等于销售费用的50%。在美国，产品的直接劳动成本已不足全部成本的10%，全部生产过程中只有5%的时间直接用于加工制造，95%的时间用于储存、运输等物流过程，发挥物流的作用能为企业带来更多的盈利空间。我国目前制造业生产成本中仍有三成左右被物流占去，远高于发达国家的10%～15%。

国务院办公厅转发国家发展改革委、交通运输部《关于进一步降低物流成本的实施意见》，是继转发国家发展改革委《物流业降本增效专项行动方案（2016—2018年）》和发布《关于进一步推进物流降本增效 促进实体经济发展的意见》后，第三次发文专题部署降低物流成本的重大举措。

不能把降低物流成本简单地理解为一味降低服务价格，更不能等同于无限度挤压公路运价。降低物流成本应从产业链、供应链角度整体看待，通过资源整合、流程优化、组织协同、生态共建，来降低综合物流成本，最终让实体企业和人民群众享受物流高质量发展带来的“政策红利”。

“2020 年 11 月，物流业作为基础性、战略性、先导性产业，在发展动能的转换、推进传统产业智能化改造方面走在前列。”中国物流与采购联合会会长何黎明在第二届全球供应链数字经济峰会上表示。

**思考：**降低物流成本对我国制造业发展的意义何在？以前你是否意识到物流成本在制造业中的重要作用？

## 工作情境描述

作为宁波科翔技术有限公司（公司简介见附录 1）一员的你，经过短期培训上岗，被分配到物流部，部门经理要求你将公司的物流成本（见表 1-1）进行分类汇集，以方便后续决策。

**表 1-1　宁波科翔技术有限公司物流成本列表（部分）**　　单位：万元

| | 包装 | 装卸 | 运输 | 储存 | 流通加工 | 配送 | 物流信息 |
|---|---|---|---|---|---|---|---|
| 人工费 | 50 | 120 | 140 | 50 | 40 | 35 | 30 |
| 营运费 | | 70 | 40 | | | 30 | |
| 设备维护费 | 40 | 20 | | | 60 | 40 | 50 |
| 材料损耗费 | 50 | 10 | 40 | | 70 | 40 | 30 |
| 第三方物流 | | 30 | 30 | 50 | 30 | 40 | |

现在的你，看着眼前的数据表 1-1 一顿发愣，不知道如何分类才能保障不会出现返工问题。

**工作情境问题分析：**面对上述工作情境，重点需要解决的问题是：给出的数据表中的数据，如何进行合理且有效的分类，从而发现问题？附带的问题是：在解决这一分类的过程中，需要分辨清楚，什么样的资料才算是物流成本分类需要的信息？

## 必备知识

扫一扫

**心仪已久的物流成本**

### 一、物流成本内涵

物流成本（Logistics Cost）是指物流活动中所消耗的物化劳动和活劳动的货币表现——摘自《中华人民共和国国家标准·物流术语》（GB/T 18354—

2021)。

在具体理解物流成本内涵时，需要从以下两个方面来判断：第一，某环节或活动的物流成本必须是可以用货币形式来表现的，且最后核算统计时，物流成本必须用已经支付的货币形式来表现；第二，物流成本需要通过相应的载体，即服务某项产品或服务的活动过程来实现。在分析物流活动时，需要将物流活动与企业的价值链活动密切联系，从供应商出发，继而到生产商，最后到消费者，以此分解或确定出有价值的物流活动，并对这些物流活动的费用进行核算，从而正确掌握真实的物流成本。

企业物流成本（Enterprise Logistics Cost）是指企业物流活动中所消耗的物化活动和活劳动的货币表现，包括货物在运输、储存、包装、装卸搬运、流通加工、物流信息、物流管理等过程中所消耗的人力、物力和财力的总和以及与存货有关的流动资金占用成本、存货风险成本和存货保险成本。

**学习讨论**

在第三方物流企业或者制造企业开展的物流作业活动中花费的费用或者成本（比如：第三方物流中的运输司机工资、企业物流中的仓库人员工资等），能否举例（1～2个）来说明：哪些属于物流成本？有什么特点？

答：

______________________________________________

______________________________________________

**[物流成本概念辨析及应用]**

202×年年初，宁波科翔技术有限公司物流管理部门要求对公司上年度的物流成本做一个简单的统计，要求你和物流成本核算员小李各自负责仓储部门和运输部门的物流成本核算任务。面对以下物流成本数据（下面数据都是核算年的上一年度数据），请分别算出各自需要核算的物流成本总额。

(1) 放在仓库中的A货物保管费为2万元，B货物保管费为3万元。

(2) 仓库中的装卸搬运费为1.5万元，仓库中的人员工资为4万元。

(3) 仓库人员培训费为1万元（由于业务繁忙，该笔费用已纳入预算，但未花费）。

(4) 运输人员工资为5万元，当年的车辆保险费支出为10万元。

(5) 外购燃料费提前支付10万元，核算时，真正支付了8万元。

解析过程：

目前有两种解决方法，如以下步骤所示，哪种方法核算的结果正确呢？

方法1：

仓库物流成本＝2＋3＋1.5＋4＋1＝11.5（万元）

运输物流成本＝5＋10＋10＝25（万元）

方法 2：

仓库物流成本＝2＋3＋1.5＋4＝10.5（万元）

运输物流成本＝5＋10＋8＝23（万元）

正确的答案为方法 2 算出的结果。

辨析：

假定你算出的仓储物流成本为 11.5 万元，公司仓储收入为 20 万元不变（数据正确无误，假定其他成本为 0），则公司仓储利润为 20－11.5＝8.5（万元）。

真实的仓储物流成本＝10.5 万元，则真正的公司仓储利润为 20－10.5＝9.5（万元），此时与错误的计算结果相比，公司仓储利润减少了 1 万元，即 9.5－8.5＝1（万元）。

如果核算错误的话，即错误的计算为 11.5 万元，则如上述辨析所示。因此，我们可以得出结论，即核算错的物流成本不能如实反映经营成果。真实的仓储物流成本为 10.5 万元，假定我们准备增长利润为 10 万元，则在正确核算出来的物流成本基础上，只要降低 0.5 万元的物流成本即可。

## 二、物流成本构成

物流成本——企业管理者眼中的风向标

社会物流成本是这样的

1. 宏观物流成本的构成

宏观物流成本又称社会物流成本，是核算一个国家在一定时期内发生的物流总成本，是不同性质企业微观物流成本的总和，如图 1－1 所示。一个国家物流成本总额占国内生产总值（GDP）的比例（如图 1－2 所示）已经成为衡量各国物流服务水平和物流发展水平高低的标志，如图 1－3 所示。例如，一个国家物流成本总额占国内生产总值的比例越低，表明该国物流服务水平和物流发展水平高；反之，则表明该国物流服务水平和物流发展水平低。我国的社会物流总费用包括运输费用、保管费用和管理费用三部分内容，具体来说包括：支付给运输、储存、装卸搬运、包装、流通加工、配送、信息处理等各个物流环节的费用，应承担的物品在物流期间发生的损耗；社会物流活动中因资金占用而应承担的利息支出；社会物流活动中发生的管理费用等。

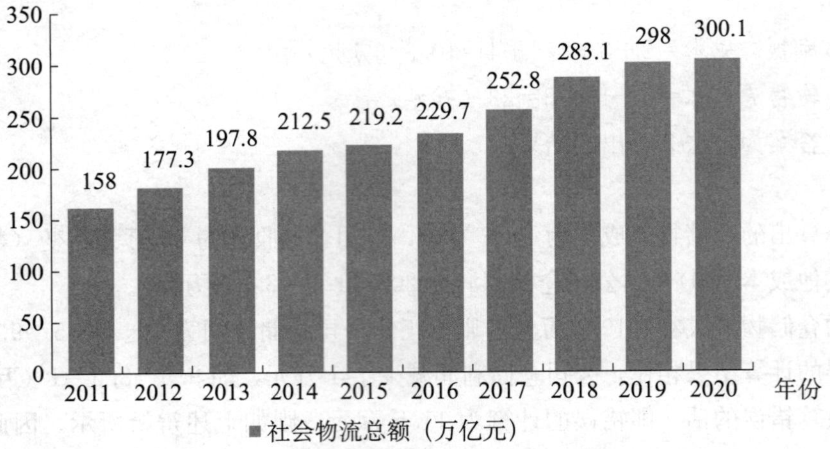


**图 1-1　中国社会物流总额（2011—2020 年）**

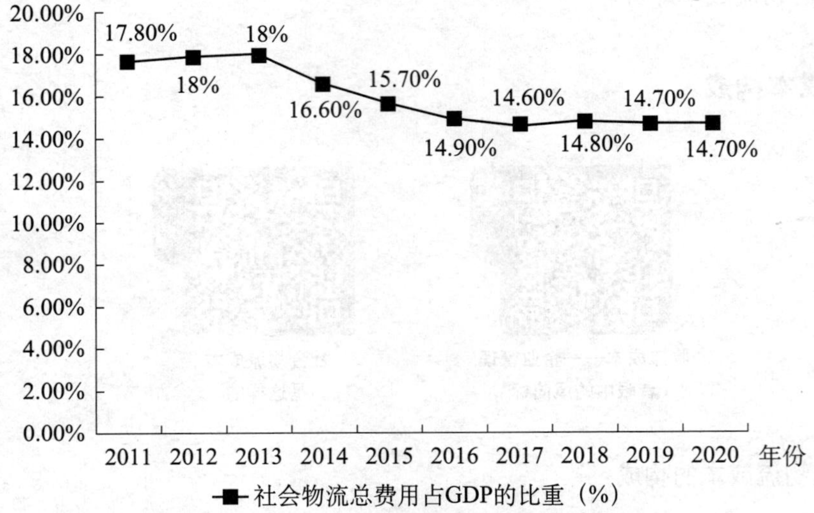


**图 1-2　中国社会物流总费用占 GDP 的比重（2011—2020 年）**

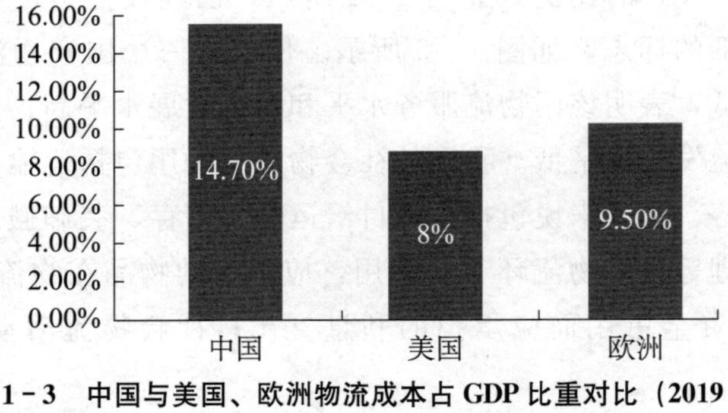


**图 1-3　中国与美国、欧洲物流成本占 GDP 比重对比（2019 年）**

拓展阅读

## 中国社会物流发展状况

2020年全国社会物流总额为300.1万亿元，同比增长3.5%。物流对民生的保障作用日益增强。农村物流、双向流通的渠道进一步打通，服务密度大幅提升，邮政快递物流服务网点覆盖3万多个农村乡镇，支撑消费品下乡和农产品进城产值近万亿元。

从构成看，工业品物流总额为269.9万亿元，按可比价格计算，同比增长2.8%；农产品物流总额为4.6万亿元，增长3.0%；单位与居民物品物流总额为9.8万亿元，增长13.2%；进口货物物流总额为14.2万亿元，增长8.9%；再生资源物流总额为1.6万亿元，增长16.9%。

“十三五”时期，民生物流年均增长24.5%，成为助力形成强大国内市场的有力引擎。基础设施领域加大投入，到“十三五”时期末，我国高铁运营里程、高速公路通车里程均居世界第一。规模以上物流园区超过2 000个，国家物流枢纽45个，骨干冷链物流基地17个。技术应用方面，物流机器人、无人机、无人仓、无人配送、无人卡车、无人码头等新型物流模式走在世界前列。

资料来源：2019社会物流总费用增长7.3%《关于进一步降低物流成本的实施意见》发布（附全文）.（2020-06-03）. https://www.askci.com/news/zszc/20200603/1031111161338.shtml.

2. 微观物流成本的构成

微观物流成本是指发生在企业内部的为实现物流服务功能而支付的各种物流成本费用。微观物流成本根据所处企业领域不同，主要包括商品流通企业物流成本、制造企业物流成本和物流企业物流成本。

（1）商品流通企业物流成本的构成。商品流通企业是指所有独立从事商品流通活动的企业单位，以商品进销差价为主要盈利方式，物品实体比较简单，多为产成品。商品流通企业通过商品购进、销售、调拨、储存（包括运输）等经营业务实现商品流转，其中购进和销售是完成商品流通的关键业务，调拨、储存、运输等活动都是围绕商品购销展开的。具体构成包括：

- 人工费用，包括物流相关职工的工资、奖金、津贴以及福利费等；
- 营运费用，如物流运营中的能源消耗、运杂费、折旧费、办公费、差旅费、保险费等；
- 财务费用，指经营活动中发生的存货资金使用成本支出，如利息、手续费等；
- 其他费用，如与物流相关的税金、资产损耗、信息费等。

拓展阅读

## 新零售下的物流变革

2016年年底开始，全行业比较公认的下一个风口，就是“新零售”。那么问题来了，传统零售向“新零售”转变，会对物流行业有什么影响？又将孵化新的物流风口吗？

前两年，业内一直在讨论说，中国的物流成本居高不下，是发达国家的2倍，占到GDP的18%。截至目前，这个数字大概降到了14%，也就是说，一个价格100元的商品从工厂卖到消费者手里，有14元是物流成本，分摊在各个环节。这个数字在欧美国家大概是7.4%。

其实，欧美国家的很多企业，是没有分销体系的。它们更倾向于自己采购商品，或者是自己买下工厂做代工，然后自己建立一个覆盖全球的物流体系。在这种情况下，它们就能够很精准地服务好自己的门店，并且把每一个环节的成本都降到很低。

而在中国，从工厂出货给总代理，总代理出货给一级经销商、二级经销商、批发商、零售商……我们说，每一次商流的交易，都伴随一次物流。从工厂，到各级分销，每一次的进货、出货，都存在一次搬运，也就存在物流成本。

从分销的角度看，不管是服装，还是乳制品等，商品从工厂出来，到各个省的总代理，再到城市总代理、批发商，直到零售终端，首先品牌自己会在京东、天猫上开旗舰店。与此同时，每一个环节的代理商可能都会在淘宝上注册店铺。而每一个代理商、门店，都需要一个服务于自己的物流体系。

国内的分销体系就决定了搬运次数过多，每个经销商也需要有自己的库房和配送团队，品牌方也是，第三方代理也同样要有，相当于多个物流体系去服务那些订单。

资料来源：新零售时代下物流业下一个风口．(2019-08-05)．https://www.hishang.com/ganhuo/4847.html.

(2) 制造企业物流成本的构成。物流业作为一个生产性服务业，它依附于制造业企业而存在，贯穿于企业生产的上游、中游和下游诸环节中。可以说，制造企业物流是物流业发展的原动力，是物流服务的需求主体之一。如图1-4所示。

制造企业物流成本主要是制造企业在供应物流、生产物流、销售物流和回收物流以及废弃物物流等过程中发生的物流费用。与商品流通企业相比，制造企业的物流成本大多体现在所生产的产品成本中，具有与产品的不可分割性。

制造企业物流成本一般包括以下内容：

- 采购、仓储、搬运和销售物流环节的员工工资、奖金、津贴及福利费等；
- 生产材料采购的物流费用，包括运杂费、保险费、合理损耗成本等；

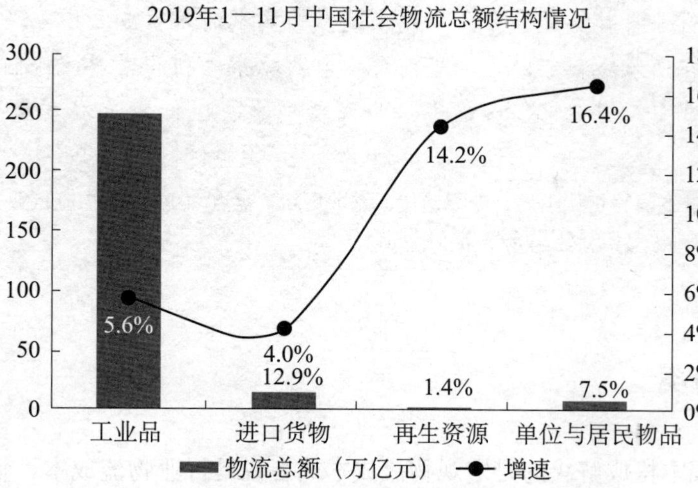


**图 1-4　中国社会物流总额结构图**

- 产品销售过程中的物流费用，如运输费、物流信息费、外包物流费等；
- 仓储保管费，如原材料和产品仓库的维护费、搬运费、合理损耗等；
- 有关设备和仓库的折旧费、维修费、保养费等；
- 营运费用，包括与物流相关的能源消耗费、物料消耗费、办公费、差旅费、保险费、劳动保护费等；
- 财务费用，包括仓储原材料、在产品和半成品、产成品等所占用的资金及利息；
- 回收废品发生的物流成本等。

（3）物流企业物流成本的构成。物流企业包括货代型物流企业、配送型物流企业、信息型物流企业和第三方物流企业。物流企业在运营过程中发生的各项费用，都可以看成是物流成本。

当货主企业把物流业务外包给物流企业运营时，物流企业发生的各项支出构成了它的物流成本，而物流企业向货主企业的收费（包括物流企业的成本费用、税金以及合理的利润）就构成了物流企业的物流收入。

**拓展阅读**

## 跨境电商卖家物流需求的变化："傻瓜式"＋"低成本"

在刚刚落幕的第 14 届物博会上，阿里巴巴跨境供应链事业部负责人王添天道出了 2019 年跨境物流需求层面的变化。

王添天表示，对于跨境 B2C 的卖家而言，他们最大的痛点，就是需要一个"傻瓜式"的、一站式的物流解决方案。他们只需要提出需求，就可以有人立刻帮其搞定，让其可以把更多的精力投放于跨境生意的经营上。

在跨境电商行业日趋成熟的今天，越来越多的卖家涌入行业之中，产品同质化、价格战激烈的竞争在所难免。实际上，当前跨境电商卖家的利润微薄，他们也致力于从供应链的每一个环节上“紧衣缩食”，进一步降低成本、压低物流成本也是他们的基本诉求。

资料来源：货量下降、货代出局、专线迭代、需求更新，盘点2019跨境物流行业大变化．(2019-10-18)．https://www.cifnews.com/article/52402/.

## 三、物流成本分类

如果说物流成本构成解决的是宏观物流成本或者说是行业物流成本，物流成本分类则主要解决具体微观企业的物流成本。

1. 按物流活动的功能环节分类

扫一扫

物流成本分类表足以解决问题了

物流成本总体上讲由包装成本、装卸成本、运输成本、储存成本、流通加工成本、配送成本、物流信息成本和物流管理成本等项目构成。

（1）包装成本。包装成本是指企业为完成货物包装业务而发生的全部费用，包括包装材料消耗，以及包装设施折旧费和维修保养费。包装技术设计、实施费用，主要指实施缓冲包装、防潮包装、防雷包装等费用；包装辅助费用，主要包括包装标记设计费用、印刷费；包装业务人员费用，主要包括包装工作人员与其他相关人员的工资、奖金、福利费等。

拓展阅读

### 二次包装比例高达85%“绿色包装”任重道远

随着电商、快递、物流行业的高速发展，过度包装等问题也越发凸显，包装浪费、材料复杂、环保度低等带来包装的烦琐、过度。这也直接抬高了成本，浪费大量人力、物力，由此引发的环境问题也不容忽视。相关数据显示，中国快递业务量已连续6年位居世界第一，快递业每年消耗纸质废弃物900余万吨，塑料废弃物约180万吨，并呈快速增长趋势。

资料来源：二次包装比例高达85%“绿色包装”仍任重道远．(2020-12-22)．https://baijiahao.baidu.com/s?id=1686781967944356294&wfr=spider&for=pc.

（2）装卸成本。装卸搬运成本是指物品在装卸搬运过程中所支出费用的总和，由装卸搬运直接费用和营运间接费用构成。装卸成本主要包括：流通加工业务人员费用；营运费用，主要指固定资产折旧费、维修费、材料费等；装卸合理损耗费，如装卸过程中发生的货物破损、散失等；其他费用，如办公费、差旅费、保险费及相关税金等。

拓展阅读

## 装卸费每吨300元 货主一气之下把货物扔了

广西金桥国际农产品批发市场上，一个摊位堆满了洋葱，有些已经发芽，有些已经腐烂，摊位周围散发出阵阵酸臭。

据市场上一位装卸工描述：一位货车司机从山东菏泽拉了30吨的洋葱过来，货主在查看货物之后，指挥装卸工进行卸货。但是货物卸完以后，货主却失联了，而司机的运费、工人的装卸费却一直没有支付。当时，货主是让旁边摊位的老板娘帮忙找装卸工卸货的。据其中一位装卸工表示，当时老板娘一共找了8个人卸货，装卸费每吨300元，一共30吨洋葱。但是等货物卸完以后，货主却死活都不接电话了。

网友普遍认为300元一吨的装卸费太贵了，可能30吨的洋葱都不值这个价钱，所以货主综合考量之后干脆就连货物都不要了。

资料来源：装卸费每吨300元 货主一气之下把货物扔了.（2020-08-13）.http://www.360che.com/news/200812/151982.html.

（3）运输成本。运输成本包括为将货物运送到厂家或消费者手中而向不同运输商支付的总费用。这项成本主要取决于不同的运输商的报价，以及厂家选择的运输方式，即选择廉价但较慢的运输方式，还是选择高价但较快的运输方式。当运输商独立于厂家时，运输成本就是可变的。具体来说，运输成本包括：人工费用；营运费用，如营运车辆的燃料费、养路费、保险费等；其他费用，如差旅费、事故损失、相关税金等。

拓展阅读

## 港口瘫痪，货物运输成本激增600%！

在尼日利亚最繁忙的港口，拉各斯的TinCan岛港和Apapa港，由于港口货物拥堵，目前有载满各种货物的不少于43艘船只被困在拉各斯水域。

由于集装箱滞留，货物的运输成本激增600%，尼日利亚的进出口交易也陷入混乱。很多进口商都在抱怨但却没有办法，而由于港口的空间有限，很多船无法进港和卸载，只能滞留在海上。

消息人士显然对局势感到担忧并表示："今年上半年，从远东向尼日利亚运送一个20英尺（约6.096米）长的集装箱的成本为1 000美元。如今，航运公司对同一服务收取的费用在5 500美元至6 000美元之间。"

资料来源：尼日利亚拉各斯港口瘫痪，货物运输成本激增600%！进口商或弃货.（2020-12-31）.https://new.qq.com/rain/a/20201231A054O300.

（4）储存成本。储存成本是指物资存放在仓库经过一定时期后所发生的全部成本，即为保持存货而发生的成本。如仓储费、保管费、搬运费、保险费、存货占用资金支付的利息费、存货残损和变质损失等。

拓展阅读

### 物流环节成本最易降低的一环——仓储成本

运输和仓储共同组成物流运行体系。在庞大的物流运行成本中，运输费用占总费用的40%。保管货物期间即仓储环节，支出费用占总费用的50%。仓储成本是物流成本中比较容易控制和管理的。仓储成本管理水平的高低，对整个物流成本管理具有重要的意义。

资料来源：物流环节最易降低的一环——仓储成本．(2018-02-11)．http://www.chinawuliu.com.cn/zixun/201802/11/328667.shtml.

（5）流通加工成本。流通加工成本是指在商品从生产者到消费者的流动过程中，为了促进销售、维护商品质量，实现物流的高效率所采用的使商品发生形状和性质的变化而产生的成本。流通加工成本具体包括：流通加工设备费用，如设备折旧、维修等费用；流通加工材料费用，主要指投入加工过程中的材料成本；流通加工人工费用；其他费用，如加工过程中的电力、燃料、油料及车间经费等。

（6）配送成本。配送成本是配送过程中所支付的费用总和。根据配送流程及配送环节，配送成本实际上包含配送运输费用、分拣费用、配装及流通加工费用等。

拓展阅读

### 夜间配送成本或高达30元

盒马宣布上海和北京的25家盒马门店全部实现“24小时服务”，除鲜活水产等少数品类外，在晚间22:00至次日早7:00门店闭店时，消费者依然可以使用盒马App下单，最快30分钟可配送到家。

记者了解到，在费用方面，16元每单配送员抽取15.5元，8元每单抽取7.5元。虽然夜间配送收取的费用高，但该费用其实与一般外卖实际的配送费用（6～8元）相差不大，在夜间单量少的情况下盒马要保证配送员的待遇来确保夜间配送。

以平均每个配送员5 200元的晚间工资、每家店5人值班估算，每家店每月的夜间配送成本是26 000元，以每人每晚平均5单、每月平均750单估算，每单的成本高达34元，这还不包括店内分拣员的费用。

资料来源：夜间配送成本或高达30元 盒马的24小时服务赔本赚吆喝．(2018-04-04)．https://baijiahao.baidu.com/s?id=1596788665676656755&wfr=spider&for=pc.

（7）物流信息成本。物流信息成本是指企业在收集、储存、加工、输出有用物流信息以及系统建设、维护、人员培训等过程中发生的各种费用。物流信息成本具体包括物流信息人员费用、信息设施折旧费、信息系统开发摊销费、软硬件系统维护费、咨询费、通信费、业务费等。

（8）物流管理成本。物流管理成本是指一定时期内，企业为完成物流管理活动所发生的全部费用，包括物流管理部门及物流作业现场所发生的管理费用。物流管理成本具体包括物流管理人员费用、差旅费、办公费、会议费、水电费，以及国际贸易中所发生的报关费、检验费、理货费等。

2. 按物流成本的性质分类

按物流成本的性质分类，物流成本主要分为人工成本、营运成本、保管成本、信息成本和其他成本。

（1）人工成本。人工成本主要包括管理人员的工资、福利、津贴等，工人的工资、福利、奖金、津贴等，以及其他人员的费用。

**拓展阅读**

**物流成本增速加快**

物流行业也是劳动力密集型行业，受劳动力成本上升的影响同样很大。国家统计局最新数据显示，在2018年城镇私营单位分行业就业人员年平均工资中，交通运输、仓储和邮政业为50 547元/年，略高于全国49 575元/年的平均水平，其增速也快于全国平均水平。

资料来源：物流人力成本上升，企业未来路在何方．（2019－07－24）．https://baijiahao.baidu.com/s?id=1639955433714370625&wfr=spider&for=pc.

（2）营运成本。营运成本主要包括运输费、装卸费、设备折旧费、设备维修费、材料耗损费、燃料费等。它们不是直接成本，不会因为收入的增加而立即增加，也不会因为没有收入而不用支出。

营运成本与运营成本不同，运营成本是指企业所销售商品或者提供劳务的成本，主要是指直接成本，运营成本应当与所销售商品或者所提供劳务而取得的收入进行配比。

（3）保管成本。保管成本主要包括包装材料费、仓储费、库存物资利息等。每次订货量越大，库存量也越大，保管成本也就越高。

（4）信息成本。信息成本主要包括信息设备费、消耗品费、通信费等。

（5）其他成本。其他成本主要是指以上没有涉及的办公费、差旅费等。

拓展阅读

**企业信息化项目建设成本**

企业信息化项目建设成本包含多个方面。有些部分诸如服务器、数据库服务、网络等硬件投入，外包定制开发，项目咨询，项目实施部署属于显性成本；有些部分则属于相对不明显的隐性成本，诸如各个环节间的沟通成本、系统运行维护成本、需求变更或容量提升等引起的升级改造成本；有些部分则更是不易于察觉的沉没成本，比如一个项目的实施总周期耗时及过程中各个人员的参与实施耗费；有些部分则是全体员工由于技能掌握程度及使用习惯偏好等问题导致、长期使用在不同产品上的差异引起的花费时间，以及使用体验的差异等引起的实际成本差异。

资料来源：企业信息化实施成本的成本及效率比较．(2020-06-28)．https：//baijiahao.baidu.com/s?id=1670728028916211787&wfr=spider&for=pc.

3. 按发生于企业内外部的不同分类

按发生于企业内外部的不同分类，物流成本可分为企业内部发生的物流费用和企业外部发生的物流费用。

(1) 企业内部发生的物流费用。企业内部发生的物流费用包括：物流硬件和软件投资(如配送中心和仓库等物流设施的建设费、维修费和折旧，企业购置的所有物流装备的购置费、维修费和折旧)，企业用于物流设施建设的银行利息，企业物流管理和物流作业人员的工资、福利开支，企业中与物流相关的水电费、煤气费、招待费、工具器具费等，企业物流宣传、教育、人员培训、出差等费用，企业原材料采购中发生的物流费、企业产品销售活动中发生的物流费以及商品退货与废弃物回收过程中发生的物流费，企业物流活动中发生的信息费、流通加工费等。

(2) 企业外部发生的物流费用。企业外部发生的物流费用，如委托运输公司进行货物运输的运输费、装卸费、包装费，委托仓储企业进行货物存储的货物储存费和装卸搬运费，委托包装企业进行货物包装的包装费，委托咨询公司或专家、学者进行物流科研的费用。

企业内外部发生的物流费用可用表1-2来概括。

4. 按发生的产品流程分类

按发生的产品流程分类，物流成本可分为供应物流费、企业内物流费、销售物流费、回收物流费和废弃物物流费。

(1) 供应物流费。供应物流费是指从原材料采购到制造业这一物流过程中所发生的费用，也可以说是经过采购活动将企业需要的原材料从供应者的仓库运回企业仓库为止的物

**表 1-2　企业内外部发生的物流费用**

单位：万元

<table>
<tr><th colspan="2">成本支付形态</th><th>内容说明</th></tr>
<tr><td rowspan="5">企业内部物流成本</td><td>材料费</td><td>资材费、工具费、器具费等</td></tr>
<tr><td>人工费</td><td>工资、福利、奖金、津贴、补贴、住房公积金等</td></tr>
<tr><td>维护费</td><td>土地、建筑物及各类物流设施设备的折旧费、维护维修费、租赁费、保险费、燃料费、动力费等</td></tr>
<tr><td>一般经费</td><td>办公费、差旅费、会议费、通信费、水电费、煤气费、事故损失费等</td></tr>
<tr><td>特别经费</td><td>资金占用成本、存货风险成本、存货保险成本</td></tr>
<tr><td colspan="2">企业外部物流成本</td><td>企业向外部物流机构所支付的各项费用</td></tr>
</table>

流过程中所发生的物流费用。供应物流费包括订货采购费（采购部门人员工资、差旅费、办公费等）、运输费（外包运输费、运输车辆折旧、运输损耗、油料消耗以及运输人员工资等）、验收入库费用（验收费用、入库作业费）、仓储保管费（仓储人员工资、仓储设施折旧、合理损耗、仓库办公费用、储备资金利息等）等。

（2）企业内物流费。企业内物流费是指货物在企业内部流转所发生的费用，即从原材料进入企业仓库开始，经过出库、制造形成产成品以及产成品进入成品库，直到产品从成品库出库为止的物流过程中所发生的物流费用。

（3）销售物流费。销售物流费是指为销售产品从成品库移动开始，经过流通加工环节，直到运输至中间商的仓库或消费者手中的物流活动过程中所发生的物流费用。

（4）回收物流费。回收物流费是指退货、物品返修和周转使用的包装容器等从需求地返回供应地的物流活动过程中所发生的物流费用。

退货物流费是指企业产品由于质量、规格、型号不符以及不按合同发货，造成退货所发生的有关运输、包装等的费用。

（5）废弃物物流费。废弃物物流费是指将经济活动中失去原有使用价值的物品，根据实际需要进行收集、分类、加工、包装、搬运、储存等，并分送到专门处理场所的物流活动过程中所发生的物流费用。

**拓展阅读**

## 八成快递包装未被直接回收

目前我国快递包装物中，瓦楞纸箱占比较大，塑料包装袋次之。据估算，我国快递业每年消耗的纸类废弃物超过 900 万吨、塑料废弃物约 180 万吨。2020 年“双 11”期间，仅有 1 亿多个快递包装物（含塑料填充物）在快递代收点被直接回收，进入二次循环。“双 11”当天全国共处理快件 6.75 亿件，这意味着至少还有 80%的快递包装物由于种和原因，未被直接回收。

资料来源：快递包装物的大量使用和废弃 快递绿色化还有几步走．(2020-12-21)．http://www.xy178.com/tuijian/20201221/95728.html.

5. 按物流成本的性态分类

成本性态，又称成本习性，是指成本的变动与业务量（产量或销售量）之间的依存关系。成本性态分析就是对成本与业务量之间的依存关系进行分析，从而在数量上具体掌握成本与业务量之间的规律性关系，以便为企业正确地进行最优管理决策和改善经营管理提供有价值的资料。按物流成本的性态分类，物流成本可分为变动成本、固定成本和混合成本。

（1）变动成本。变动成本是指其发生总额随业务量的增减变化而近似成正比例增减变化的成本。变动成本与业务量之间的线性依存关系也是有条件的，即有一定的适用区间。也就是说，超出相关范围时，变动成本发生额可能呈非线性变动。

（2）固定成本。固定成本是指成本总额保持稳定，与业务量的变化无关的成本。固定成本总额只有在一定时期和一定业务量范围内才是固定的，这就是说固定成本的固定性是有条件的。这里所说的一定范围叫做相关范围。如果业务量的变动超过这个范围，固定成本就会发生变动。

（3）混合成本。在生产经营活动中，还存在半变动成本或半固定成本，也称为混合成本。其中受变动成本影响较大的称为半变动成本，而受固定成本影响较大的称为半固定成本。对于混合成本，可按一定方法将其分解成变动与固定两部分，并分别划归到变动成本与固定成本中。

6. 按物流成本的可控性分类

按物流成本的可控性分类，物流成本可以分为可控成本和不可控成本。

（1）可控成本。可控成本是指在特定时期内，特定责任中心能够直接控制其发生的成本。成本的可控性具有一定的相对性，它与成本发生的空间范围有关。某个责任单位不可控制的成本，往往对另一个单位来讲是可控的；下一级责任单位不可控制的成本，对于上一级责任单位来讲往往是可控的。

（2）不可控成本。不可控成本是指考核对象对成本的发生不能予以控制的成本，因而也不予以负责的成本。它是责任中心主管人员不能直接控制和调节的，不受该中心生产经营活动和日常管理工作影响的成本。不可控成本具有相对性，与成本发生的空间范围和时间范围有关，如一个部门的可控成本对于另一个部门来说也许就是不可控的。

7. 按物流成本的核算目标分类

按物流成本的核算目标分类，物流成本可以分为业务成本、责任成本和质量成本。

（1）业务成本。业务成本是指企业从事某项业务（产品或劳务）而作出的价值牺牲，它可能是以牺牲另一项资产来换取，也可能是产生某种负债而导致将来的现金流出。在不同类型的企业，业务成本的表现形式也不同，它可以表现为产品成本、劳务成本、作业成本等形式。

（2）责任成本。责任成本是指以责任中心为对象所归集的可控成本。所谓可控成本，是指在责任中心内，能为该责任中心所控制，并为其工作好坏所影响的成本。

（3）质量成本。质量成本是指企业为了保证和提高产品或服务质量而支出的一切费用，以及因未达到产品质量标准，不能满足用户和消费者需求而产生的一切损失。质量成本一般包括：为确保与要求一致而做的所有工作叫做一致成本，以及由于不符合要求而引起的全部工作叫做不一致成本。这些工作引起的成本主要包括：预防成本、鉴定成本、内部损失成本和外部损失成本。

8. 按物流成本的相关性分类

成本的相关性是指成本的发生与特定决策方案是否有关的性质。物流成本按此性质分为相关成本和无关成本。

（1）相关成本。相关成本是指对企业经营管理有影响或在经营管理决策分析时必须加以考虑的各种形式的成本。相关成本主要包括机会成本、付现成本等。

（2）无关成本。无关成本是指过去已经发生，或者虽未发生但对未来经营没有影响的成本，也就是在决策分析时，可予舍弃，无须加以考虑的成本，如沉没成本、历史成本等。

9. 按物流成本的计算方法分类

按物流成本的计算方法分类，物流成本可分为实际成本和标准成本。

（1）实际成本。实际成本是企业在取得各项物流收益时付出的采购成本、加工成本以及达到目前场所和状态所发生的各种费用的总和。

（2）标准成本。标准成本是通过精确的调查、分析与技术测定而制定的，用来评价实际成本、衡量工作效率的一种预计成本。也可以说，标准成本是指在正常和高效率的运转情况下制造产品的成本，而不是指实际发生的成本。

## 四、物流成本特点

1. 物流成本的隐含性

物流成本冰山理论认为，传统物流成本的计算大多数情况下只是了解显性物流支出的费用，计算的主要是人工、材料消耗及固定资产折旧等费用，而对隐性的成本很少涉及。由于物流成本没有被列入企业的财务会计制度，制造企业习惯将物流费用计入产品成本，物资企业则将物流费用包括在物资流通费用中，商贸企业则把物流费用与商品流通费用混为一谈，因此，无论是制造企业还是物资企业抑或是商贸企业，不仅难以按照物流成本的内涵完整地计算出物流成本，而且连已经被生产领域或流通领域分割开的物流成本，也不能单独、真实地计算并反映出来。对于制造企业而言，在公司内部占压倒多数的物流成本都混入了其他费用之中，如不把这些费用核算清楚，很难看出物流费用的全貌。

2. 物流成本的效益背反

效益背反指的是物流的若干功能要素之间存在损益的矛盾，也就是说，某一个功能要素的优化和利益发生的同时，必然会存在另一个或另几个功能要素的利益损失，反之也如此。这是一种此涨彼消、此盈彼亏的现象，虽然在许多领域中这种现象都是存在的，但在物流领域中，这个问题似乎尤其严重。

具体来说，物流成本的效益背反包括：

(1) 物流各功能活动的效益背反。例如，减少各存储网点的库存，必然增加库存补货的频率，增加运输次数。但仓库也不可堆放过高，否则会降低货物的保管效率。又如简化包装，虽降低成本，但由于包装强度降低，会增加运输装卸中货物的破损。

(2) 物流成本与服务水平的效益背反，即提高物流服务水平，物流成本上升，它们之间存在效益背反。但物流成本与物流服务水平之间存在非线性关系。在低水平阶段追加成本，物流服务水平可以大幅上升；在高水平阶段追加成本，物流服务水平上升幅度不大。

3. 物流成本削减的“乘数效应”

物流成本削减的“乘数效应”是指物流成本削减对利润的影响相当于数倍的销售额增加的效应。例如，某企业想增加同等规模的企业利润值，一种途径是将物流成本降低 10%，另一种途径是增加 30%的销售收入，借助利润这个中介变量，将物流成本降低 10%相当于增加 30%的销售收入的作用，二者之间相当于 1∶3 的倍数关系。物流成本削减的乘数效应为企业降低成本、增加利润提供了可行性的参考思路。

扫一扫

利润奶酪增加的途径

**练一练**

宁波科翔技术有限公司 202×年的销售额为 1 000 万元，物流成本占销售额的 10%，该企业的销售利润率为 4%。现在企业想要在下年增加 10 万元利润，怎么办？

答：

______________________________

______________________________

## 任务解决

通过上述必备知识学习，我们现在来一起完成工作情境中的任务，相关数据见表 1-3。

扫一扫

物流成本分类表应该这样填列

**表 1－3　宁波科翔技术有限公司物流成本列表（部分）**

单位：万元

| | 包装 | 装卸 | 运输 | 储存 | 流通加工 | 配送 | 物流信息 |
|---|---|---|---|---|---|---|---|
| 人工费 | 50 | 120 | 140 | 50 | 40 | 35 | 30 |
| 营运费 | | 70 | 40 | | | 30 | |
| 设备维护费 | 40 | 20 | | | 60 | 40 | 50 |
| 材料损耗费 | 50 | 10 | 40 | | 70 | 40 | 30 |
| 第三方物流费 | | 30 | 30 | 50 | 30 | 40 | |

**解析：**

步骤 1：判断表格的分类正确性。

根据物流成本分类，营运成本主要包括运输费、装卸费、设备折旧费、设备维修费、材料耗损费、燃料费等。结合表 1－4 中的虚线框所示，可以看出，表格中的分类可以表述为：公司内部的人工成本、营运费和外部的第三方物流费。

**表 1－4　宁波科翔技术有限公司物流成本表**

单位：万元

| | 包装 | 装卸 | 运输 | 储存 | 流通加工 | 配送 | 物流信息 |
|---|---|---|---|---|---|---|---|
| 人工费 | 50 | 120 | 140 | 50 | 40 | 35 | 30 |
| 营运费 | | 70 | 40 | | | 30 | |
| 设备维护费 | 40 | 20 | | | 60 | 40 | 50 |
| 材料损耗费 | 50 | 10 | 40 | | 70 | 40 | 30 |
| 第三方物流费 | | 30 | 30 | 50 | 30 | 40 | |

根据上述知识内容，可以发现表格存在以下主要问题：

一是分类不清晰，如人工费、营运费属于企业内部费用，第三方物流费则属于企业外部费用，不能直接并列。

二是存在包含关系，如营运费与设备维护费、材料损耗费存在包含关系。

步骤 2：建立正确的物流成本分类表。

根据图 1－5 所示的工作逻辑关系图，本步骤需要两个环节来建立正确的物流成本分类表。第一，去除包含关系，因为营运费包含设备维护费和材料损耗费，因此，保留营运费，去除设备维护费和材料损耗费。第二，增加清晰分类，从步骤一可以发现，存在企业内外部物流费用的分类，因此，在表格中增加分类，即企业内部和外部物流费，见表 1－5。

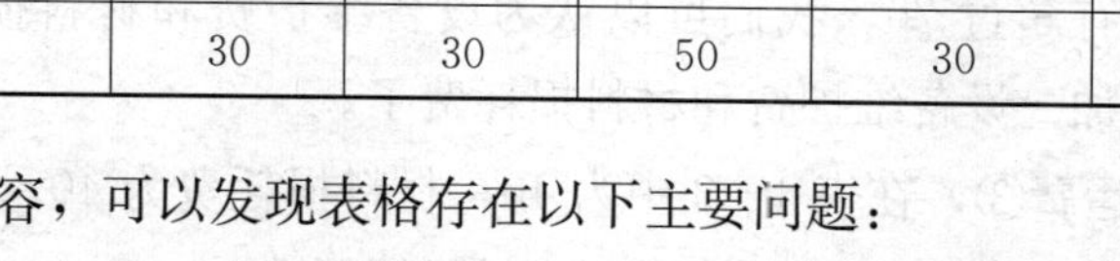


**图 1－5　工作逻辑关系**

表 1-5 转化后的表格

单位：万元

| | | 包装 | 装卸 | 运输 | 储存 | 流通加工 | 配送 | 物流信息 |
|---|---|---|---|---|---|---|---|---|
| 企业内部物流费 | 人工费 | | | | | | | |
| | 营运费 | | | | | | | |
| 企业外部物流费 | 第三方物流费 | | | | | | | |

步骤 3：数据移植，发现问题。

包含关系的数据行，如果最高层无数据，则需要将下层相关数据进行加成；如果最高层有数据，若该值大于下面加成值，则直接使用最高层数据，否则，说明该行数据有误。非包含关系的数据行，直接移植，见表 1-6。

表 1-6 转化后的带数值物流成本表

单位：万元

| | | 包装 | 装卸 | 运输 | 储存 | 流通加工 | 配送 | 物流信息 |
|---|---|---|---|---|---|---|---|---|
| 企业内部物流费 | 人工费 | 50 | 120 | 140 | 50 | 40 | 35 | 30 |
| | 营运费 | ① | ② | ③ | | ④ | ⑤ | ⑥ |
| 企业外部物流费 | 第三方物流费 | | 30 | 30 | 50 | 30 | 40 | |

包装列对应的营运费 ①，表 1-3 中没有写数值，根据包含关系，我们可以认为设备维护费和材料损耗费合计值为包装的营运费，因此① ＝ 40＋50 ＝90。

装卸列对应的营运费②，表 1-3 中为 70，下面设备维护费为 20，材料损耗费为 10，两者加起来为 30，没有超过 70，我们可以认为设备维护费和材料损耗费存在重复记录，因此②取 70，不用再加上设备维护费和材料损耗费了。

运输列对应的营运费③，在表 1-3 中为 40，材料损耗费为 40，可以理解为材料损耗费的值就是营运费，因此③取 40，不用再加上材料损耗费。

流通加工列对应的营运费④，道理与包装列对应的营运费计算一样，④＝设备维护费＋材料损耗费＝60＋70＝130。

配送列对应的营运费⑤，表 1-3 中为 30，但是设备维护费为 40，材料损耗费为 40，两者加起来为 80，超过了原表中的 30，存疑，需要后续调研，在表中用“?”表示，说明该列有疑问。

物流信息列对应的营运费⑥的计算过程如包装列对应的营运费，⑥＝设备维护费＋材料损耗费＝50＋30＝80。

计算完毕的结果见表 1-7。

表 1-7 计算完毕的物流成本表

单位：万元

| | | 包装 | 装卸 | 运输 | 储存 | 流通加工 | 配送 | 物流信息 |
|---|---|---|---|---|---|---|---|---|
| 企业内部物流费 | 人工费 | 50 | 120 | 140 | 50 | 40 | 35 | 30 |
| | 营运费 | 90 | 70 | 40 | | 130 | ? | 80 |
| 企业外部物流费 | 第三方物流费 | | 30 | 30 | 50 | 30 | 40 | |

## 自我训练

根据下列给定的数据，见表1-8、表1-9和表1-10，其中2019年发生的成本为两项，分别为130万元和130万元；2020年发生的成本为两项，分别为120万元和140万元。请根据相应类别进行对应，然后建立正确的物流成本分类表。

**表1-8 物流成本信息表1**

| 类别 | 金额（万元） | 年份 |
|---|---|---|
| 包装费用 | 120 | 2020 |
| 装卸费用 | 130 | 2019 |
| 运输费用 | 130 | 2019 |
| 物流信息费用 | 140 | 2020 |

**表1-9 物流成本信息表2**

| 类别 | 金额（万元） | 年份 |
|---|---|---|
| 人工成本 | 120 | 2020 |
| 装卸费 | 130 | 2019 |
| 燃料费 | 130 | 2019 |
| 信息成本 | 140 | 2020 |

**表1-10 物流成本信息表3**

| 类别 | 可控性 | 年份 |
|---|---|---|
| 人工成本 | 否 | 2020 |
| 装卸费 | 是 | 2019 |
| 燃料费 | 否 | 2019 |
| 信息成本 | 是 | 2020 |

## 单元自测

### 一、单选题

1. 按物流成本的可控性分类，物流成本可分为（　　）和不可控成本。

A. 可控成本　　B. 相关成本　　C. 变动成本　　D. 标准成本

2. 物流活动中所消耗的物化劳动和活劳动的货币表现称为（　　）。

A. 物流成本　　B. 物流收益　　C. 物流价值　　D. 物流价格

3. 按物流成本的性质分类，物流成本可分为人工成本、（　　）、保管成本、信息成本和其他成本。

A. 可控成本　　B. 装卸成本　　C. 营运成本　　D. 配送成本

## 二、多选题

1. 营运成本主要包括（　　）。

A. 运输费、装卸费、设备折旧费等　　B. 设备维护费、材料耗损费、燃料费等

C. 保管成本　　D. 信息成本

2. 物流成本的构成包括（　　）。

A. 宏观物流成本　　B. 微观物流成本　　C. 包装成本　　D. 无关成本

3. 制造企业物流成本主要是制造企业在（　　）以及废弃物物流等过程中发生的物流费用。

A. 供应物流　　B. 生产物流　　C. 销售物流　　D. 回收物流

## 三、判断题

1. 物流企业的全部运营成本可以看作该类型企业的物流成本。（　　）

2. 人们常常使用物流成本与国内生产总值（GDP）的乘积来衡量一个国家物流管理水平的高低。（　　）

3. 非生产经营活动的耗费不能计入物流成本。只有生产经营活动的成本才能计入物流成本。（　　）

任务2

# 初步分析公司物流成本管理问题

## 【能力目标】

能够运用合理的物流成本管理观念，结合初步的物流成本分析，完成物流成本管理工作。

## 【知识目标】

1. 掌握物流成本管理的目的；
2. 理解物流成本管理的内涵；
3. 学会物流成本管理的方法；
4. 理解物流成本管理的内容和学说。

## 案例引入

### 循环取货驱除库存“魔鬼”

随着汽车市场竞争越来越激烈，很多汽车制造厂商采取了价格竞争的方式来应战。在这个背景下，大家都不得不降低成本。而要降低成本，很多厂家都从物流这个被视作“第三大利润”的源泉入手。

上海通用目前有四种车型，不包括其中一种刚刚上市的车型在内，另外三种车型零部件总量有5 400多种。上海通用在国内外还拥有180家供应商，拥有北美和巴西两大进口零部件基地。

为了把库存这个“魔鬼”赶出自己的供应链，上海通用的部分零件例如有些是本地供应商所生产的，会根据生产的要求在指定的时间直接送到生产线上去生产。这样，因为不进入原材料库，所以保持了很低或接近于“零”的库存，省去大量的资金占用。

对于有些用量很少的零部件，为了不浪费运输车辆的运能，充分节约运输成本，上海通用使用了叫做“牛奶圈”的小技巧：每天早晨，上海通用的汽车从厂家出发，到第一个供应商那里装上准备好的原材料，然后到第二家、第三家，依次类推，直到装上所有的材料，然后再返回。这样做的好处是，省去了所有供应商空车返回的浪费。

上海通用聘请一家第三方物流供应商，由其来设计配送路线，然后到不同的供应商处取货，再直接送到上海通用，利用“牛奶取货”或者叫“循环取货”的方式解决了这些难题。通过循环取货，上海通用的零部件运输成本下降了30%以上。这种做法体现了上海通用的一贯思想：把低附加价值的东西外包出去，集中精力做好制造、销售汽车的主营业务，即精干主业。

**思考：** 上海通用汽车公司在案例中把降低物流成本的重点放在了哪个环节？采用的物流成本管理手段是什么，效果如何？

资料来源：制造业物流管理成本案例分析．（2008－05－29）. https://news. ddc. net. cn/newsview_15408. html.

## 工作情境描述

作为宁波科翔技术有限公司一员的你，现在手边有一些物流管理部门其他员工整理出来的会计费用资料，表1－11进行了初步的分类汇总。公司物流管理部门经理要求你对公司2019年度的物流成本进行一个简单分析，找出公司物流管理成本的结构问题所在，同时能够给出一些解决建议。

**表1－11 物流管理部门物流成本表**

| | 2019年（万元） | 2018年（万元） |
|---|---|---|
| 供应物流 | 40 | 50 |
| 生产物流 | 60 | 50 |
| 销售物流 | 55 | 45 |
| 退货物流 | 30 | 45 |
| 废弃物物流 | 15 | 10 |

**工作情境问题分析：** 面对上述工作情境，需要解决的问题主要有两个。第一，物流成本有必要进行管理吗？如果要管理的话，应该怎么做？第二，既然经理要求分析，那么怎么分析，才能发现问题所在呢？同时根据分析结果给出一些可行性的解决建议。

## 必备知识

### 一、物流成本管理内涵

扫一扫

我眼中的“物流成本管理”

1. 物流成本管理的定义

根据《中华人民共和国国家标准·物流术语》（GB/T 18354—2021），物流成本管理（Logistics Cost Control）是“对物流活动发生的相关费用进行的计划、协调与控制”。物流成本管理是通过成本去管理物流，即管理的对象是物流而不是成本。物流成本管理可以说是以成本为手段的物流管理方法。

**拓展阅读**

## 降低运输成本的对象是车队管理

据物流数据显示，短途运输在物流中所占比例巨大，所以车队管理中公路运输不能忽略。

2018 年 3 月，国内汽车物流单车平均运行里程为 6 425.05 千米，相比 2 月增长 30.38%，其中，短距离公路运输在物流上占据大部分江山，所以降低公路运输成本迫在眉睫。降低公路运输成本的关键在于实现有效的车队管理，通过降低运输成本，让效益达到最大。

资料来源：车队管理让公路运输成本更低的策略都有哪些你知道吗．(2018-04-27)．https://www.163.com/dy/article/DGD16OBC0511J5NV.html.

支出（Expenditure），是指企业在生产经营过程中为获得另一项资产、为清偿债务所发生的资产的流出。例如，企业为购买材料、办公用品等支付或预付的款项；公司为了运输业务的开展，新买了 2 辆车，此时的支出不能算作一种费用，而应该算作资本性支出，看作资产对待。支出费用如图 1-6 所示。

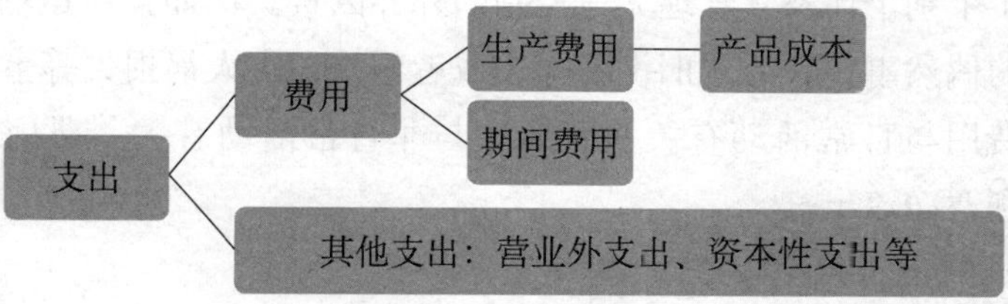


**图 1-6 支出费用图**

就某一会计期间而言，支出可以是现金支出，也可以是非现金支出，就长期而言，所有支出最终由现金支出来实现。按照我国现行的《企业会计制度》，费用是指企业为销售商品、提供劳务等日常活动所发生的经济利益的流出。在会计上，支出仍比费用所含范围要广泛。只有那些在企业生产经营活动中为取得营业收入而发生的各种支出，才是费用。支出或早或迟最终会转化为费用，但并不是所有的支出在一发生时，就是费用。

广义的费用包括生产费用与期间费用。生产费用按其经济用途可分为直接材料、直接人工和制造费用；期间费用包括销售费用、管理费用和财务费用。从类别上看，广义的费用由成本（生产费用）、狭义的费用和损失构成，如图 1-7 所示。

生产成本是生产单位为生产产品或提供劳务而发生的各项生产费用，包括各项直接支出和制造费用。直接支出包括直接材料（原材料、辅助材料、备品备件、燃料及动力等）、直接工资（生产人员的工资、补贴）、其他直接支出（如福利费）；制造费用是指企业内的各个生产单位（分厂、车间）为组织和管理生产所发生的各项费用，包括管理人员工资、折旧费及其他制造费用（办公费、差旅费、劳保费等）。产品销售（服务达成）或者变成存货之后，结转成本。

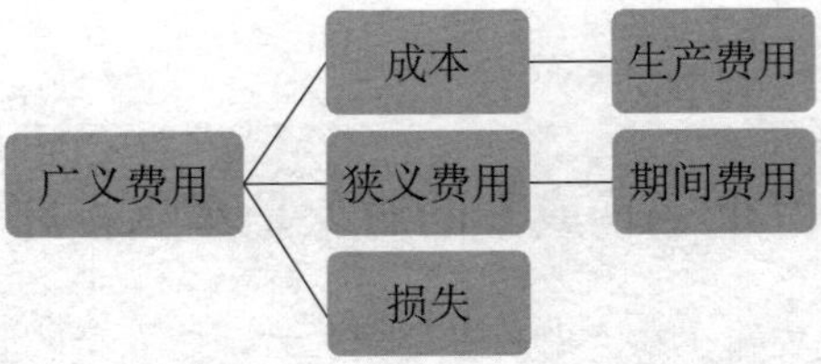


**图1-7　广义费用的构成**

狭义的费用是指企业为取得营业收入而发生的各种耗费，往往可以指代期间费用，一旦发生，往往需要在当期扣除，如图1-8所示。

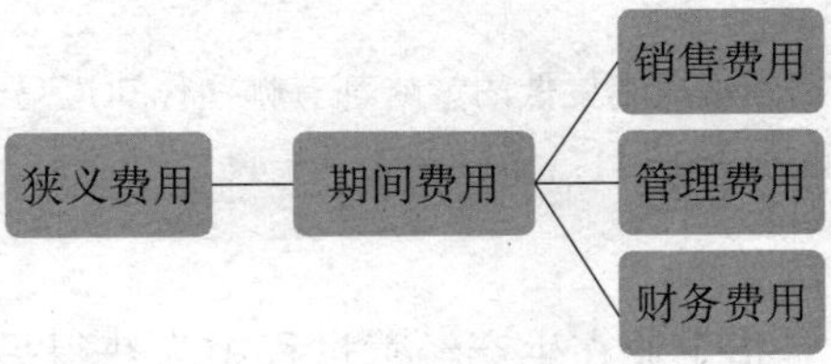


**图1-8　狭义费用**

损失是指由企业非日常活动所发生的、会导致所有者权益减少的、与向所有者分配利润无关的经济利益的流出。损失是由外部和偶发性的事项所引起的，这些交易、事项和情况绝大部分来源于个别个体及其管理无力控制的外界因素。例如，在运输途中货物掉落造成人员伤亡之类的偶然事件、处置旧设备损失或者额外天灾人祸损失等事项。

总体上说，费用与日常活动有关，而损失与非日常活动有关。费用是经济利益总流出，损失是经济利益净流出。

**学习讨论**

宁波科翔技术有限公司202×年1月发生了以下几笔经济事项，请指出哪些事件为物流成本管理的范畴，同时给出你的理由。

(1) 为了公司配送业务的开展，公司购买了2辆车，花费了50万元；

(2) 公司该月紧急生产的产品销售一空，销售商已经结算了费用，经过核算，公司生产物流成本花费了20万元；

(3) 由于业务繁忙，某辆自营运输车在高速路上损坏，额外花费了维修费5 000元；

(4) 由于公司自营运输业务不是特别繁忙，为了拉到货，公司为车队支付了销售费用1.5万元。

答：

2. 物流成本管理何时需要

学习讨论

公司现在有2辆可以改装的车辆（每辆2万元，每年固定花费为5 000元/辆，其他花费为1万元/辆（如不运营，则不需要支付））用于某客户，因为城市改造，现在客户要求公司必须更换原有车辆，到市场上问价后，发现：

如果重新购置2辆新车辆（每年固定花费为4 000元/辆，其他花费为0.9万元/辆（如不运营，则不需要支付）），每辆需要1.5万元；

如果改装原有车辆，每辆需要2万元，改装完毕后每辆车每年固定花费为7 000元/辆，其他花费为1万元/辆（如不运营，则不需要支付）。

情形一：假定公司给的营运费为8万元，你会怎么做？

情形二：如果公司只给3.5万元的营运费，那么现在你的决定是什么？为什么？

答：

______________________________

______________________________

物流成本管理当有控制需求时才会产生，否则只能存在于个人自发的管理中。当需要对具体物流活动进行决策，涉及资金预算与实际支出衡量时，需要考虑两种可能：第一，当资金充足时，物流成本管理要求不高，此时选择任何一种方案都可行；第二，给定资金不充足时，物流成本管理要求高，需要进行积极的管理，如“学习讨论”中的情形二。

3. 物流成本管理如何做

学习讨论

公司现在有2辆敞篷车辆用于客户，有员工建议购买新的集装箱卡车，理由有三个，一是简化包装，二是防雨、防晒，三是可以起仓储作用。为此，公司花了8万元购买了2辆液化天然气（LNG）集装箱卡车（每辆车每年需要花费4 000元），运行一段时间后，发现原来运输时每年需要花费2万元，现在降低了，但是也发现了公司仓储面积不够，因为其他部门看到使用集装箱卡车运输，所以对包装进行了简化，结果原来能够堆码很高的货物只能堆很低，不得已公司只能租赁别人的仓库，每年租赁费为6万元。

问题1：现在，你觉得购买集装箱卡车这种做法正确吗？为什么？

问题2：购买集装箱卡车这种做法给公司带来了多大的成本？

答：

______________________________

______________________________

物流成本管理是物流管理的重要内容，降低物流成本与提高物流服务水平是企业物流管理最基本的课题。物流成本管理重在降低所有环节的总成本，而不是某一个单一物流环节成本，因为物流各环节存在效益背反效应。

## 二、物流成本管理目的及意义

1. 物流成本管理目的

企业在进行物流成本管理时，首先要明确管理目的，有的放矢。物流成本管理的目的，具体来说包括以下内容：

（1）通过物流系统的标准化降低物流成本。物流标准化是以物流作为一个大系统，制定系统内部设施、机械设备、专用工具等各个分系统的技术标准。物流标准化使货物在运输过程中的基本设备统一规范，如现有托盘标准与各种运输装备、装卸设备标准之间能有效衔接，大大提高了托盘在整个物流过程中的通用性，也在一定程度上促进了货物运输、储存、搬运等过程的机械化和自动化水平的提高，有利于物流配送系统的运作效率，从而降低物流成本。

拓展阅读

### 商务部推进商贸物流标准化 重点企业物流成本降低10%

商贸物流标准化专项行动取得了积极成效，重点企业提升装卸货效率3倍以上，货损率降低20%～70%，综合物流成本平均降低10%。

在京津冀、长三角、珠三角等区域，城市间“结联盟”、企业间“结对子”共同推进物流标准化，掀起贯标热潮。例如：上海牵头成立“长江经济带托盘循环共用联盟”，沿江9省市33家物流协会签署倡议书，推广物流标准化；南京、芜湖牵头8个城市成立“环南京都市圈物流标准化联盟”，以项目带动提升区域物流标准化水平；北京朝批商贸股份有限公司与京客隆、物美等下游客户合作，实行整托盘订货和交接货的单元化模式，优化了商业流程；上海清美绿色食品有限公司、上海城市超市有限公司等从田间地头到超市门店，全程“不倒盘、不倒筐、可追溯”，实现了提效降本、降货损。

资料来源：商务部推进商贸物流标准化 重点企业物流成本降低10%.（2016-10-09）. https://finance.huanqiu.com/article/9CaKrnJXXJv.

（2）通过实现供应链管理达到供应链成本最低与效率最优化均衡。实行供应链管理不仅要求本企业的物流体制具有效率化，也需要企业协调与其他企业以及客户、运输业者之间的关系，实现整个供应链活动的效率化。正因为如此，追求成本的效率化，不仅仅企业中物流部门或生产部门要加强成本控制，同时采购部门等各职能部门也要加强成本控制。

拓展阅读

## 打造产业直营生态为供应链降本增效

电线电缆是我国仅次于汽车行业的第二大产业，有生产企业二万家，但其中98.5%为中小企业，长期面临行业集中度低、低端产能过剩、同质化竞争严重、利润率低下等难题。而线缆又是典型的“重料轻工”行业，对处于弱势地位的大多数中小企业来说，原材料采购成本高是它们最大的痛点，这跟行业供应链发展现状和企业自身供应链管理水平有关。

“在此背景下，缆360以互联网思维切入线缆产业，正是要将线缆供应链与互联网、大数据融合起来，优化与提升其供应链发展水平，解决供需双方快速、精准匹配问题。”阿里巴巴高管出身的胡德良介绍，截至目前，缆360平台已汇聚线缆原料及材料供应商1 931家、采购商2 765家，并成功举办三届线缆材料集采大会，集采总量超40万吨，交易额105亿元，为企业综合降本3%～8%。

资料来源：“剩者为王”时代，中小缆企破局：必须拿下这波操作．(2018-01-02)．https://www.sohu.com/a/214184052_100089038.

(3) 借助于现代信息系统的构筑降低物流成本。要实现企业与其他交易企业之间的效率化的交易关系，必须借助与现代信息系统的构筑，尤其是利用互联网等高新技术来完成物流全过程的协调、控制和管理，实现从网络前端到最终端客户的所有中间过程服务。

拓展阅读

## 降成本妙招：生产信息化

与传统制造企业的产品不一样，佛山维尚家具制造有限公司的产品以个性化定制为标志。在差异明显的生产过程中，如何提高效率，决定着生产成本能否有下降的空间。

在收到订单后，维尚家具的订单分析后台会对各种订单进行拆单和合单。不同订单中需要用到相同的板材，会统一通过信息化系统自动合并到机器上进行生产。每块板材上都会贴上二维码，作为板材在生产环节的“身份证”，凭借二维码上的数据信息，板材可以在不同工序的机器中被识别并完成加工要求。“精确的切割，将为节省原材料提供空间。”黎干认为，生产中人与机器在不同工序的配合，可以将人的灵活与机器的精准相结合，从而实现效率最大化、成本最小化。

资料来源：解密维尚家具降成本妙招：生产信息化 用工灵活化．(2017-03-16)．http://www.fsonline.com.cn/p/188935.html.

（4）从流通全过程的视点来加强物流成本的管理。对于一个企业来讲，控制物流成本不单单是本企业的事情，即追求本企业的物流效率化，而应该考虑从产品制成到最终用户整个流通过程的物流成本效率化，亦即物流设施的投资或扩建与否要视整个流通渠道的发展和要求而定。

拓展阅读

### 携手打造智慧物流生态圈

东百集团与顺丰关联企业浙江双捷供应链科技有限公司（简称“双捷”）签署战略合作协议。双方拟发挥各自优势，高效整合仓库资源，建立长期合作伙伴关系。

东百集团是上交所挂牌上市公司，拥有63年历史，已经发展成为“商业零售＋智慧物流”双轮驱动的大型商业集团。

双捷致力于打造仓配一体化的智能运营平台，整合仓、运、配等资源；为客户提供仓配一体化管理与服务，提供基于仓的ToBToC线上线下一盘货产品。双捷具备优秀的数智化运营能力，高峰单日可出货630万单以上。

双方将成立战略合作委员会以及专属执行团队，建立快速沟通反馈机制，在战略布局上紧密协同，基于各自独特的优势及资源，以科技赋能，共同打造智慧物流生态圈。

资料来源：携手打造智慧物流生态圈 东百集团与双捷签署战略合作协议．（2021－01－04）. https://baijiahao.baidu.com/s?id=1687939981641379695&wfr=spider&for=pc.

（5）通过效率化的配送降低成本。对于用户的订货要求，尽力短时间、正确的进货体制是企业物流发展的客观要求。但是，随着配送产生的成本费用要尽可能降低，特别是多频度、小单位配送要求的发展，更要求企业采取效率化的配送，就必须重视配车计划管理，提高装载率以及车辆运行管理。一般来讲，企业要实现效率化的配送，就必须重视配车计划管理，提高装载率以及车辆运行管理，从而提高配送效率，降低运输和进货成本。

拓展阅读

### 推进城乡高效配送专项行动，降低物流成本

为深入贯彻习近平总书记关于统筹推进疫情防控和经济社会发展的系列重要讲话和指示批示精神，扎实做好“六稳”工作，全面落实“六保”任务，深入推进城乡高效配送专项行动，扩大专项行动实施范围，完善城乡物流网络节点，降低物流配送成本，提高物流配送效率，2020年6月28日，商务部等5部门联合印发《关于继续推进城乡高效配送专项行动有关工作的通知》。

资料来源：扎实做好“六稳”工作．（2020－07－03）. https://www.thepaper.cn/newsDetail_forward_8106352.

（6）通过削减退货来降低物流成本。退货成本也是企业物流成本中一项重要的组成部分，它往往占有相当大的比例，这是因为随着退货会产生一系列的物流费、退货商品损伤或滞销而产生的经济费用以及处理退货商品所需的人员费和各种事务性费用。特别是在存在退货的情况下，一般是商品提供者承担退货所发生的各种费用，而退货方因为不承担商品退货而产生的损失，因此，容易很随便地退回商品，并且因为这类商品大多数数量较少，所以配送费用有增高的趋势。由此，削减退货成本是物流成本控制活动中需要特别关注的问题。

拓展阅读

### 只在网上卖车，保留少量门店做展示

特斯拉宣布将只在网上销售汽车，称将所有销售转移到网上，再加上其他持续的成本效益，将使公司能够将所有车辆的价格平均降低约6%，能够比预期的更早实现3.5万美元的Model 3价格点。特斯拉在全球拥有378家店面和服务中心，通常都设在高档商业圈。

特斯拉声称在网上购买特斯拉汽车的顾客，如果不满意，可以在一周内退货，这样可以“让特斯拉的试用和退货变得更加容易，这样就不需要在购买之前进行试驾，现在你可以在7天内或1 000英里（约1 609千米）内全额退款”。

资料来源：特斯拉为了降成本，关闭大部分门店，只在网上卖车．(2019-03-01)．https://baijiahao.baidu.com/s?id=1626791345187726592&wfr=spider&for=pc.

学习讨论

由于宁波科翔技术有限公司配送部门成本大幅超支，201×年3月，公司引入了物流成本管理，决定从3月份开始，每个月都对配送部门进行成本管理。公司配送部门通过对3月份和4月份的部分指标数据进行分析发现（见表1-12），拣货差错率和平均配送运费指标在持续下降，配送正确率上升，代表控制效果趋于好转。

**表1-12　配送部门指标数据（3—8月）**

| | 3月 | 4月 | 5月 | 6月 | 7月 | 8月 |
|---|---|---|---|---|---|---|
| 拣货差错率 | 0.2 | 0.15 | 0.1 | 0.01 | 0.01 | 0.01 |
| 平均配送运费 | 150 | 100 | 95 | 87 | 20 | 20 |
| 配送正确率 | 0.8 | 0.85 | 0.88 | 0.92 | 0.96 | 0.96 |

在考虑行业的基础上，为了进一步降低拣货差错率，降低平均配送运费，公司决定对拣货作业实施标准化作业操作管理，要求拣货差错率必须降到0.1左右，平均配送运费控制在100元左右。5月份数据出来后，发现效果显著，见表1-13。

表 1-13 公司配送指标（3—6 月）

| | 3 月 | 4 月 | 5 月 | 6 月 |
|---|---|---|---|---|
| 拣货差错率 | 0.2 | 0.15 | 0.1 | 0.1 |
| 平均配送运费 | 150 | 100 | 95 | 87 |
| 配送正确率 | 0.8 | 0.85 | 0.88 | 0.92 |

为了进一步推动公司总成本的下降，公司在 6 月份开始实施供应链管理。统计数据显示，公司配送正确率进一步上升，平均配送运费进一步下降，见表 1-14。

表 1-14 公司配送指标（3—8 月）

| | 3 月 | 4 月 | 5 月 | 6 月 | 7 月 | 8 月 |
|---|---|---|---|---|---|---|
| 拣货差错率 | 0.2 | 0.15 | 0.1 | 0.1 | 0.01 | 0.01 |
| 平均配送运费 | 150 | 100 | 95 | 87 | 20 | 20 |
| 配送正确率 | 0.8 | 0.85 | 0.88 | 0.92 | 0.96 | 0.96 |

7 月份开始公司智能化配送物流系统正式上线运行，从数据来看，公司配送环节的成本降低明显。

问题：在上述公司业务运营中，哪些月份实现了物流成本管理的目的？分别是什么？各自主要针对什么？

答：

______________________________________________

______________________________________________

2. 物流成本管理意义

物流成本管理的意义在于，通过对物流成本的有效把握，利用物流要素之间的效益背反关系，科学、合理地组织物流活动，加强对物流活动过程中费用支出的有效控制，降低物流活动中的物化劳动和活劳动的消耗，从而达到降低物流总成本、提高企业和社会经济效益的目的。

**拓展阅读**

## 进一步降低物流成本 助力经济高质量发展

进一步降低物流成本，是扎实推进“六稳”“六保”，保障和改善民生，为实体经济减负的重要举措，有助于促进产业升级和消费变革，进而推动经济高质量发展。近日，国务院办公厅转发国家发展改革委、交通运输部《关于进一步降低物流成本的实施意见》，提出 6 方面 24 条具体举措，具有重要的积极意义。

资料来源：进一步降低物流成本 助力经济高质量发展——《关于进一步降低物流成本的实施意见》政策解读.（2020-06-05）. https://baijiahao.baidu.com/s?id=1668589179810537110&wfr=spider&for=pc.

## 三、物流成本管理内容

1. 基础工作循环

从内容上来说，物流成本管理最基本的工作循环包括：物流成本核算、物流成本分析、物流成本控制和物流绩效考核，如图 1－9 所示。

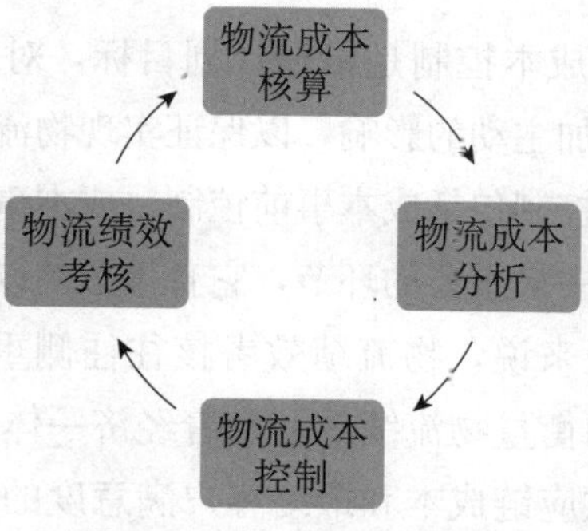


**图 1－9　基本工作循环图**

2. 大的工作循环

大的工作循环，在上述工作循环的基础上，还需要加上物流成本预测、物流成本决策和物流成本计划三个环节，如图 1－10 所示。

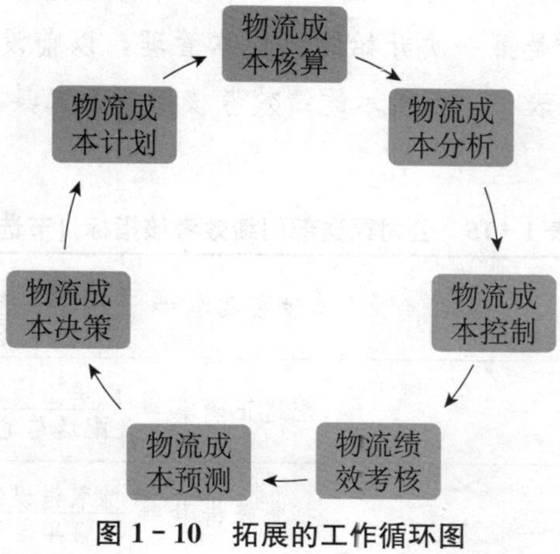


**图 1－10　拓展的工作循环图**

（1）物流成本预测。根据有关成本数据和企业具体的发展情况，运用一定的技术方法，对未来的成本水平及其变动趋势作出科学的估计。成本预测是成本决策、成本计划和成本控制的基础工作，它可以提高物流成本管理的科学性和预见性。

（2）物流成本决策。物流成本决策是在物流成本预测的基础上，结合其他有关资料，运用一定的科学方法，从若干个方案中选择一个满意的方案的过程。进行成本决策、确定目标成本是编制成本计划的前提，也是实现成本的事前控制、提高经济效益的重要途径。

（3）物流成本计划。通过成本计划管理，可以在降低物流各环节方面给企业提出明确的目标，推动企业加强成本管理责任制，增强企业的成本意识，控制物流环节费用，挖掘降低成本的潜力，保证企业降低物流成本目标的实现。

（4）物流成本核算。通过物流成本核算，可以如实地反映物流经营过程中的实际耗费，同时，也是对各种物流费用实际支出的控制过程。

（5）物流成本分析。通过物流成本分析，可以提出积极的建议，采取有效的措施，合理地控制物流成本。

（6）物流成本控制。物流成本控制是根据计划目标，对成本发生和形成过程以及影响化、成本的各种因素和条件施加主动的影响，以保证实现物流成本计划管理的一种行为。从企业生产经营过程来看，成本控制包括成本事前控制、成本事中控制和成本事后控制。成本事前控制是整个成本控制活动中最重要的环节，它直接影响以后各作业流程成本的高低。

（7）物流绩效考核。一般来说，物流绩效考核往往侧重于通过设置简单功能性指标，对物流部门内部进行分析从而衡量物流绩效。随着经济一体化的发展，物流绩效的衡量定义为以物流能力为核心，以供应链成本和最终客户满意度的灵敏性分析为基础，公司对渠道联盟的业绩考核来衡量和控制物流绩效，监督物流资源的配置。

学习讨论

由于公司配送部门成本大幅超支，201×年3月，宁波科翔技术有限公司引入了物流成本管理工作循环，决定从3月份开始，每个月都对配送部门进行成本管理：

第一步，由于3月份是第一次开始物流成本管理，以前没有做过类似工作，因此，智囊团给公司的建议是以表1-15所示的绩效考核指标为工具，进行公司配送部门的物流成本管理工作。

**表1-15 公司配送部门绩效考核指标（节选）**

| | |
|---|---|
| 资源利用指标 | $车辆装载率=\frac{车辆实际装载量}{车辆最大装载量}$ |
| 服务水平指标 | $配送正确率=\frac{配送正确笔数}{配送总笔数}$ |
| 能力与质量指标 | $拣货差错率=\frac{拣取错误笔数}{订单总数}$<br>$平均配送费用=\frac{每月配送费用总额}{月平均配送量}$ |
| 作业效益指标 | $单位配送成本=\frac{商品配送费用总额}{商品配送总量}$ |

第二步，根据指标进行物流成本核算工作，通过与公司财务会计部门合作，得出了表1-15中各分子、分母上的物流成本数据。

第三步，根据获得的数据，进入物流成本分析阶段，得出表 1－16 所示的物流成本数据指标。

**表 1－16 公司配送部门绩效考核指标（3 月份）**

| | |
|---|---|
| 资源利用指标 | 车辆装载率 $=\frac{\text{车辆实际装载量}}{\text{车辆最大装载量}}=0.75$ |
| 服务水平指标 | 配送正确率 $=\frac{\text{配送正确笔数}}{\text{配送总笔数}}=0.8$ |
| 能力与质量指标 | 拣货差错率 $=\frac{\text{拣取错误笔数}}{\text{订单总数}}=0.2$<br>平均配送费用 $=\frac{\text{每月配送费用总额}}{\text{月平均配送量}}=150$ 元／件 |
| 作业效益指标 | 单位配送成本 $=\frac{\text{商品配送费用总额}}{\text{商品配送总量}}=0.8$ 元／件 |

第四步，由于没有参考数据作为控制标准，因此公司将该月即 3 月份获得的数据作为最初考核控制目标，要求下个月各指标明显改善。

第五步，从 4 月份开始，公司按照物流成本管理的基本工作循环开展起了物流成本管理工作（见表 1－17）。

**表 1－17 公司配送部门绩效考核指标（4 月份）**

| | |
|---|---|
| 资源利用指标 | 车辆装载率 $=\frac{\text{车辆实际装载量}}{\text{车辆最大装载量}}=0.8$ |
| 服务水平指标 | 配送正确率 $=\frac{\text{配送正确笔数}}{\text{配送总笔数}}=0.85$ |
| 能力与质量指标 | 拣货差错率 $=\frac{\text{拣取错误笔数}}{\text{订单总数}}=0.15$<br>平均配送费用 $=\frac{\text{每月配送费用总额}}{\text{月平均配送量}}=100$ 元／件 |
| 作业效益指标 | 单位配送成本 $=\frac{\text{商品配送费用总额}}{\text{商品配送总量}}=0.6$ 元／件 |

假定你已经进入一家新的公司——A 公司担任物流成本管理人员，你考察了 A 公司的物流成本管理情况，发现 A 公司以前没有实施物流成本管理。为了对 A 公司实行有效的物流成本管理，假定你从当年 3 月份入职，准备 4 月份开始实施物流成本管理，借助上述宁波科翔技术有限公司的物流成本管理实施循环内容，你会如何在 A 公司进行物流成本管理？

答：

______________________________

______________________________

## 四、物流成本管理方法

1. 比较分析法

具体来说，比较分析法可以分为以下三种类别，分别是：

（1）横向比较法，是指对同类的不同对象在统一标准下进行比较的方法。

（2）纵向比较法，是指对同一事物在不同时间里的发展变化进行比较的方法。

（3）实际与计划比较法，将指标的实际数同计划数进行对比，可以说明企业业绩的计划完成进度和完成情况，分析实际与计划的差异，为进一步的财务分析提供依据。

横向比较法与纵向比较法在使用过程中，必须加以区分。具体来说，纵向比较法的特点是以时间为坐标，通过测量与比较研究对象在先后不同时间段中的变化，发现问题并找到解决的方法。

横向比较法的特点是以空间为坐标。但在进行这一比较研究时应注意，对不同研究对象进行比较的前提条件，即它们必须是同类的或具有相同性质的，而且必须是处于同一时间区间的。横向比较法示例见表 1-18，以 2018 年为例，供应物流的比例为 2018 年的 50 除以 2018 年的合计值 200，从而得到相应的比值为 25%。

**表 1-18 横向比较法**

| | 2019 年 | 2018 年 | 2018 年比例 | 2019 年比例 |
|---|---|---|---|---|
| 供应物流 | 40 | 50 | =50÷200 | =40÷200 |
| 生产物流 | 60 | 50 | =50÷200 | |
| 销售物流 | 55 | 45 | =45÷200 | |
| 退货物流 | 30 | 45 | =45÷200 | |
| 废弃物物流 | 15 | 10 | =10÷200 | |
| 合计 | 200 | 200 | | |

2. 活动优化法

活动优化法是指企业管理者在特定环境下，对企业的物流过程所需各类资源进行有效配置，选择优良组合，以便实现降低物流成本目标的实施过程。物流系统主要受内部环境以及外部环境的要素影响，使物流系统整体构成十分复杂，其外部存在过多的不确定因素，其内部存在相互依赖的物流功能因素。

3. 综合评价法

综合评价法即通过物流成本的综合效益进行研究分析，发现问题，解决问题，从而加强物流管理的方法。综合评价法的特点表现为：评价过程不是逐个指标顺次完成的，而是通过一些特殊方法将多个指标的评价同时完成的；在综合评价过程中，一般要根据指标的重要性进行加权处理；评价结果不再是具有具体含义的统计指标，而是以指数或分值表示评价问题“综合状况”的排序。

4. 排除法

在物流成本管理中有一种方法叫做活动标准管理（Activity Based Management，ABM）。把与物流相关的活动分为两类：一类是有附加价值的活动，如出入库、包装、装卸等与货主直接相关的活动；另一类是无附加价值的活动，如开会、改变工序、维修机械设备等与货主无直接关系的活动。如果将上述无附加价值的活动加以排除或尽量减少，就能达到节约物流费用的目的。

5. 责任管理法

责任管理法就是明确物流成本管理责任主体的方法。在企业中，划分出若干个责任中心，由各责任中心对自己所能控制的物流成本负起责任。在生产企业中，客观地讲，物流本身的责任在物流部门，但责任的源头却在销售部门或生产部门，分清类似的责任有利于控制物流总成本，防止由于各个部门随意改变计划而产生无意义、没有任何附加价值的活动。

## 五、物流成本管理学说

对于物流成本问题，有必要建立一套完整的理论体系来指导物流实践。只有通过对物流理论学说的概述和系统分析，才能更加有效地控制企业物流活动中的成本消耗，实现对企业物流服务和活动的合理化和最优化管理。

扫一扫

连线中的物流成本管理理念

1. 黑大陆学说

由于物流成本管理存在的问题及有效管理对企业盈利和发展的重要作用，1962 年，著名的管理学家彼得·德鲁克在《财富》杂志上发表了题为《经济的黑色大陆》一文，他将物流比作“一块未开垦的处女地”，强调应高度重视流通及流通过程中的物流管理。彼得·德鲁克曾经讲过“流通是经济领域的黑暗大陆”。

德鲁克泛指的是流通，但由于流通领域中物流活动的模糊性特别突出，它是流通领域中人们认识不清的领域，因此“黑大陆”学说主要针对物流而言。

2. 服务中心论

服务中心论是在“效益背反”理论基础上由欧美学者于 20 世纪 60 年代提出的。该学说认为，企业物流成本与物流服务水平存在背反关系，企业在进行物流成本管理时并不能一味地强调节约耗费、降低成本，而应在保持和提高企业对客户服务水平的基础上，通过寻求物流成本与服务之间的平衡点，保持企业的整体竞争优势。

该学说认为，物流活动的最大作用不在于为企业节约了成本或增加了利润，而是在于提高了企业对用户的服务水平，进而提高了企业的竞争力。服务中心说认为服务重于成本，通过服务质量的不断提高，可以实现总成本的下降。

拓展阅读

## 物流服务差异化

一般来说，根据著名的帕累托20/80原理（又译巴莱多定律），20%的顾客创造了企业80%的利润，因此根据物流服务差异化战略，可以把顾客分为三种类型，为其提供不同的物流服务，从而在总体上把成本降下来。

第一类，对企业贡献最大的前5%的顾客，提供VIP服务。

第二类，排名次之的后15%的顾客，提供会员制服务。

第三类，其余的80%的顾客，提供标准化服务。

资料来源：帕累托定律（二八法则）：80%的利润来自20%的客户．(2019-08-21)．https://baijiahao.baidu.com/s?id=1642467714844182100&wfr=spider&for=pc.

3. 效益背反学说

"效益背反"是物流领域中很普遍的现象，是物流领域中内部矛盾的反映和表现。"效益背反"指的是物流的若干功能要素之间存在损益的矛盾，即某一功能要素的优化和利益发生的同时，必然会存在另一个或几个功能要素的利益损失，反之也如此。

(1) 物流成本与物流服务水平的效益背反。一般来说，提高物流服务水平，物流成本即上升，它们之间存在效益背反。如图1-11所示，物流成本在$X_2$下的物流服务水平$Y_2$，要高于$X_1$下的物流服务水平$Y_1$，其中$X_2>X_1$。物流服务水平与物流成本之间并非呈线性关系，也就是说，投入相同的成本并非可以得到相同的物流服务水平的增长，如图1-11中的$\Delta Y_1>\Delta Y_2$。一般而言，当物流服务水平处于低水平阶段时，追加物流成本的效果较佳。

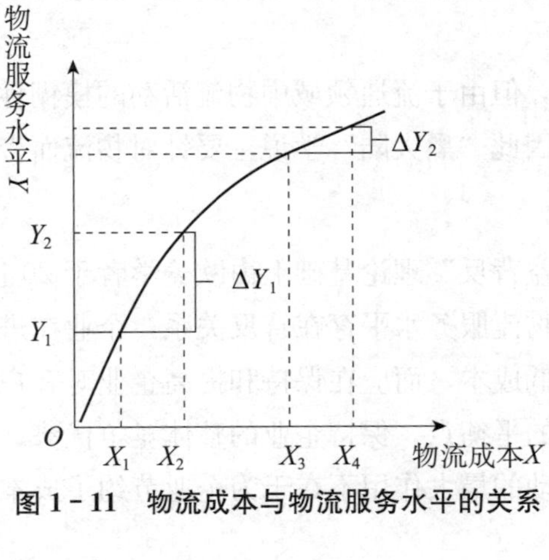

图1-11 物流成本与物流服务水平的关系

（2）物流各功能活动之间的效益背反。物流的各项活动处于这样一个相互矛盾的系统中，想要较多地达到某个方面的目的，必然会使另一方面的目的受到一定的损失，这便是物流各功能活动的效益背反。例如：减少物流网络中仓库的数目并减少库存，必然会使库存补充变得频繁而增加运输的次数；简化包装，虽可降低包装成本，但却由于包装强度的降低，在运输和装卸过程中的破损率会增加，且在仓库中摆放时亦不可堆放过高，降低了保管效率。

拓展阅读

### 海尔零库存带来的“效益背反”

以跨国公司海尔为例，海尔借助全面信息化管理系统，整合全球供应链资源，实行“零库存”管理。据资料显示，实现“零库存”管理后，整体呆滞物资减少73.8%，仓库面积减少50%，库存资金减少67%，人力成本减少为10个叉车司机，采购周期由10天减为3天，配送到全国的平均时间由7天减为4天。

但由于过度依赖零库存统一安排，而忽略了其他物流因素，海尔也一度掉入“效益背反”陷阱中。在零库存改革的第一年（2009年），海尔家用空调业务下滑幅度为34.43%，而这部分业务约占主营收入的1/4。在6月份的大旺季中，经常出现阶段性断货，周转时间平均为20天。究其原因，是海尔在所有产品线过度追求“零库存”的统一安排，海尔空调在渠道、市场制度及市场策略上显得有失灵活性，没有从物流系统整体上考虑所致。

资料来源：郝静怡，王磊．物流管理中的效益背反及解决方向［J］．经济视角，2013（9）．

4. 第三利润源学说

扫一扫

寻踪“第三利润源”

第三利润源是相对于第一利润源和第二利润源而言的。第一利润源的挖掘对象是生产力中的劳动对象。由于市场商品匮乏，制造企业无论生产多少产品都不愁卖不出去，作为生产型企业，通过规模经济的实现降低生产成本，产生了所谓的第一利润源。

第二利润源的挖掘对象是生产力中的劳动者，提高劳动生产率是“第二利润源”。当市场格局转为供过于求时，企业逐渐将管理的重心放在了依靠科技进步、提高劳动生产率、降低消耗上，从而降低成本、增加利润。

第三利润源理论来自日本学者西泽修的著作《物流——降低成本的关键》，“第三利润源”是对物流潜力及效益的描述。物流作为第三利润源，就是合理组织产供销环节，将货物按必要的数量以必要的方式，在要求的时间内送到必要的地点，就是让每一个要素、每一个环节都做到最好。

拓展阅读

### 第三利润源的始末

1970 年开始，产业界大举向物流进军，日本进入了物流发展时代。这一时期，降低制造成本已经有限，增加销售额也已经走到尽头，切望寻求新的利润源。物流成本的降低使“第三利润源”的提法恰恰符合当时企业经营的需要，因而“第三利润源”说一经提出，就备受关注，广为流传。

西泽修教授在书中还谈到，当时他提出“第三利润源”时，是受一个再度公演的著名电影《第三个男人》的启示，因为“第三”含有“未知”的意思，所以才把降低物流成本说成“未知的第三利润源”。

资料来源：第三利润源理论.（2022-04-10）. http://www.managershare.com/wiki/第三利润源理论.

5. 物流成本冰山说

物流成本冰山理论也是由西泽修教授提出的，他在专门研究物流成本时发现，现行的财务会计制度和会计核算方法都不可能掌握物流费用的实际情况，因而人们对物流费用的了解是一片空白，甚至有很大的虚假性，他把这种情况比做“物流冰山”。

“物流成本冰山说”之所以成立的原因在于，物流成本的计算范围太大，包括：原材料物流、工厂内物流、从工厂到仓库和配送中心的物流、从配送中心到商店的物流等。这么大的范围，涉及的单位非常多，牵涉的面也很广，很容易漏掉其中的某一部分，计算哪部分、漏掉哪部分，造成物流费用的大小相去甚远。

根据物流成本冰山理论，有很多项物流成本是隐藏的，物流成本可大可小，完全在于其计算的范围和方法。因此，在计算物流成本时，必须首先明确计算条件。如果无视计算条件，物流成本也就失去了存在的意义。

6. 战略中心学说

战略中心学说认为物流会影响企业总体的生存与发展，应该站在战略的高度看待物流对企业长期发展所带来的深远影响。将物流与企业的生存和发展直接联系起来的观点，对促进物流的发展具有重要意义。

物流战略是企业根据外部环境和自身特性，为寻求物流的可持续发展，就物流发展目标及达成目标的途径与手段而制定的长远性、全局性规划与谋略。物流战略具体包括：准时制物流战略、一体化物流战略、第三方物流战略、网络化物流战略、全球化物流战略、绿色物流战略等类型。企业外部环境的变化和新型营销体制的出现，已成为企业在物流战略上不断求新、求变，追求竞争优势的压力和动力。像准时供应制、限时配送制、订单生产制等新型企业物流运作方式也在企业逐渐得到普及，在这一背景下，企业该如何根据自身的经营特点适时、有效地开展物流战略成为企业谋求长远发展的重大问题。

7. 绿色物流学说

绿色物流学说认为应该在物流过程中抑制物流对环境造成危害的同时，实现对物流环境的净化，使物流资源得到最充分利用。

绿色物流（Environmental Logistics）通过充分利用物流资源，采用先进的物流技术，合理规划和实施运输、储存、装卸、搬运、包装、流通加工、配送、信息处理等物流活动，降低物流对环境影响的过程。它包括物流作业环节和物流管理全过程的绿色化。从物流作业环节来看，绿色物流包括绿色运输、绿色包装、绿色流通加工等。从物流管理过程来看，绿色物流主要是从环境保护和节约资源的目标出发，改进物流体系，既要考虑正向物流环节的绿色化，又要考虑供应链上的逆向物流体系的绿色化。

8. 系统论

1973 年，美国哈佛大学教授詹姆斯·海斯凯特在著作《企业物流》一书中，用系统论的方法对企业物流活动进行了深入的阐述。他认为，对物流活动应当进行系统管理，要对各种物流活动成本及相互关系，在既定的客户服务水平约束下，进行有效协调和权衡。也就是说，不管是显性成本还是隐性成本，所有的物流活动和结果都可以换算成物流成本。

所谓物流系统，是指在一定的时间和空间里，由所需输送的物料和包括有关设备、输送工具、仓储设备、人员以及通信联系等若干相互制约的动态要素构成的具有特定功能的有机整体。物流系统的“输入”即指采购、运输、储存、流通加工、装卸、搬运、包装、销售、物流信息处理等物流环节所需的劳务、设备、材料、资源等要素，由外部环境向系统提供的过程。

拓展阅读

## 企业物流系统划分

许多大型企业采用的是物流分散管理的体制，整个物流系统被分成了 3 个相对独立的“环节”，即采购供应物流、生产物流和销售物流，相应的物流管理业务也分别属于采购供应部门、生产制造部门和市场销售部门。在整个资源到商品的物流过程中，由于每个“环节”都存在过量的库存，这就造成了大量的流动资金积压在物流过程中，以至于原来的物流系统处于滞流状态。

只有用现代物流理论重新整合各个功能要素，将它们作为一个大系统来认识和管理，才能真正地改善企业管理，提高企业资源的利用率，降低成本，增强市场竞争力。

资料来源：系统观念在物流领域中的应用．（2022－04－10）．http://www.supare.com/jszcio-fo.asp?id=43.

9. 价值链学说

物流每进行一项作业，都要消耗一定的资源（如人力、物力和财力），而每完成一项物流作业会产生一定价值，消耗资源与产生价值随作业的一个个转移，最后转移到最终产品和客户，形成一条物流价值链。物流价值链是指企业将企业产品送到顾客手中这个过程中的所有为达到目标的有价值的活动的集合，它为企业从原材料的采购到产品销售的全部行动提供了运输和仓储的价值。

物流价值链不是一旦形成就一成不变的，它必须在激烈的市场竞争环境下不断优化、不断完善，使自己运转更加高效，成本更加低廉，收益更加丰厚，富有持久的生命力。

**练一练**

已知某公司每年配送作业利润只有 50 万元，该公司希望能够通过配送作业改善寻求在行业中的竞争地位。为了进一步提高配送作业效率，该公司决定投入 500 万元改善公司智能化配送作业系统，你会同意公司投入改善智能化配送作业系统吗？假定你拥护不同的物流成本管理学说，请作出你的判断，并作出相应的说明。（至少使用 2 个不同的学说来完成这项任务。）

答：

## 任务解决

扫一扫

巧用比较法分析物流成本问题

通过上述必备知识学习，现在来一起完成工作情境描述中的工作任务，相关数据见表 1－19。

**表 1－19 物流管理部门物流成本表**

| | 2019 年（万元） | 2018 年（万元） |
|---|---|---|
| 供应物流 | 40 | 50 |
| 生产物流 | 60 | 50 |
| 销售物流 | 55 | 45 |
| 退货物流 | 30 | 45 |
| 废弃物物流 | 15 | 10 |

**解析：**

步骤1：横向比较法确定各年比例。

算出各年的合计值，如2018年的合计值，是将该年的供应物流到废弃物物流数值加到一起，即2018年合计值＝供应物流＋生产物流＋销售物流＋退货物流＋废弃物物流＝50＋50＋45＋45＋10＝200，同理2019年合计值为200，见表1－20。

**表1－20　物流管理部门物流成本表1**

| | 2019年（万元） | 2018年（万元） |
|---|---|---|
| 供应物流 | 40 | 50 |
| 生产物流 | 60 | 50 |
| 销售物流 | 55 | 45 |
| 退货物流 | 30 | 45 |
| 废弃物物流 | 15 | 10 |
| 合计 | 200 | 200 |

以2018年为例：

供应物流在该年所有物流成本中占比＝供应物流值/该年合计值×100%
＝(50÷200)×100%＝25.00%

生产物流在该年所有物流成本中占比＝生产物流值/该年合计值×100%
＝(50÷200)×100%＝25.00%

销售物流在该年所有物流成本中占比＝销售物流值/该年合计值×100%
＝(45÷200)×100%＝22.50%

退货物流在该年所有物流成本中占比＝退货物流值/该年合计值×100%
＝(45÷200)×100%＝22.50%

废弃物物流在该年所有物流成本中占比＝废弃物物流值/该年合计值×100%
＝(10÷200)×100%＝5.00%

与此类似，可以算出2019年各环节的百分比，见表1－21：

**表1－21　物流管理部门物流成本表2**

| | 2019年（万元） | 2018年（万元） | 2019年占比（%） | 2018年占比（%） |
|---|---|---|---|---|
| 供应物流 | 40 | 50 | 20.00 | 25.00 |
| 生产物流 | 60 | 50 | 30.00 | 25.00 |
| 销售物流 | 55 | 45 | 27.50 | 22.50 |
| 退货物流 | 30 | 45 | 15.00 | 22.50 |
| 废弃物物流 | 15 | 10 | 7.50 | 5.00 |
| 合计 | 200 | 200 | 100.00 | 100.00 |

步骤2：纵向比较法确定变动趋势。

新增一列，命名为“变动趋势”，用以判断成本增长情况，见表1-22：

**表1-22 物流管理部门物流成本表3**

| | 2019年（万元） | 2018年（万元） | 2019年占比（%） | 2018年占比（%） | 变动趋势 |
|---|---|---|---|---|---|
| 供应物流 | 40 | 50 | 20.00 | 25.00 | |
| 生产物流 | 60 | 50 | 30.00 | 25.00 | |
| 销售物流 | 55 | 45 | 27.50 | 22.50 | |
| 退货物流 | 30 | 45 | 15.00 | 22.50 | |
| 废弃物物流 | 15 | 10 | 7.50 | 5.00 | |
| 合计 | 200 | 200 | 100.00 | 100.00 | |

供应物流环节，以2018年作为基期，2019年的20%与2018年的25%相比，呈现下降趋势。

生产物流环节，以2018年作为基期，2019年的30%与2018年的25%相比，呈现上升趋势。

销售物流环节，以2018年作为基期，2019年的27.5%与2018年的22.5%相比，呈现上升趋势。

退货物流环节，以2018年作为基期，2019年的15%与2018年的22.5%相比，呈现下降趋势。

废弃物物流环节，以2018年作为基期，2019年的7.5%与2018年的5%相比，呈现上升趋势。

具体结果见表1-23。

**表1-23 物流管理部门物流成本表4**

| | 2019年（万元） | 2018年（万元） | 2019年占比（%） | 2018年占比（%） | 变动趋势 |
|---|---|---|---|---|---|
| 供应物流 | 40 | 50 | 20.00 | 25.00 | ↓ |
| 生产物流 | 60 | 50 | 30.00 | 25.00 | ↑ |
| 销售物流 | 55 | 45 | 27.50 | 22.50 | ↑ |
| 退货物流 | 30 | 45 | 15.00 | 22.50 | ↓ |
| 废弃物物流 | 15 | 10 | 7.50 | 5.00 | ↑ |
| 合计 | 200 | 200 | 100.00 | 100.00 | — |

步骤3：问题分析。

借助表1-23，可以分析出：2019年与2018年相比，成本增加环节为生产物流、销售物流和废弃物物流环节，成本降低环节为供应物流和退货物流环节，总成本趋势不变，因此在后续提出解决建议时，需要重点针对生产物流、销售物流和废弃物物流等环节来展开。

## 自我训练

假定某公司发生了如表1－24所示的物流成本信息，请根据所学知识和技能，完成初步的物流成本管理问题分析。

**表1－24 某公司物流管理部门的物流成本信息表**

| | 2019年（万元） | 2018年（万元） |
|---|---|---|
| 供应物流 | 25 | 30 |
| 生产物流 | 48 | 40 |
| 销售物流 | 52 | 30 |
| 退货物流 | 20 | 40 |
| 废弃物物流 | 15 | 20 |

## 单元自测

### 一、单选题

1. 物流成本管理重在降低所有环节的总成本，而不是某一个单一物流环节成本，因为物流各环节存在（ ）效应。

A. 效益背反 B. 乘数 C. 互补 D. 边际

2. 下面关于物流成本管理的说法，正确的是（ ）。

A. 物流成本管理即是管理物流成本

B. 物流成本管理就是通过降低物流活动中物化劳动的消耗以降低物流成本

C. 降低物流成本意味着扩大了企业的利润空间，提高了利润水平

D. 物流成本管理是通过对物流成本的把握和分析去发现物流系统中需要重点改进的环节，达到改善物流系统的目的

3. 借助于（ ）的构筑，降低物流成本。

A. 现代信息系统 B. 物流管理系统 C. 物流系统 D. 互联网

### 二、多选题

1. 纵向比较分析法的特点包括（ ）。

A. 以时间为坐标

B. 以空间为坐标

C. 手段是测量与比较研究对象在先后不同时间段中的变化，发现问题并找出解决方法

D. 研究对象必须是同类，且处于同一个时间区间

2. 物流成本管理的意义在于（　　）。

A. 科学、合理地组织物流活动

B. 加强对物流活动过程中费用支出的有效控制

C. 降低物流活动中的物化劳动和活劳动的消耗

D. 降低物流总成本，提高企业和社会经济效益

3. 物流成本管理包括以下（　　）内容。

A. 物流成本核算　B. 物流成本分析　C. 物流成本决策　D. 物流成本控制

**三、判断题**

1. 物流成本管理定义中对相关费用进行管理，其实此处的费用指的是广义的物流费用，包括成本、狭义费用和损失费用等。（　　）

2. 物流成本管理有管理的必要性，但不是什么场合都需要以节省成本放在第一位考虑。（　　）

3. 在企业实践工作中，管理者可以通过物流成本管理，掌握企业物流成本实际状况，发现企业物流活动过程中存在的问题。（　　）

**四、配对题**（请根据拓展阅读内容，对岗位所需的课程模块内容做配对连接，某些岗位不止配对一个模块）

| [岗位] | [课程模块] |
|---|---|
| A. 运营及物流成本分析专员 | 模块一 认知物流成本管理 |
| B. 物流成本分析工程师 | 模块二 物流成本核算 |
| C. 物流费用核算员/结算员 | 模块三 物流成本分析 |
| D. 物控员/物控主管 | 模块四 物流成本控制与绩效考核 |
| E. 物流成本绩效考核专员/主管 | |
| F. 高级物流专员（物流成本管理） | |

**拓展阅读**

## 部分岗位的工作职责描述

1. 运营及物流成本分析专员

- 设定成本费用控制目标，进行预算控制和追踪；
- 营运和物流相关费用定期对账；
- 月度滚动结账、预测、差异分析以及年度对比差异分析；
- 年度预算及五年业务计划的编制和 ITI、YOY、PTP 分析。

2. 物流成本分析工程师

- 负责物流部门成本分析和控制，建立完善的全面预算体系；

● 制定成本管理制度、规范及标准，建立完善的物流财务管理系统提供支持；

● 根据物流内部业务特征，提出成本优化的有效方案，并跟进落地实施；

● 根据物流成本数据分析，协调其他部门优化业务模式，节约公司成本；

● 组织公司产品线的预测、预算、物流成本运行控制、物流成本分析及成本考核等工作，从而帮助集团降低成本；

● 优化产品制造成本、项目成本全流程成本收集、分析、反馈的流程，根据分析结果提出改善建议，参与产品设计阶段成本评估。

3. 物流费用核算员/结算员

● 负责各项目的费用审核工作并提供应收/应付明细给财务部做账；

● 完成公司运营成本核算、人力成本核算，依照会计准则和会计核算制度，加强对各项业务的监管和审核，确保成本核算及时准确；

● 负责与客户对账，通知财务部开具发票，与供应商对账、制作付款报告并通知财务部安排付款；

● 负责成本及费用的记账工作，以及会计档案的整理和装订，确保会计资料的完整；

● 负责盈亏报表的统计、制作与分析；

● 负责及时跟进应收账款的回款情况并作出到期前的催款计划及提醒，以及财务付款进度的跟进等；

● 落实及执行领导布置的其他财务核算和管理工作。

4. 物控员/物控主管

● 对生产用料进行分析、计算及预测；

● 控制进料的有序入库；

● 库存的及时消化和生产余料的转用，防止无效库存的产生，使公司既不出现物料积压占压资金，又不出现停工待料；

● 针对异常的物料要采用一些物料的分析与计算方法；

● 对仓库的库存数据的准确性进行核实，尤其是周计划中的外购物料不能出现任何差错；

● 掌握制造企业成本管理和物流管理的方法，具有组织、策划能力和项目推动、实施的经验；

● 定期分析物料损耗，核对 BOM 异常，并及时处理呆滞物料。

5. 物流成本绩效考核专员/主管

● 协助建立和优化绩效考核管理制度和流程；

● 收集、整理和查核各部门的指标、考核数据；

● 督促各部门绩效考核的执行落地情况，并对绩效有效性进行全面分析；

● 组织公司级层面和绩效考核异常部门的绩效面谈，并进行分析总结，为高层调整和完善绩效管理制度提供信息和数据支撑；

● 汇总、分析各部门年度绩效状况，提出意见与建议，编写年度绩效总结报告。

6. 高级物流专员（物流成本管理）

● 熟知国际物流，海外本地物流，国内物流，海陆空、快递运输，仓储、配送等物流操作环节及成本结构，分析物流成本结构、影响因素及原因，定期出具成本分析报告，并根据业务特征提出成本改善建议；

● 监控物流合同、价格、成本数据准确，确保物流费用与财务费用的一致性；

● 根据业务需要完成项目性物流成本核算，可以依据不同条件给出最优的成本建议，供项目决策参考；

● 管理部门预算，优化预算编制逻辑，跟进预算使用情况，定期出具管理报表；

● 优化和完善物流成本管控流程，包括仓储、运输、海外物流等。

## 技能实训

### 宁波科翔技术有限公司物流成本管理总体认知

[实训目标]

通过本技能训练任务，使大家：

(1) 能够正确地根据公司实际情况，辨析正确的物流成本；

(2) 能够正确地对企业提供的物流成本数据进行物流成本分类，完成初步的物流成本分类表工作，能填写物流成本表。

(3) 能够运用合理的物流成本管理观念，结合初步的物流成本分析，完成物流成本管理工作。

[情景资料]

宁波科翔技术有限公司（公司简介详见附录1）是位于宁波北仑保税区的一家以生产汽车配件为主的汽车配件制造有限公司，公司产品畅销海内外。随着中国制造业的转型升级，公司将原来海外业务逐渐向国内业务拓展，在此基础上，要求对物流成本进行合理管控，实现充分有效地利用各种资源、提高企业的综合效益的目标，从而更好地满足企业和社会需求。

### 情境一：公司2020年1月准备对自营的配送物流进行独立核算

面对公司物流成本管理的严峻考验，公司参考了其他公司的成熟管理经验，以及自己公司的实际情况，决定由你结合学习的技能和知识点，对公司的配送物流环节进行初步的物流成本管理工作。

**任务1**　假定现在你必须从下列四个指标中选择两个作为评价指标，你会选择哪两个？

$$\text{仓容利用率}=\frac{\text{库存商品实际数量}}{\text{仓库应存数量}}$$

$$\text{库存周转率}=\frac{\text{使用数量}}{\text{库存数量}}\times 100\%$$

$$\text{配送准时率}=\frac{\text{实际准时到货次数}}{\text{总到货次数}}$$

$$\text{平均配送费用}=\frac{\text{每月配送费用总额}}{\text{月平均配送量}}$$

**任务2**　有了考核指标之后，你如何开展后续的物流成本管理工作？

**任务3**　有了前面的准备工作之后，公司要求你对2019年的配送物流环节的物流成本做一个简单的核算，已知你有下面的数据，请给出相应的判断（要求说出下面事项中哪些属于物流成本及判断理由)，并作出正确的核算：

(1) 运输人员工资为 5 万元，配送人员工资为 2 万元，当年的车辆保险费支出为 10 万元 (其中与配送部门相关的费用为 3 万元)；

(2) 配送人员培训费为 1 万元 (由于业务繁忙，只花费了 8 000 元)；

(3) 专门用于配送车辆改造费用为 20 万元；

(4) 配送部门的设备折旧费为 1 万元。

**工作准备：**

(1) 阅读情境一资料，识别物流成本管理内涵和物流成本管理基本工作循环，分析具体物流环节的成本管理辨识难点。

(2) 根据情境一资料，准备完成任务的电子文档或者纸质文档，找到并仔细阅读完成任务的评价表。

**工作实施：**

引导问题 1：物流成本管理的内涵是什么？对于情境一中涉及的配送物流成本如何理解？

________________________________________

________________________________________

引导问题 2：物流成本管理工作循环的步骤是什么？

________________________________________

________________________________________

| 任务 1： |
| --- |

| 任务 2： |
| --- |

| 任务 3： |
| --- |

**评价反馈：**

每两个同学为一组，同学间需要相互展示作品，介绍任务的完成情况。进行作品展示前准备阐述材料，填写阐述项目表，并完成评价表表 1 - 25 和表 1 - 26 的填写。

**表 1-25　学生自评表**

| 序号 | 任务 | 完成情况记录 |
|---|---|---|
| 1 | 是否按计划时间完成 | |
| 2 | 技能训练情况 | |
| 3 | 相关理论完成情况 | |
| 4 | 任务完成情况 | |
| 5 | 任务创新情况 | |
| 6 | 材料上交情况 | |
| 7 | 收获 | |

注：评价档次统一采用 A（优秀）、B（良好）、C（合格）、D（努力）四个档次。

**表 1-26　学生互评表**

| 序号 | 任务 | 小组互评 | 教师评价 |
|---|---|---|---|
| 1 | 是否按计划时间完成 | | |
| 2 | 作品完成上交情况 | | |
| 3 | 作品质量 | | |
| 4 | 语言表达能力 | | |
| 5 | 创新点（或收获） | | |

注：评价档次统一采用 A（优秀）、B（良好）、C（合格）、D（努力）四个档次。

## 情境二：财务部提供相关数据，便于物流部门进行成本管理

通过前面工作的初步尝试，发现效果较好，经过公司董事会批准，要求公司财务部将相关物流成本数据发送给物流部，责成物流管理部门尽快根据以往数据，形成自己部门的物流成本管理规范，以后与财务部合作办公，实时监控物流成本运作。（备注：情境一中的物流成本数据已经包括在财务部提供的成本表 1-27 数据中了。）

**表 1-27　财务部根据企业物流环节提供的成本表**　单位：万元

| | 2019 年 | 2018 年 |
|---|---|---|
| 供应物流 | 80 | 50 |
| 生产物流 | 120 | 70 |
| 销售物流 | 50 | 35 |
| 退货物流 | 40 | 30 |
| 废弃物物流 | 35 | 30 |

部分成本信息（2018 年）：

- 公司采购部门：人工费支出 30 万元，打印机维护费 2 万元，打印纸等材料费 8 万元。

● 公司生产部门：装卸费支出 24 万元，仓储设备维护费 16 万元，工人奖金支出 10 万元，工人工资支出 20 万元。

● 公司销售物流部门：工人工资支出 26 万元，车辆折旧支出 4 万元，包装材料支出 5 万元。

部分成本信息（2019 年）：

● 公司采购部门：人工费支出 40 万元，电脑折旧费 20 万元，打印机维护费 4 万元，打印纸等材料费 10 万元，通信费 6 万元。

● 公司生产部门：装卸费支出 34 万元，仓储设备维护费 46 万元，工人奖金支出 20 万元，工人工资支出 10 万元，消耗物资 10 万元。

● 公司销售物流部门：工人工资支出 26 万元，车辆折旧支出 8 万元，包装材料支出 8 万元，通信费 8 万元。

根据历年统计及行业企业调研，发现信息成本、运营成本属于可控成本范畴，其他成本不可控。

**任务 4** 结合表 1－27 中的成本信息，根据所学知识和技能，进行合理的数据核算，完成初步的物流成本管理问题分析。

**任务 5** 结合表 1－27 中的成本信息，根据公司提供的片段信息，确定公司哪些成本可以控制，建立比较合理的物流成本分类表。

**任务 6** 根据任务 4、任务 5 分析结果，针对不同部门特性，设计出合理的宣传海报，进行成本节约对策宣传。

**工作准备：**

（1）阅读情境二资料，识别物流成本分类理论和物流成本管理学说理论要点，以及物流成本分类表建立的难点。

（2）根据情境二资料，准备完成任务的电子文档或者纸质文档，找到并仔细阅读完成任务的评价表。

**工作实施：**

引导问题 1：按性质不同，物流成本可以分为什么？

______________________________________________

______________________________________________

引导问题 2：营运成本包括什么？

______________________________________________

______________________________________________

引导问题 3：物流成本管理学说都有什么？

______________________________________________

______________________________________________

| 任务 4： |
| --- |
| |

| 任务 5： |
| --- |
| |

| 任务 6： |
| --- |
| |

**评价反馈：**

每两个同学为一组，同学间需要相互展示作品，介绍任务的完成情况。进行作品展示前准备阐述材料，填写阐述项目表，并完成评价表表 1－28 和表 1－29 的填写。

**表 1－28　学生自评表**

| 序号 | 任务 | 完成情况记录 |
| --- | --- | --- |
| 1 | 是否按计划时间完成 | |
| 2 | 技能训练情况 | |
| 3 | 相关理论完成情况 | |
| 4 | 任务完成情况 | |
| 5 | 任务创新情况 | |
| 6 | 材料上交情况 | |
| 7 | 收获 | |

注：评价档次统一采用 A（优秀）、B（良好）、C（合格）、D（努力）四个档次。

**表 1－29　学生互评表**

| 序号 | 任务 | 小组互评 | 教师评价 |
| --- | --- | --- | --- |
| 1 | 是否按计划时间完成 | | |
| 2 | 作品完成上交情况 | | |
| 3 | 作品质量 | | |
| 4 | 语言表达能力 | | |
| 5 | 创新点（或收获） | | |

注：评价档次统一采用 A（优秀）、B（良好）、C（合格）、D（努力）四个档次。

## 综合评价：

每个同学在完成上述技能训练任务后，需要填写表 1 - 30 对应内容，参与互评的同学也需要填写表 1 - 30 对应内容。教师根据学生训练表现和作业质量，在表 1 - 30 中完成对学生技能训练的综合评价。

**表 1 - 30　综合评价表**

| 序号 | 评价项目 | 自我评价 | 互相评价 | 教师评价 | 综合评价 |
| --- | --- | --- | --- | --- | --- |
| 1 | 学习准备 | | | | |
| 2 | 引导问题填写 | | | | |
| 3 | 完成质量 | | | | |
| 4 | 完成速度 | | | | |
| 5 | 关键技能要领掌握 | | | | |
| 6 | 5S 管理 | | | | |
| 7 | 沟通协作 | | | | |
| 8 | 展示汇报 | | | | |
| 9 | 参与讨论积极主动性 | | | | |

注：评价档次统一采用 A（优秀）、B（良好）、C（合格）、D（努力）四个档次。

## 学思之窗

### 不忘初心，牢记物流发展使命

在这个时代，什么是物流业的初心？是技术？是模式？是速度？是降成本？

2009 年《物流业调整和振兴规划》（以下简称《规划》）提出，实施物流业的调整和振兴、实现传统物流业向现代物流业的转变，不仅是物流业自身结构调整和产业升级的需要，也是整个国民经济发展的必然要求。《规划》全文中反复提出要降低成本，如物流业自身需要转变发展模式，向以信息技术和供应链管理为核心的现代物流业发展；降低社会物流成本，优化资源配置，提高国民经济的运行质量。

为了促进物流业健康发展，根据党的十八大、十八届三中全会精神和《中华人民共和国国民经济和社会发展第十二个五年规划纲要》《服务业发展“十二五”规划》等，制定了《物流业发展中长期规划（2014—2020 年）》。

按照党中央、国务院关于推进供给侧结构性改革和降低实体经济成本的决策部署，为解决物流领域长期存在的成本高、效率低等突出问题，大力推动物流业降本增效，推进物流业转型升级，提升行业整体发展水平，更好地服务于经济社会发展，根据《物流业发展中长期规划（2014—2020 年）》，制定了《物流业降本增效专项行动方案（2016—2018 年）》。

为了支撑构建以国内大循环为主体、国内国际双循环相互促进的新发展格局，国家发展改革委印发《国家物流枢纽网络建设实施方案（2021—2025 年）》，“十四五”期间将聚焦打造“通道＋枢纽＋网络”现代物流运行体系。

《国民经济和社会发展第十四个五年规划和 2035 年远景目标纲要》明确指出要立足国内大循环，协同推进强大国内市场和贸易强国建设，促进内需和外需、进口和出口、引进外资和对外投资协调发展，加快培育参与国际合作和竞争新优势。聚焦增强全产业链优势，提高现代物流、采购分销、生产控制、运营管理、售后服务等发展水平。建设现代物流体系，加快发展冷链物流，完善国家物流枢纽、骨干冷链物流基地设施条件，健全县乡村三级物流配送体系，发展高铁快运等铁路快捷货运产品，加强国际航空货运能力建设，提升国际海运竞争力。优化国际物流通道，加快形成内外联通、安全高效的物流网络。完善现代商贸流通体系，培育一批具有全球竞争力的现代流通企业，支持便利店、农贸市场等商贸流通设施改造升级，发展无接触交易服务，加强商贸流通标准化建设和绿色发展。加快建立储备充足、反应迅速、抗冲击能力强的应急物流体系。允许制造业企业全部参与电力市场化交易，规范和降低港口航运、公路铁路运输等物流收费，全面清理规范涉企收费。

数据显示，2020 年全年，物流运行实现逆势回升、平稳增长，物流规模再上新台阶，社会物流总额超 300 万亿元。社会物流总费用占 GDP 的比率从 2012 年的 18%下降到 2020 年的 14.7%，物流业实现了稳中有进、稳中提质的目标。

在一系列国家政策的保驾护航下，加上物流人的兢兢业业，正如上面的成就显示的那样，中国已经成长为了物流大国，但是距离物流强国还有一段比较漫长的道路要走。那么应该如何理解物流业的初心呢?

有物流专家提出，物流业的初心是服务！一味地降成本做不好服务，应该是在既定的物流服务水平下，追求物流系统的服务成本最优。之所以强调物流服务成本最优，而不是最低，是因为物流业也需要有合适的利润，要与客户实现双赢，没有利润哪里会有服务呢? 成本与效益是两个基本点，利润体现的就是效益，非常重要。

当前，我国物流效率相对于发达国家仍然有较大差距，降本增效潜力很大。未来一段时期，优化经济结构、提升物流运作水平、降低制度性交易成本将成为降本增效的三大途径。

# 项目二 物流成本核算

## 【知识技能结构导图】

- 物流成本核算
  - 辨识并应用物流成本核算对象
    - 知识点：物流成本核算内涵及现状
    - 知识点：物流核算数据来源于企业会计核算信息
    - 知识点：物流成本核算对象及原则
    - 知识点：物流成本计算期
    - 技能点：能够运用合理的物流成本核算对象，完成正确的物流费用的归集与分配工作。
  - 构建辅助账户核算物流成本
    - 知识点：认知会计成本核算
    - 知识点：物流成本核算方法
    - 知识点：物流成本辅助账户
    - 技能点：能够设置合理的物流辅助账户，方便采用物流成本核算表进行成本核算。
  - 作业成本法核算企业物流成本
    - 知识点：传统成本法的内涵与缺陷
    - 知识点：作业成本法内涵
    - 知识点：作业成本法相关概念解析
    - 技能点：能根据作业成本法原理，辨析不同作业层次，并进行不同层级的作业成本汇总核算。
    - 技能点：能运用作业成本法核算步骤，进行企业间接物流成本分配。

## 任务1
# 辨识并应用物流成本核算对象

### 【能力目标】

能够运用合理的物流成本核算对象，完成正确的物流费用的归集与分配工作。

### 【知识目标】

1. 了解物流成本核算的现状及物流核算数据来源于企业会计核算信息；
2. 理解物流成本核算内涵和核算原则；
3. 掌握物流成本核算对象和物流成本计算期。

### 案例引入

#### 企业物流成本核算问题分析

1. 企业未构建完善的物流成本核算与管理体系

首先，多数工业企业对物流成本的内涵认识不足，很多企业直接将物流成本视作运输成本。而在工业企业日常运作中，物流成本实质上是其在完成仓储、运输、装卸搬运、包装、流通加工以及信息处理等流程中而支出的各种费用的总和。站在财务会计的视角分析，物流成本不但表现为工业企业的各项费用支出，而且反映在企业所拥有的某些资产上。站在管理会计的视角分析，物流成本也包括存货以及由于缺货造成的损失成本等，这就造成了工业企业物流成本具有显著的隐蔽性以及复杂性的特征。

其次，多数工业企业尚未针对物流成本构建科学的核算与管理体系。工业企业物流成本构成相对分散、复杂的特性，导致其核算过程具有一定的难度，财务人员在进行物流信息核算时极易发生遗漏。同时，当前多数工业企业尚未针对物流成本设置对应的一级核算科目，属于财务会计分类的物流成本尽管账目清晰但是却分散在不同的会计科目之下，而属于管理会计分类的物流成本本来就具有相当的隐蔽性，因此在物流成本核算时被遗漏的概率极高，最终导致工业企业物流成本核算难以贯彻执行，所得信息也难以真实、全面地反映企业物流成本情况。

2. 成本信息收集不完整

在计算物流成本的过程中一般会将货物的运输、仓储等多项活动内容的成本加入其中，但是在此过程中相关的工作人员并没有对物流信息进行严格的记录和管理，如此一来，会计核算的成本就会大大增加。同时由于核算方法的效率非常低，因此随着企业自身物流成本开支不断增加，核算项目的成本也在不断增加。对于仓库损耗等，由于没有对其进行准确的界定，因此一般会将其作为营业外成本开支。

除此之外，企业在计算物流成本的过程中还会结合自身的实际情况和特点进行有关的核算，并对其进行统一。企业之间的物流成本数据信息的真实性和准确性也无法得到有效的保障，严重阻碍着企业会计核算工作的顺利开展。

**思考：**如何提高企业物流的物流成本核算质量?

资料来源：曹慧，朱俊莹，王燕．企业的物流成本会计核算问题研究［J］．企业经济，2012（1）．

## 工作情境描述

2020 年 2 月已经进入尾声，物流经理要求你根据业务需要，使用下列合适的物流成本核算表（表 2－1、表 2－2 和表 2－3）对企业本月的物流成本进行简单归集，并给出各物流环节成本核算对象的总成本和单位成本，同时要求你今后形成固定的工作惯例，不要每次都等着上司要求才做。

**表 2－1　＿＿＿＿公司＿＿＿＿物流成本核算表**　　单位：元

＿＿年＿＿月＿＿日

<table>
<tr><th colspan="4">范围<br>支付形态</th><th>供应物流费</th><th>生产（企业内）物流费</th><th>销售物流费</th><th>退货物流费</th><th>废弃物物流费</th><th>合计</th></tr>
<tr><td rowspan="11">企业物流费</td><td rowspan="9">本企业支付的物流费</td><td rowspan="7">本企业物流费</td><td>材料费</td><td></td><td></td><td></td><td></td><td></td><td></td></tr>
<tr><td>人工费</td><td></td><td></td><td></td><td></td><td></td><td></td></tr>
<tr><td>水电费</td><td></td><td></td><td></td><td></td><td></td><td></td></tr>
<tr><td>维修费</td><td></td><td></td><td></td><td></td><td></td><td></td></tr>
<tr><td>一般经费</td><td></td><td></td><td></td><td></td><td></td><td></td></tr>
<tr><td>特别经费</td><td></td><td></td><td></td><td></td><td></td><td></td></tr>
<tr><td>小计</td><td></td><td></td><td></td><td></td><td></td><td></td></tr>
<tr><td colspan="2">委托物流费</td><td></td><td></td><td></td><td></td><td></td><td></td></tr>
<tr><td colspan="2">本企业支付的物流费合计</td><td></td><td></td><td></td><td></td><td></td><td></td></tr>
<tr><td colspan="3">外企业支付的物流费</td><td></td><td></td><td></td><td></td><td></td><td></td></tr>
<tr><td colspan="3">企业物流费总计</td><td></td><td></td><td></td><td></td><td></td><td></td></tr>
</table>

负责人：＿＿＿＿　　核算人：＿＿＿＿　　制表人：＿＿＿＿

表 2－2 ________公司________物流成本核算表　　单位：元

____年____月____日

<table>
<tr><th colspan="3">功能<br>支付形态</th><th>运输</th><th>保管</th><th>装卸</th><th>包装</th><th>流通加工</th><th>物流信息</th><th>物流管理</th><th>合计</th></tr>
<tr><td rowspan="9">企业物流费</td><td rowspan="6">企业内部物流成本</td><td>材料费</td><td></td><td></td><td></td><td></td><td></td><td></td><td></td><td></td></tr>
<tr><td>人工费</td><td></td><td></td><td></td><td></td><td></td><td></td><td></td><td></td></tr>
<tr><td>维修费</td><td></td><td></td><td></td><td></td><td></td><td></td><td></td><td></td></tr>
<tr><td>水电费</td><td></td><td></td><td></td><td></td><td></td><td></td><td></td><td></td></tr>
<tr><td>……</td><td></td><td></td><td></td><td></td><td></td><td></td><td></td><td></td></tr>
<tr><td>其他</td><td></td><td></td><td></td><td></td><td></td><td></td><td></td><td></td></tr>
<tr><td colspan="2">小计</td><td></td><td></td><td></td><td></td><td></td><td></td><td></td><td></td></tr>
<tr><td colspan="2">委托物流费</td><td></td><td></td><td></td><td></td><td></td><td></td><td></td><td></td></tr>
<tr><td colspan="2">合计</td><td></td><td></td><td></td><td></td><td></td><td></td><td></td><td></td></tr>
</table>

负责人：________　　核算人：________　　制表人：________

表 2－3 ________公司________物流成本核算表　　单位：元

____年____月____日

<table>
<tr><th colspan="3">客户类别<br>支付形态</th><th>大客户 A</th><th>大客户 B</th><th>大客户 C</th><th>……</th><th>大客户 N</th><th>合计</th></tr>
<tr><td rowspan="9">企业物流费</td><td rowspan="6">企业内部物流成本</td><td>材料费</td><td></td><td></td><td></td><td></td><td></td><td></td></tr>
<tr><td>人工费</td><td></td><td></td><td></td><td></td><td></td><td></td></tr>
<tr><td>维修费</td><td></td><td></td><td></td><td></td><td></td><td></td></tr>
<tr><td>水电费</td><td></td><td></td><td></td><td></td><td></td><td></td></tr>
<tr><td>……</td><td></td><td></td><td></td><td></td><td></td><td></td></tr>
<tr><td>其他</td><td></td><td></td><td></td><td></td><td></td><td></td></tr>
<tr><td colspan="2">小计</td><td></td><td></td><td></td><td></td><td></td><td></td></tr>
<tr><td colspan="2">委托物流费</td><td></td><td></td><td></td><td></td><td></td><td></td></tr>
<tr><td colspan="2">合计</td><td></td><td></td><td></td><td></td><td></td><td></td></tr>
</table>

负责人：________　　核算人：________　　制表人：________

**工作情境问题分析：**面对上述工作情境，需要解决的问题主要有两个：第一，物流成本应该如何归集，才能保障规范性？第二，怎样做，才能够形成工作惯例，从而达到公司领导的工作期望？

## 必备知识

### 一、物流成本核算内涵及现状

1. 物流成本核算内涵

物流成本核算是根据企业确定的成本计算对象，采用相应的成本计算方法，按照规定的成本项目，通过一系列物流费用的汇集与分配，从而计算出各物流环节成本计算对象的实际总成本和单位成本。

企业物流的一切活动最终体现为经济活动，经济活动必然要求进行经济核算，计算成本、考核业绩。所以物流成本核算贯穿于企业整个物流活动的全过程。企业的物流活动包括运输、仓储、装卸、搬运、包装、流通加工、配送和信息处理等多个环节，决定了企业物流成本核算也必然包括上述多个环节的核算内容。

2. 物流成本核算现状

首先，传统的成本计算法造成了“物流成本冰山说”现象。一般情况下，企业会计科目中，只把支付给外部运输、仓库企业的费用列入成本，实际上这些费用在整个物流费用中犹如冰山一角。这是因为企业利用自己的车辆运输，利用自己的库房保管货物和由自己的工人进行包装，装卸等费用一直没有列入物流费用科目内，传统的会计方法没有全面显现各项物流费用，在确定、分类、分析和控制成本上都存在许多缺陷。

其次，在现代生产的特点下，传统的物流成本计算法提供的物流成本信息失真，不利于进行科学的物流控制。现代生产的特点是生产经营活动复杂，产品品种结构多样，产品生产工艺多变，经常发生调整准备，使过去费用较少的订货作业、物料搬运、物流信息系统的维护等与产量无关的物流费用大大增加。在传统成本计算中，间接费用普遍采用与产量关联的分摊基础——直接工时、机器小时、材料耗用额等。这种计算方法使现代企业许多物流活动产生的费用处于失控状态，造成了大量的浪费和物流服务水平的下降。

最后，传统的会计实践通常不能提供足够的物流量度。

一方面，传统会计方法不能满足物流一体化的要求，物流活动及其发生的许多费用常常是跨部门发生的，而传统的会计是将各种物流活动费用与其他活动费用混在一起归集为诸如工资折旧、租金等形态，这种归集方法不能确定运作的责任。

另一方面，传统会计科目的费用分配率存在问题．将传统成本的各项费用剥离出物流费用，通常是按物流功能分离的，很难为个别活动所细分。比如．传统会计方法不能对物流和供应链改造工程活动进行物流成本核算。

学习讨论

请根据上文物流成本核算的现状，回答下列问题：

(1) 物流成本核算之所以产生“物流成本冰山说”，原因是什么？

(2) 要想对物流成本进行合理而有效的分析核算，需要做哪些工作？

答：

## 二、物流核算数据来源于企业会计核算信息

1. 认知会计核算工作

会计核算，是指以货币为主要计量单位，通过确认、计量、记录和报告等环节，对特定主体的经济活动进行记账、算账和报账，为相关会计信息使用者提供决策所需的会计信息。

《中华人民共和国会计法》第 2 章第 9 条规定：“各单位必须根据实际发生的经济业务事项进行会计核算，填制会计凭证，登记会计账簿，编制财务会计报告。任何单位不得以虚假的经济业务事项或者资料进行会计核算。”会计核算方法和流程如图 2-1 所示：

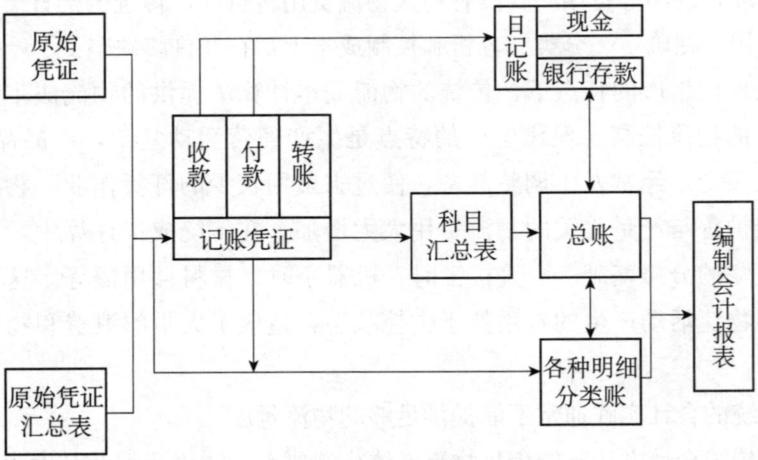


图 2-1 会计核算方法和流程

2. 物流成本核算数据的来源

制造企业内部物流成本的核算离不开会计核算工作，同样地，第三方物流企业的物流成本核算同样离不开会计核算工作，比如表 2-4 所示的铁龙物流公司的资产负债表的编制，就是依托于会计核算工作得到的较为详细的第三方物流企业的会计信息。物流成本核算可与产品成本核算同步，也可在期末单独计算，无论哪种方式，均要求有健全、规范的

会计工作流程，有完整、可靠的原始资料记录。作为分配基础的很多实物数据来源于其他部门，所以财务部门必须加强与其他部门的沟通和联系，才能够取得所需要的业务数据，从而使物流成本计算的依据尤其是间接成本的分配依据更为可靠，使物流成本核算工作顺利实施。

**表 2-4　铁龙物流公司 2020、2019、2018、2017 年资产负债表（部分）**　单位：元

| 资产负债表 | 2020-12-31 | 2019-12-31 | 2018-12-31 | 2017-12-31 |
|---|---|---|---|---|
| 流动资产 | | | | |
| 货币资金 | 13.02 亿 | 12.65 亿 | 11.20 亿 | 7.206 亿 |
| 应收票据及应收账款 | 1.977 亿 | 1.818 亿 | 2.946 亿 | 1.850 亿 |
| 其中：应收票据 | — | — | 6 446 万 | 4 386 万 |
| 应收账款 | 1.977 亿 | 1.818 亿 | 2.301 亿 | 1.411 亿 |
| 应收款项融资 | 1.365 亿 | 1.473 亿 | — | — |
| 预付款项 | 1.483 亿 | 2.030 亿 | 1.665 亿 | 2.841 亿 |
| 其他应收款合计 | 3 211 万 | 4 165 万 | 9 194 万 | 6 766 万 |
| 其中：应收股利 | 32.51 万 | — | — | — |
| 其他应收款 | — | — | — | 6766 万 |
| 存货 | 26.75 亿 | 30.20 亿 | 29.30 亿 | 33.83 亿 |
| 其他流动资产 | 1.205 亿 | 2.251 亿 | 4.046 亿 | 5.224 亿 |
| 流动资产合计 | 46.13 亿 | 50.83 亿 | 50.07 亿 | 51.62 亿 |
| 非流动资产 | | | | |
| 可供出售金融资产 | — | — | 800.0 万 | 800.0 万 |
| 长期股权投资 | 1.056 亿 | 8 476 万 | 5 774 万 | 7 116 万 |
| 其他权益工具投资 | 887.4 万 | 872.7 万 | — | — |
| 固定资产 | 42.81 亿 | 38.00 亿 | 37.79 亿 | 30.47 亿 |
| 在建工程 | 6 135 万 | 4.772 亿 | 2.902 亿 | 9 991 万 |
| 固定资产清理 | — | — | — | 47.77 万 |
| 无形资产 | 3.705 亿 | 3.822 亿 | 3.906 亿 | 4.015 亿 |
| 开发支出 | 1 147 万 | 1 107 万 | — | — |
| 长期待摊费用 | 5 421 万 | 3 307 万 | 1 763 万 | 1 139 万 |
| 递延所得税资产 | 686.2 万 | 1 093 万 | 3 158 万 | 2 511 万 |
| 非流动资产合计 | 49.00 亿 | 48.08 亿 | 45.75 亿 | 36.64 亿 |
| 资产总计 | 95.13 亿 | 98.92 亿 | 95.82 亿 | 88.27 亿 |
| 流动负债 | | | | |
| 短期借款 | — | — | 2.800 亿 | 2.500 亿 |
| 应付票据及应付账款 | 7.967 亿 | 6.920 亿 | 8.673 亿 | 13.88 亿 |
| 其中：应付票据 | — | 500 万 | — | 4.462 亿 |
| 应付账款 | 7.967 亿 | 6.420 亿 | 8.673 亿 | 9.423 亿 |

## 三、物流成本核算对象及原则

1. 物流成本核算对象内涵

扫一扫

搞懂物流成本核算对象

物流成本核算对象是指企业或管理部门为归结或分配各项物流成本费用而确定的，以一定期间和空间范围为条件而存在的成本核算实体，即成本的发生者和承担者。

在确定成本核算实体时，可以依托载体和成本费用承担实体来展开理解。依托载体，是指企业中发生的与成本费用承担实体有关的各项物流成本费用。例如，公司生产A和B两种产品，现在要核算A产品负担的物流成本费用，已知生产A产品过程中，发生了配送费10万元、仓储费10万元，而生产B产品过程中发生了包装费8万元。此时A产品应该归集的物流成本费用应该是10万元的配送费加上10万元的仓储费，合计为20万元，包装费的8万元与A产品无关，不应该计入。成本费用承担实体，简单来说，就是企业中在某个时间段发生的物流成本费用应该由哪个物流环节来承担，或者说哪个物流功能来承担。

物流成本的核算对象应根据物流成本计算的目的及企业物流活动的特点予以决定。一般说来，物流成本核算的对象有以下几种：

（1）以某一物流成本项目为对象。把一定时期的物流成本，从财务会计的计算项目中抽出，按照成本费用项目进行分类计算。它可以将企业的物流成本分为企业自家物流费、委托物流费和外企业代垫物流费等项目分别进行计算。

**拓展阅读**

### 2020年方大特钢厂内物流运输费下降

2020年，方大特钢积极做好降成本工作，全年厂内物流运输费比目标下降0.34元/吨材。

该厂将成本指标进行层层分解，责任到人，并强化成本指标管控。火车运输站针对作业区域跨度大、作业性质存在较大差异的特点，将高炉区、站区、维修划分为9个承包组。高炉区、站区包乘组每天重点对运输周转量、实际柴油消耗情况进行统计，查找成本管控的薄弱环节；维修包乘组重点对备件、辅料的消耗情况进行统计，通过小改小革、修旧利废等手段降低消耗；汽车运输站针对车辆多的特点，在对车型进行分类的基础上，分台车每天对柴油、辅油、轮胎、辅料、紧急采购备件、外修备件、外委维修费等消耗情况进行统计、分析，提高每位司机的成本意识，台车消耗情况每天在工作群中公布。

资料来源：2020年方大特钢厂内物流运输费下降．（2021－01－14）．https://baijiahao.baidu.com/s?id=1688828356817523666&wfr=spider&for=pc.

（2）以某种物流功能为对象。以某种物流功能为对象，即根据需要，以包装、配送、保管、装卸搬运、物流信息、物流管理等物流功能核算物流费用。这种核算方式可以看出哪种功能更耗费成本，且可以计算出标准物流成本（单位个数、质量、容器的成本），对于加强每个物流功能环节的管理、提高每个环节作业水平、设定合理化目标，具有重要的作用。相关用表可参考表2-2。

（3）以某一服务客户作为核算对象。这种核算方式对于加强客户服务管理、制定有竞争力且有营利性的收费价格是很有必要的。特别是对于物流服务企业来说，在为大客户提供物流服务时，应认真分别核算对各个大客户提供服务时所发生的实际成本。相关用表可以参考表2-3。

（4）以企业生产的某一产品为核算对象。这主要是指货主企业在进行物流成本核算时，以每种产品作为核算对象，计算为组织该产品的生产和销售所花费的物流成本。据此可进一步了解各产品的物流费用开支情况，以便进行重点管理。相关用表可以参考表2-1、表2-2和表2-3，同时结合企业实际进行修改。

（5）以企业生产的某一过程为核算对象。以企业生产的某一过程为核算对象，如以供应、生产、销售、退货等某过程为对象进行计算。它的主要任务，是从材料采购费及企业管理费中抽出供应物流费，从基本生产车间和辅助生产车间的生产成本、制造费用以及企业管理费等账户中抽出生产物流费，从销售费用中抽出销售物流费。这样就可以得出物流费用的总额，可使企业经营者一目了然地概观各范围（领域）物流费用的全貌，并据此进行比较分析。

（6）以某一物流部门为核算对象。以某一物流部门为核算对象，如以仓库、运输队、装配车间等部门为对象进行计算。这种核算对加强责任中心管理、开展责任成本管理方法以及对于部门的绩效考核是十分有利的。

（7）以某一地区（分公司）为核算对象。以某一地区（分公司）为核算对象，计算在该地区组织供应和销售所花费的物流成本，据此可进一步了解各地区的物流费用开支情况，以便进行重点管理。对于销售或物流网络分布很广泛的物流企业或者产品分销企业来说，这种以地区为物流成本核算对象的物流成本核算显得更加重要，它是进行物流成本日常控制、各个地区负责人绩效考核以及其他物流系统优化决策的有效依据。用表可参考表2-5。

（8）以某一物流设备和工具为核算对象。以某一物流设备和工具为核算对象，如以某一运输车辆为对象进行计算。工具的好坏对于整个物流活动的运行是否高效是有直接关系的。考虑两辆运输车辆，一辆A运输车辆经常抛锚，由此带来的维修费激增；另一辆B运输车辆车况良好，维修费少之又少。面对同一票运输业务，A车运输成本必然高于维修费少的B车运输成本。

表 2-5 ________公司________物流成本核算表　　单位：元

____年____月____日

| 成本项目 \ 地区（分公司） | | | 分公司 1 | 分公司 2 | 分公司 3 | …… | 分公司 N | 合计 |
|---|---|---|---|---|---|---|---|---|
| 企业物流费 | 企业内部物流成本 | 材料费 | | | | | | |
| | | 人工费 | | | | | | |
| | | 维修费 | | | | | | |
| | | 水电费 | | | | | | |
| | | …… | | | | | | |
| | | 其他 | | | | | | |
| | 小计 | | | | | | | |
| | 委托物流费 | | | | | | | |
| | 合计 | | | | | | | |

负责人：________　　核算人：________　　制表人：________

（9）以企业全部物流活动为对象进行核算。以企业全部物流活动为对象进行核算，确定企业为组织物流活动所花费的全部物流成本支出。掌握物流成本，不仅可以为企业间物流成本水平的比较提供依据，也可以通过纵向物流成本的对比，及时发现问题，促进企业物流运作和管理水平的提高。

2. 物流成本核算原则

物流成本核算的一般原则包括：

扫一扫

难怪核算错误，核算原则不是摆设

（1）实际发生原则。物流成本核算以现金支出为中心，以实际发生为基础。换言之，它也是指产生费用或支出的经济业务必须真实，反言之，根据虚构的、没有发生的或者尚未发生的经济业务来确认、计量的物流支出是不允许的。同时，支付义务发生应仅限于依照合同、法律、法规的规定必须履行的法定支付义务且支出金额必须确定，即发生金额为实际发生数。

（2）真实性原则。真实性是指物流成本核算要求提供的成本信息是真实的，各项数据准确，要与客观的经济事项一致，不应该人为地增加或降低成本。

（3）分期核算原则。成本分期核算原则是指分期归集与分配发生的费用。对于制造企业而言，不管成本计算期与产品生产周期是否一致，成本核算一般按月进行，即生产费用的归集与分配、废料和退料成本的冲销等日常工作，都按月进行。对于物流成本核算而言，也必须服从生产费用的核算分期假设，即企业为了取得一定期间发生的物流成本，也要按月计算不同环节、功能等的物流成本。

（4）相关性原则。包括有用性和及时性原则。有用性是指成本核算中提供的成本信息应该满足信息使用者的需要，满足有关各方面了解企业财务状况和经营成果的需要，满足企业加强内部管理的需要。在相关规定的范围内，会计成本信息使用者需要什么信息就要提供什么信息。及时性原则要求会计事项的处理必须于经济业务发生时及时进行，不得拖延和积压，以便于会计信息的及时利用。及时性原则强调信息取得的时效性，必须在经济业务发生时进行，讲求实效。

（5）重要性原则。当经济业务的发生对企业的财务状况和损益影响甚微时，可以用简单的方法和程序进行核算；反之，当经济业务的发生对企业的财务状况和损益影响很大时，就应当严格按照规定的会计方法和程序进行核算。基于管理要求，区分主次，对物流成本有重大影响的项目作为重点，力求精确；不太重要的琐碎项目，可以从简处理。

（6）合法性原则。计入成本的支出必须符合国家法律、法规、制度等关于成本支出的范围和标准的规定，不符合规定的支出不能计入成本。企业应该严格按照成本开支范围和费用开支标准，防止乱摊和少计生产或物流费用，以保证成本指标的合法性。

（7）权责发生制原则。应由本期成本负担的费用，不论是否已经支付，都要计入本期成本；不应由本期成本负担的费用（即已计入以前各期的成本，或应由以后各期成本负担的费用），虽然在本期支付，但应按照费用的收益期限分摊，分别计入本期和以后各期成本，以便正确提供各项的成本信息。

**［物流成本核算实战］**

1. 以某种物流功能为核算对象

扫一扫

教你填制规范的物流成本核算表

**实战一**　公司在20××年×月向上海某汽车制造公司生产销售了C配件，经与会计部门协商沟通，相关物流费用如下：生产制造环节中的包装材料费30 000元，涉及的维护费5 000元，人工费20 000元；销售包装成本中维护成本2 000元，外包包装费600元；退货包装材料成本为900元，承接合作企业退货包装收入800元。参考核算表见表2－1。

要求：请根据题目要求，针对企业包装物流费用分别填入对应的表格中，然后核算出物流成本。

已知某同学的填表结果见表2－6，请结合自己的实战结果，分析并指出该同学的问题所在。

| 回答区： |
| --- |
| |

表 2-6 ××公司 包装项目 物流成本核算表 单位：元

20×× 年 ×× 月 ×× 日

| 支付形态＼范围 | | | | 供应物流费 | 生产（企业内）物流费 | 销售物流费 | 退货物流费 | 废弃物物流费 | 合计 |
|---|---|---|---|---|---|---|---|---|---|
| 企业物流费 | 本企业支付的物流费 | 本企业物流费 | 材料费 | | 30 000 | | 900 | | 30 900 |
| | | | 人工费 | | 20 000 | | | | 20 000 |
| | | | 水电费 | | 5 000 | 2 000 | | | 7 000 |
| | | | 维修费 | | | | | | |
| | | | 一般经费 | | | | | | |
| | | | 特别经费 | | | | | | |
| | | | 小计 | | | | | | |
| | | 委托物流费 | | | | 600 | | | 600 |
| | | 本企业支付的物流费合计 | | | 55 000 | 2 600 | 900 | | 58 500 |
| | 外企业支付的物流费 | | | | | | 800 | | 800 |
| | 企业物流费总计 | | | | 55 000 | 2 600 | 1 700 | | 59 300 |

负责人：××× 核算人：×× 制表人：××

**解析：**

在物流成本核算工作中，我们强调工作的规范性。因为费用有支出和部分返还，所以必须使用不同的符号来表示，我们使用“+”代表收入，“−”代表支付。这样一来，表格的填写就可以很明确地看出哪些项目是支付，哪些项目涉及返还或收入。

表 2-6 中的填写数据忽略了“+”“−”号的填写，导致数据不规范。正确的是将各种分类数据填入相应的单元格位置。这涉及归集术语。所谓归集，是指将分散的成本数据信息，按照分类纳入合适的位置。结合点评内容及题目内容，正确的表格填写内容见表 2-7。

2. 完成企业生产的某一过程为核算对象工作

**实战二** 20××年×月，公司有采购部、原料仓和生产部等相关部门涉及物流业务，经查询该公司会计账户，提供了如下相关物流成本数据信息。

应付职工薪酬：采购部 200 元，原料仓 210 元，生产部 150 元。

应付账款（第三方物流—送货）：320 元。

表2-7　××公司　包装项目　物流成本核算表　　单位：元

20××年××月××日

| 支付形态＼范围 | | | | 供应物流费 | 生产（企业内）物流费 | 销售物流费 | 退货物流费 | 废弃物物流费 | 合计 |
|---|---|---|---|---|---|---|---|---|---|
| 企业物流费 | 本企业支付的物流费 | 本企业物流费 | 材料费 | | －30 000 | | －900 | | －30 900 |
| | | | 人工费 | | －20 000 | | | | －20 000 |
| | | | 水电费 | | －5 000 | －2 000 | | | －7 000 |
| | | | 维修费 | | | | | | |
| | | | 一般经费 | | | | | | |
| | | | 特别经费 | | | | | | |
| | | | 小计 | | －55 000 | －2 000 | | | －57 000 |
| | | 委托物流费 | | | | －600 | | | －600 |
| | | 本企业支付的物流费合计 | | | －55 000 | －2 600 | －900 | | －58 500 |
| | 外企业支付的物流费 | | | | | | ＋800 | | ＋800 |
| | 企业物流费总计 | | | | －55 000 | －2 600 | －100 | | －57 700 |

负责人：×××　　核算人：××　　制表人：××

制造费用—水费：采购部110元，原料仓120元，生产部100元。

制造费用—电费：采购部50元，原料仓50元，生产部60元。

原材料（包装薄膜）：100元。

制造费用（车辆或设备维修费）：采购部110元，原料仓230元，生产部120元。

要求：请根据题目要求，针对企业中各部门发生的物流费用分别填入对应的表格中，见表2-1，然后核算出各环节的物流费用。

**解析：**应付职工薪酬科目归集人工费，应付账款（第三方物流—送货）科目归集委托物流费，原材料（包装薄膜）科目归集材料费，剩余的制造费用科目可以根据相关的摘要提示，分别归集到水电费和维修费中。一般来说，采购部和原料仓发生的费用应该归入供应物流环节，生产部发生的费用归入生产（企业内）物流费。应付账款（第三方物流—送货）和原材料（包装薄膜）按照逻辑可以考虑为第三方物流公司为本公司送原材料到原材料仓，其间发生使用包装薄膜为原材料堆垛进行缠膜。此时物流成本核算表可以表示为表2-8。

根据前面的两次实战，我们可以对物流核算工作步骤做一个简单的概括总结，具体步骤分为两步，分别是：第一步，根据确定的物流成本核算对象，设计或选择已有的物流成本分类表作为核算的工作表格；第二步，获取成本数据（该成本数据可以从会计账户中直接获取），列入工作表中。

**表 2-8 ××公司 企业生产各过程 物流成本核算表**　　单位：元

20×× 年 ×× 月 ×× 日

<table>
<tr><th colspan="4">范围<br>支付形态</th><th>供应物流费</th><th>生产（企业内）物流费</th><th>销售物流费</th><th>退货物流费</th><th>废弃物物流费</th><th>合计</th></tr>
<tr><td rowspan="11">企业物流费</td><td rowspan="9">本企业支付的物流费</td><td rowspan="7">本企业物流费</td><td>材料费</td><td></td><td>−100</td><td></td><td></td><td></td><td>−100</td></tr>
<tr><td>人工费</td><td>−410</td><td>−150</td><td></td><td></td><td></td><td>−560</td></tr>
<tr><td>水电费</td><td>−330</td><td>−160</td><td></td><td></td><td></td><td>−490</td></tr>
<tr><td>维修费</td><td>−340</td><td>−120</td><td></td><td></td><td></td><td>−460</td></tr>
<tr><td>一般经费</td><td></td><td></td><td></td><td></td><td></td><td></td></tr>
<tr><td>特别经费</td><td></td><td></td><td></td><td></td><td></td><td></td></tr>
<tr><td>小计</td><td>−1 080</td><td>−530</td><td></td><td></td><td></td><td>−1 610</td></tr>
<tr><td colspan="2">委托物流费</td><td>−320</td><td></td><td></td><td></td><td></td><td>−320</td></tr>
<tr><td colspan="2">本企业支付的物流费合计</td><td>−1 400</td><td>−530</td><td></td><td></td><td></td><td>−1 930</td></tr>
<tr><td colspan="3">外企业支付的物流费</td><td></td><td></td><td></td><td></td><td></td><td></td></tr>
<tr><td colspan="3">企业物流费总计</td><td>−1 400</td><td>−530</td><td></td><td></td><td></td><td>−1 930</td></tr>
</table>

负责人：×××　　核算人：××　　制表人：××

3. 完成基于物流功能为核算对象工作

**实战三** 20××年×月，公司有以下相关物流部门承担了物流业务，经查询公司会计账户，提供了如下相关物流成本数据信息。

应付职工薪酬：采购部 200 元，原料仓 210 元，生产部 150 元。

应付账款（第三方物流—送货）：320 元。

制造费用—水费：采购部 110 元，原料仓 120 元，生产部 100 元。

制造费用—电费：采购部 50 元，原料仓 50 元，生产部 60 元。

原材料（包装薄膜）：100 元。

制造费用（车辆或设备维修费）：采购部 110 元，原料仓 230 元，生产部 120 元。已知核算表见表 2-2。

要求：请根据题目要求，以物流功能分类为核算对象，将企业中各部门发生的物流费用分别填入对应的表格中，算出各物流功能应该负担的物流成本。

提示：如图 2-2 所示，第三方物流采用运输功能送货到公司仓库，采购部主要负责协调货物运输到仓库，因此，按功能划分，可以将采购部发生的费用纳入运输功能核算。其中，生产时，领用包装薄膜进行包装作业，生产部主要发生装卸搬运物流活动。由于货物运入仓库时也会发生装卸活动，但是题目中并没有给出采购部要求进行装卸作业，因此，不考虑进入仓库时的装卸搬运活动。

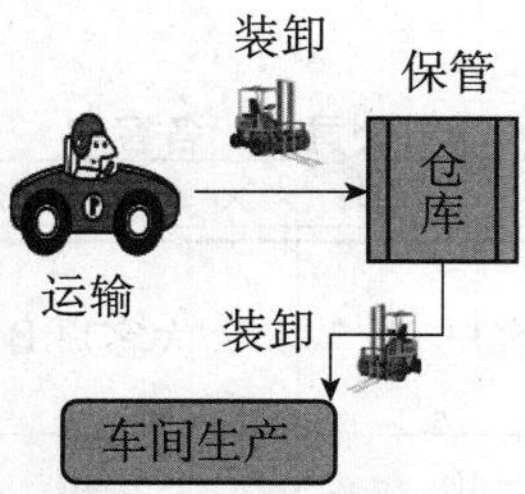


**图2－2 企业内部物流物料流转部分截图**

4. 完成基于服务客户为核算对象工作

**实战四** 20××年×月，经查询公司会计账户，提供了如下相关物流成本数据信息。

应付职工薪酬：采购部200元，原料仓210元，生产部150元。

应付账款（第三方物流）：320元。

制造费用—水费：采购部110元，原料仓120元，生产部100元。

制造费用—电费：采购部50元，原料仓50元，生产部60元。

原材料（包装薄膜）：100元。

制造费用（车辆或设备维修费）：采购部110元，原料仓230元，生产部120元。

其中这项项目共同完成了A、B和C三个客户的物流服务，在分配时，三者之间的比例关系是2∶2∶1。

要求：请根据题目要求，以服务客户为核算对象，针对企业中各部门发生的物流费用分别填入表2－3中，算出各自的物流成本。

解析：因为上述科目中发生的费用支持的物流活动共同完成了A、B和C三个客户的物流服务，所以在填写具体物流成本核算表时，必须从合计列开始填写，然后按照比例分别归入不同的单元格中，如“应付职工薪酬”归集的费用为采购部200元＋原料仓210元＋生产部150元＝560元，填入表2－8人工费行与合计列交叉的单元格中，然后计算客户A负担的费用为560×2/5＝224元，客户B负担的费用为560×2/5＝224元，客户C负担的费用为560×1/5＝112元，接下来填入相应的表格中，最后的结果见表2－9。在这个核算过程中，涉及了“分配”这个术语，所谓分配，是指把融合在一起的信息，根据比例计算出各自承担的成本，然后纳入合适的位置。

## 四、物流成本计算期

成本计算期，有时也称为成本核算期，是指产品成本计算所确定的特定期限。产品成本计算期的确定一般与企业所生产产品的特点有密切关系。物流成本计算期需要根据服务的产品对象来定。一般来说，对于生产企业而言，产品生产周期一般为月份或者季度等，通常情况下，产品成本计算期与会计计算期相同，即在每月月末计算产品成本；当企业以产品批别作为成本计算对象时，产品成本计算期与该批产品的生产周期一致，即在该批产品完工时计算产品成本。

**表 2-9 ××公司 各客户 物流成本核算表** 单位：元

20××年××月××日

<table>
<tr><th colspan="3">客户类别<br>支付形态</th><th>大客户 A</th><th>大客户 B</th><th>大客户 C</th><th>合计</th></tr>
<tr><td rowspan="9">企业物流费</td><td rowspan="6">企业内部物流成本</td><td>材料费</td><td>−40</td><td>−40</td><td>−20</td><td>−100</td></tr>
<tr><td>人工费</td><td>−224</td><td>−224</td><td>−112</td><td>−560</td></tr>
<tr><td>维修费</td><td>−184</td><td>−184</td><td>−92</td><td>−460</td></tr>
<tr><td>水电费</td><td>−196</td><td>−196</td><td>−98</td><td>−490</td></tr>
<tr><td>……</td><td></td><td></td><td></td><td></td></tr>
<tr><td>其他</td><td></td><td></td><td></td><td></td></tr>
<tr><td colspan="2">小计</td><td>−644</td><td>−644</td><td>−322</td><td>−1 610</td></tr>
<tr><td colspan="2">委托物流费</td><td>−128</td><td>−128</td><td>−64</td><td>−320</td></tr>
<tr><td colspan="2">合计</td><td>−772</td><td>−772</td><td>−386</td><td>−1 930</td></tr>
</table>

负责人：______ 核算人：______ 制表人：______

对于物流企业而言，由于物流环节运作周期不同，因此物流成本计算期也不同。例如：远洋运输按照航次周期来确定物流成本计算期，配送和运输以及装卸搬运则按照合同签订的时间范围来确定，而仓储可能需要按照存货周期来确定物流成本计算期。

**练一练**

A公司是一家生产制造型公司，具有自主物流部门。假定只生产一种产品，该产品需要1个月的生产周期，则物流部门在进行物流成本核算时，核算周期（核算的起讫点）如何进行？

答：

______________________________

______________________________

**练一练**

A公司经过与第三方物流C公司签订合同，201×年2月为公司承担装卸作业，2月底顺利完成该合同。

201×年2月16日—2月27日临时委托D物流公司为公司生产线承担配送作业任务，顺利完成合同。

201×年3月初，A公司要求其物流部门对装卸和配送业务进行物流成本核算。

试问：相关成本核算期（核算的起讫点）如何？

提示：此处的3月初，指的是A公司分别对C和D公司提供装卸业务和配送业务开始核算。

答：

______________________________________________

______________________________________________

## 任务解决

通过上述必备知识学习，现在一起来完成工作情境中的工作任务。

解决步骤：

步骤1：确定物流成本核算期。

根据依托的典型制造企业以及题目要求知道，我们需要在2020年2月核算当月的物流成本。填列表头见表2-10表头。

步骤2：根据要求，选择物流成本核算对象表。

物流经理要求根据业务需要，对企业本月的物流成本进行简单归集，并给出各物流环节成本核算对象的总成本和单位成本。因此，我们需要选择表2-10所示的物流成本核算表。

**表2-10　宁波科翔技术有限公司各工作环节物流成本核算表**　　单位：万元

2020年2月29日

<table>
<tr><th colspan="4">范围<br>支付形态</th><th>供应物流费</th><th>生产（企业内）物流费</th><th>销售物流费</th><th>退货物流费</th><th>废弃物物流费</th><th>合计</th></tr>
<tr><td rowspan="11">企业物流费</td><td rowspan="9">本企业支付的物流费</td><td rowspan="7">本企业物流费</td><td>材料费</td><td></td><td></td><td></td><td></td><td></td><td></td></tr>
<tr><td>人工费</td><td></td><td></td><td></td><td></td><td></td><td></td></tr>
<tr><td>水电费</td><td></td><td></td><td></td><td></td><td></td><td></td></tr>
<tr><td>维修费</td><td></td><td></td><td></td><td></td><td></td><td></td></tr>
<tr><td>一般经费</td><td></td><td></td><td></td><td></td><td></td><td></td></tr>
<tr><td>特别经费</td><td></td><td></td><td></td><td></td><td></td><td></td></tr>
<tr><td>小计</td><td></td><td></td><td></td><td></td><td></td><td></td></tr>
<tr><td colspan="2">委托物流费</td><td></td><td></td><td></td><td></td><td></td><td></td></tr>
<tr><td colspan="2">本企业支付的物流费合计</td><td></td><td></td><td></td><td></td><td></td><td></td></tr>
<tr><td colspan="3">外企业支付的物流费</td><td></td><td></td><td></td><td></td><td></td><td></td></tr>
<tr><td colspan="3">企业物流费总计</td><td></td><td></td><td></td><td></td><td></td><td></td></tr>
</table>

负责人：×××　　核算人：××　　制表人：××

步骤3：根据步骤2选定的物流成本核算表，将企业中发生的物流成本进行填列，最后根据填制数据获得相应的总成本，然后根据完成的成本数量，进行平均核算，算出相应物流环节的单位成本。

## 自我训练

假定C公司需要合计2019年1月1日—3月14日的物流成本费用，要求提供详细的企业物流成本核算数据。

提示：该公司除了配送功能不做之外，还需要进行其他相应的物流管理等。

经过会计部门和物流部门统计分析，确认一项货物经过运输、仓储、包装、装卸搬运环节，其费用承担比例为3∶3∶3∶1，报董事会批准确认。

经过会计部门查找“应付职工薪酬”总账，提供了该科目费用为3 400元，其中400元为2018年12月31日发生的。

“原材料”总账中，仓储、包装和装卸搬运环节费用为4 000元。

“管理费用”中，折旧费用为3 000元。

“销售费用”中发生了运输维修保养费为1 200元，“制造费用”中发生了仓储维修保养费为1 000元，包装设备维修费为1 200元，装卸搬运维修费为1 000元。

经过与会计部门再次核实，会计部门提供了物流管理部门费用，在“管理费用”科目中，花费了水电费1 000元；“应付职工薪酬”科目中，花费了2 000元。

其中，“制造费用”“管理费用”和“销售费用”等科目中混杂了物流信息费用；在销售订单环节，“销售费用”记录了500元的维护费；在储存环节，“管理费用”记录了1 000元的折旧费；“应付职工薪酬”科目中，花费了4 000元。

“销售费用”科目记录了A商品送货时的委托费为10 000元；经过与董事会协商，将运输、仓储、装卸、包装、物流信息和物流管理的费用比例确定为2∶2∶3∶1∶1∶1。

要求：

根据所学内容，选择合适的物流成本核算对象，完成该项核算任务。

## 单元自测

### 一、单选题

1. 以下不属于物流成本核算对象的是（　　）。

A. 某种物流功能　　B. 某一物流部门　　C. 某一过程　　D. 某一产品的损耗

2. （　　）是将分散的信息，按照分类纳入合适的位置。

A. 分配　　B. 归集　　C. 物流成本核算　　D. 物流核算对象

3. 在核算表中，“—”代表（　　）。

A. 支出　　B. 收入　　C. 利润　　D. 符号

## 二、多选题

1. 分期核算原则要求（　　）。

A. 企业为了取得一定期间发生的物流成本，必须分别计算各期的物流成本

B. 各项数据准确，与客观的经济事项一致

C. 成本核算的分期必须与会计年度的分月、分季、分年相一致

D. 不太重要的琐碎项目，可以从简处理

2. 物流成本核算工作的步骤主要包括（　　）。

A. 根据确定的物流成本核算对象，设计或选择已有的物流成本分类表

B. 获取成本数据，填列入表中

C. 加强团队合作

D. 熟悉岗位工作

3. 下列关于成本核算期，描述正确的有（　　）。

A. 对于物流企业而言，核算期一般按照物流环节运作周期进行核算

B. 远洋运输按照航次周期

C. 仓储按照存货周期

D. 生产企业内部物流按照合同进行核算

## 三、判断题

1. 有用性是指成本核算中提供的成本信息应该满足信息使用者的需要。（　　）

2. 物流成本核算对象的选择要根据核算目的和企业物流活动特点确定。（　　）

3. 企业向外部支付的物流费用实际上占据了企业物流费用的最大部分。（　　）

# 任务2
# 构建辅助账户核算物流成本

## 【能力目标】

能够设置合理的物流辅助账户，方便采用物流成本核算表进行成本核算。

## 【知识目标】

1. 了解会计成本核算；
2. 理解物流成本核算方法；
3. 掌握物流成本辅助账户。

## 案例引入

### 统计与会计结合视角下工业企业物流成本核算探析

在企业生产经营中，工业企业的物流活动会始终贯穿其中。因为物流成本核算的时候比较分散，并且具有一定的隐蔽性，所以给会计人员在收集成本数据的时候造成了一定的困难。这就需要有一种核算方法既可以节省人力，还能够提高准确度。当前，在对物流成本核算的时候有三种比较成熟的方法，分别是作业成本法、会计法和统计核算法。

将统计和会计相结合对工业企业物流成本进行核算，能够有效地保证物流成本信息的规范性，并且信息之间具有很强的连续性。将两种核算方法结合起来，可以将企业物流成本分为两个部分，分别是在现有会计系统当中已经得到体现的显性物流成本，和没有在现有会计系统当中体现出来的隐性物流成本。

将会计成本运用到显性物流当中，可以将会计科目中与显性物流成本相关的部分抽离出来，然后将此部分单独地进行设置，使之成为一个具有辅助作用的科目，从而建立起物流成本辅助账户的核算模式，在现有的会计资料基础上使用该方法，可以有效地达到物流成本核算的预期效果。将统计核算方法应用在隐性物流成本当中，在会计末期的时候对和物流成本相关的凭证和单据等相关资料进行分析和研究，然后将全部物流成本都计算出来。将会计核算方法和统计核算方法分别应用在显性物流成本和隐性物流成本计算中，可以很好地将两种核算成本进行扬长避短，从而使得物流成本数据信息统计更加具有连续性和全面性，并且在操作上相对更加简便。

**思考：**物流辅助账户和统计核算方法分别适用于何种类型的物流成本？

资料来源：杨昕．统计与会计结合视角下工业企业物流成本核算探析［J］．财会通讯，2018（29）．

## 工作情境描述

宁波科翔技术有限公司企业管理部门在审核202×年2月物流管理部门上交的物流成本总额时，发现与会计部门提交的数据呈现不一致，其中物流核算部门提交的物流成本为72 500元，而会计部门核算的数据为32 500元。面对这种情况的发生，公司总经理要求，财会部门和物流管理部门必须合力解决物流成本核算问题。

物流部门认为，会计部门没有考虑到物流成本核算的实际情况，提供的数据都是混杂在不同的会计科目中的，导致物流成本核算人员每次辨析不同的物流成本数据时，存在较大的模糊性，使得工作开展不利，希望会计部门能够单独为物流部门做账；而会计人员则认为会计部门的账户设置依据国家财政部标准设计，无法改变，但是相应的总账科目下的明细科目，可以由物流管理部门人员提出来，将来核算时，可以以一笔凭证，纳入不同的明细科目，这样的话，财务管理更加便利。

**工作情境问题分析：**面对上述工作情境，需要解决的问题主要有两个：第一，两个部门核算的数据出现较大偏差，而且依据的数据都是会计部门提供的会计数据信息，是什么原因造成的呢？为了避免出现偏差，应该为会计部门提供何种核算方法，在方便会计部门核算的同时，便于对方采纳并实施，进而方便后续物流成本核算工作的开展？第二，辅助账户制核算方法应该如何设计，尤其是物流部门，如何与会计核算工作结合起来呢？

## 必备知识

### 一、认知会计成本核算

成本核算不只是财务部门、财务人员的事情，而是全部门、全员共同的事情。一是成本核算需要生产车间、技术部门、采购部门等多部门的配合；二是计算出的成本是否合理，不但需要财务部门的评价和时间的验证，还需要生产、技术等部门的评价，让生产等部门对自己计算出的结果作出论证，是非常有必要的事情。

1. 严格遵守成本开支范围和费用开支标准

为了正确计算产品成本，企业应按照国家相关的法令、制度和企业的相关规定对各项费用进行严格的审核和控制，使各项费用的开支都严格控制在国家规定的成本范围和费用开支标准之内。例如，在费用发生前，应认真审核其是否符合国家规定的财经政策、制度，有无扩大费用开支标准、违反成本开支范围的情况。

2. 正确划分成本费用支出界限

（1）正确划分资本性支出与收益性支出的界限。凡支出的效益仅限于本会计年度的，属于收益性支出。凡支出的效益涉及几个会计年度的，属于资本性支出。资本性支出不能全部计入当期产品成本，应形成固定资产、无形资产的价值，按受益期分期计入产品成本，或者作为受益的期间费用。

（2）正确划分产品成本与期间费用的界限。企业的经营活动是多方面的，发生费用的用途也是多方面的，只有与生产活动有直接关系的费用，如直接材料、直接人工、制造费用等才能计入产品的生产成本，与生产活动无直接关系的费用、支出则作为期间费用直接计入当期损益，从当期利润中扣除。

（3）正确划分各期成本费用的界限。对于应计入产品成本的生产费用，必须分清是由本期产品成本负担，还是由以后各期产品成本负担。应由本期产品成本负担的各项费用都应在本期入账，而不应将其一部分推迟到下期，也不允许提前结账。

（4）正确划分各种产品的费用界限。为了正确地计算各种产品的制造成本，以便于分析和考核各种产品成本计划或定额执行情况，由本期某种产品负担的费用，应根据费用的原始凭证直接计入该产品成本；属于多种产品共同发生，不能直接计入某种产品成本的生产费用，应采用适当的分配方法加以分配后，计入各种产品成本之中。

（5）正确划分完工产品与在产品的费用界限。月末计算产品成本时，如果某种产品已全部完工，这种产品成本明细账上所归集的各项生产费用之和，就是该种完工产品的总成本；如果某种产品都未完工，这种产品成本明细账上所归集的生产费用之和，就是该种产品的月末在产品成本；如果某种产品有一部分已经完工，其余部分未完工，这时这种产品成本明细账上归集的生产费用，应采用适当的分配方法在完工产品和在产品之间进行分配，以计算完工产品成本和在产品成本。

3. 成本核算流程

成本核算流程是指从生产费用发生开始，到算出完工产品总成本和单位成本为止的整个成本计算的步骤。成本核算流程一般分为以下几个步骤：

（1）确定成本核算对象。成本核算的最终目的就是将企业发生的各项耗费归集到一定的成本核算对象上去，以计算出对象的总成本和单位成本。因此，进行成本核算，首先必须确定成本核算对象。由于企业的生产工艺特点、生产规模、经营管理水平和管理要求不同，因此成本核算对象也不相同。

（2）确定成本项目。成本项目是生产费用按经济用途进行分类的具体项目。它可以反映产品生产过程中各种资金的耗费情况，便于分析各项费用的开支是否合理。制造企业一般设置直接材料、燃料和动力、直接人工和制造费用等成本项目。交通运输企业一般设置营运费用、运输工具固定费用与非营运期间的费用等成本项目。

（3）确定成本核算期。企业应根据产品生产组织的特点确定各成本计算对象的成本核算期。通常情况下，成本核算期与会计核算期相同，即在每月月末计算产品成本。

（4）审核和控制生产费用。审核和控制生产费用是指按照国家的有关法律、法规、制度和企业的计划、定额，对各项生产费用进行审核和控制，确定各项生产费用是否应该开支及开支的标准，对应开支的费用确定是应计入产品成本还是期间费用。

（5）归集分配生产费用。归集分配生产费用就是将应计入产品成本的各项生产费用按成本核算对象进行归集和分配，计入各成本项目中。制造企业发生的直接材料和直接人工，能够直接计入成本核算对象的，应当直接计入成本核算对象的生产成本，否则应当按照合理的分配标准分配计入。例如，制造企业辅助生产部门为生产部门提供劳务和产品而发生的费用，应当参照生产成本项目归集，并按照合理的分配标准分配计入各成本核算对象的生产成本。

（6）计算完工产品和在产品成本。到了成本计算期末，对于本期生产并全部完工的产品，成品计算期所归集的生产费用就是本期完工产品成本；对于既有完工产品又有在产品的产品，应将期初在产品费用与本期生产费用之和，在本期完工产品和期末在产品之间进行分配，计算出完工产品和期末在产品成本。

**拓展阅读**

**计算和核算的区别和联系**

联系：从财务角度来说，核算与计算的本质共同点都是“算”，即算数量、算金额、算比率，强调的都是结果。

区别：计算是一个更偏重于数学角度的名词，而核算是一个财务角度的名词；计算注重的是结果，计算出结果就是目的，而核算不仅注重结果，更注重的是过程，核算的过程是运用财务的专业方法和准则，核算财务结果和数据。

资料来源：“核算”与“计算”的联系区别．（2019-04-15）．https://zhidao.baidu.com/question/555724755.html.

## 二、物流成本核算方法

现行财务会计体系中尚未进行物流成本的核算，为了反映物流成本的高低，并为物流管理提供成本信息资料，在实践中，可以采用以下几种方法来核算物流成本。

扫一扫

比比看，谁更适用

1. 会计核算方式

会计核算方式，就是通过凭证、账户、报表等完整的、科学的方法体系，对物流费用加以连续、系统、全面地记录、计算和报告的方法。会计核算方式的物流成本核算，具体包括以下几种情形：

（1）双轨制。双轨制，也称为独立的物流成本核算体系，要求把物流成本核算与财务会计核算截然分开，单独建立起物流成本的凭证、账户和报表体系。采用双轨制核算，物流成本的内容将会在传统成本核算和物流成本核算中得到双重反映。双轨制示意图如图2-3所示。

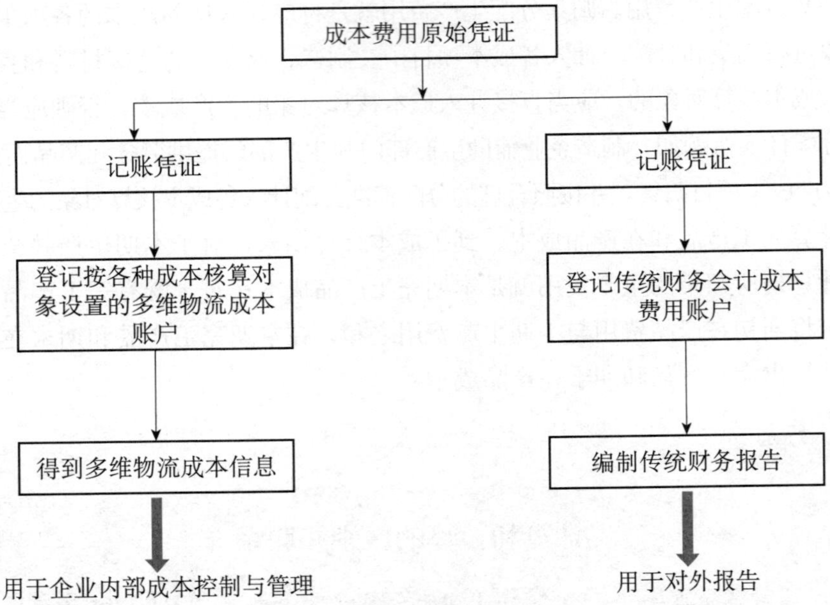


**图2-3 双轨制示意图**

具体做法是，对于每项物流业务事项，均由车间成本员或基层核算人员根据原始凭证编制物流成本记账凭证一式两份：一份连同原始凭证交由财务人员，由其根据原始凭证编制记账凭证，记账凭证的账务处理要进行更明确的明细划分，登记有关账户后，根据原始凭证登记物流成本有关账户，登记由企业统一提取或支付而应由物流活动负担的费用及按支付形态反映的物流费用；一份留给基层核算人员，登记按各种成本核算对象设置的物流成本账户，月末物流成本员依据物流成本有关账户编制计算表，并据此对物流成本发生情况进行分析。

（2）单轨制。单轨制是结合财务会计体系的物流成本核算模式，即把物流成本核算与企业财务会计成本核算结合起来进行，在现在成本核算的基础上增设与物流成本相对应的会计科目、凭证和账簿，同时明确有哪些费用项目（物流成本种类核算）以及这些费用是为哪些部门、产品或生产活动发生（物流成本对象核算）的。单轨制核算方法示意图如图2-4所示。

单轨制物流成本会计核算模式下，需要收集较为烦琐和大量的会计核算信息，整理和加工这些会计信息单单依靠手工是不能够完成的，要依靠电子计算机来完成，因此单轨制的物流成本会计核算模式更适合于管理水平和人员素质较高的企业。

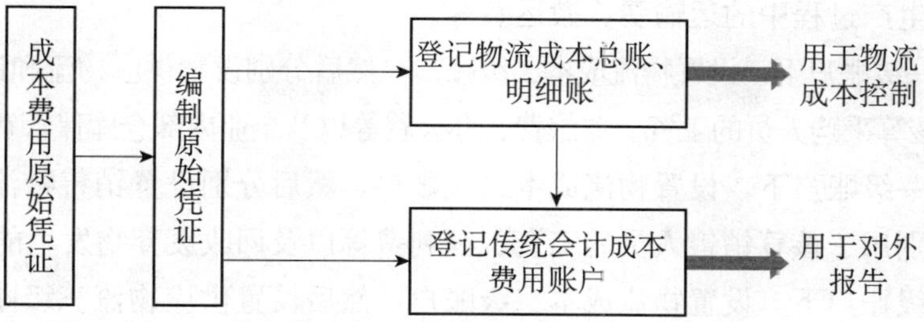


**图 2－4　单轨制示意图**

为了更清晰地比较单轨制和双轨制模式的特点，明确哪一种更符合我国现阶段企业物流成本会计核算的实际需要，可以通过表 2－11 来辨析。

**表 2－11　单轨制与双轨制的特点比较**

| 选择标准 | 核算模式 | |
|---|---|---|
| | 单轨制 | 双轨制 |
| 是否符合企业会计准则 | 不符合 | 符合 |
| 是否符合企业物流成本核算和管理的需要 | 符合 | 基本符合 |
| 收益与成本匹配度 | 较高 | 合理 |
| 是否与企业现有成本核算方法相适应 | 不适应 | 适应 |
| 是否符合我国企业物流成本管理的现状 | 不符合 | 符合 |

**学习讨论**

根据你已经学到的知识，加上个人的社会经历，你认为一家普通的制造企业在核算物流成本时，是选择单轨制好，还是双轨制好？请给出你的理由。

答：

______________________________

______________________________

______________________________

（3）物流成本辅助账户制。物流成本辅助账户制是指在不影响当前会计核算流程的前提下，通过在相应的成本费用账户下设置物流成本二级账户（或辅助账户），进行独立的物流成本二级核算。

扫一扫

辅助账户制——企业物流成本现形记

根据我国《企业会计制度》规定，制造企业成本费用类会计账户主要包括生产成本、制造费用、劳务成本、研发支出、主营业务成本、其他业务成本、税金及附加、销售费用、管理费用、财务费用、营业外支出和所得税费用等账户。

常见的几个典型的会计账户设置如下。

制造费用一级账户下，设置物流成本二级账户，然后再设置企业内物流费用三级账户，用来核算生产过程中的运输费、搬运费等。

管理费用一级账户下，设置物流成本二级账户，然后分别设置供应物流和销售物流三级账户，分别用于核算采购人员的工资、差旅费、办公费等以及企业内部仓库保管费、搬运费等。

销售费用一级账户下，设置物流成本二级账户，然后分别设置销售物流和废弃物物流三级账户，分别用于核算销售人员的工资、福利费等以及回收废弃物发生的物流费用。

原材料一级账户下，设置物流成本二级账户，然后设置供应物流三级账户，用于核算材料采购过程中发生的运输费、装卸费、包装费、保险费、仓储费等。

其他业务成本一级账户下，设置物流成本二级账户，设置委托物流成本三级账户，用于核算企业对外支付的全部物流费用。

①辅助账户设置步骤。辅助账户设置步骤如下，以某企业制造费用一级账户为例，在A生产车间为了搬运半成品，某叉车坏掉，花费了维修费100元。假定一共要配置四级明细账户，如图2-5所示。

| | | | |
|---|---|---|---|
| 一级账户 | 二级账户 | 三级账户 | 四级账户 |

**图2-5　四级明细账户示意图**

步骤一：一级账户下设置物流成本明细账户，如图2-6所示。

| | | | |
|---|---|---|---|
| 制造费用 | 物流成本 | 三级账户 | 四级账户 |

**图2-6　步骤1示意图**

步骤二：按照发生的产品流程分类，在三级账户中使用供应物流、企业内部物流、销售物流等设置，如图2-7所示。

| | | | |
|---|---|---|---|
| 制造费用 | 物流成本 | 企业内物流费 | 四级账户 |

**图2-7　步骤2示意图**

步骤三：将维修费纳入四级明细账户，如图2-8所示。

| | | | |
|---|---|---|---|
| 制造费用 | 物流成本 | 企业内物流费 | 维修费 |

**图2-8　步骤3示意图**

通过以上辅助账户的应用，可以有效地核算和归集企业的物流成本，并在此基础上实施有效的管理和控制。

实际上，物流成本核算人员和财务会计人员可以分工合作，由物流成本核算人员提供后期需要核算的物流成本核算表，根据表中需要填写的项目确定出三级和四级明细账户，提交给财务会计人员在电算化会计系统中进行设置，并进行后期的业务处理。当核算期内的物流成本数据核算完毕后，将相应数据提交给物流成本核算人员，然后由其完成核算数据的填列，并进行相应的核算。

②物流成本核算人员和财会人员分工合作设置辅助账户步骤。物流成本核算人员和财

会人员分工合作设置辅助账户步骤如下，假定某企业需要进行如表 2－12 所示的物流成本核算表的填列。

**表 2－12　________公司________物流成本核算表**　　单位：元

____年____月____日

<table>
<tr><td colspan="4">范围<br>支付形态</td><td>供应物流费</td><td>生产（企业内）物流费</td><td>销售物流费</td><td>退货物流费</td><td>废弃物物流费</td><td>合计</td></tr>
<tr><td rowspan="11">企业物流费</td><td rowspan="9">本企业支付的物流费</td><td rowspan="7">本企业物流费</td><td>材料费</td><td></td><td></td><td></td><td></td><td></td><td></td></tr>
<tr><td>人工费</td><td></td><td></td><td></td><td></td><td></td><td></td></tr>
<tr><td>水电费</td><td></td><td></td><td></td><td></td><td></td><td></td></tr>
<tr><td>维修费</td><td></td><td></td><td></td><td></td><td></td><td></td></tr>
<tr><td>一般经费</td><td></td><td></td><td></td><td></td><td></td><td></td></tr>
<tr><td>特别经费</td><td></td><td></td><td></td><td></td><td></td><td></td></tr>
<tr><td>小计</td><td></td><td></td><td></td><td></td><td></td><td></td></tr>
<tr><td colspan="2">委托物流费</td><td></td><td></td><td></td><td></td><td></td><td></td></tr>
<tr><td colspan="2">本企业支付的物流费合计</td><td></td><td></td><td></td><td></td><td></td><td></td></tr>
<tr><td colspan="3">外企业支付的物流费</td><td></td><td></td><td></td><td></td><td></td><td></td></tr>
<tr><td colspan="3">企业物流费总计</td><td></td><td></td><td></td><td></td><td></td><td></td></tr>
</table>

负责人：________　　核算人：________　　制表人：________

步骤一：物流成本核算人员选定某一需要填列的单元格，然后找到该单元格对应的行和列名称，如表 2－13 中所示，该单元格对应的行名为“人工费”，列名为“企业内物流费”，然后将其确定为三级、四级明细账户，提交给企业的财会人员。

**表 2－13　三级、四级明细账户确定表**

<table>
<tr><td colspan="4">范围<br>支付形态</td><td>供应物流费</td><td>生产（企业内）物流费</td><td>销售物流费</td><td>退货物流费</td><td>废弃物物流费</td><td>合计</td></tr>
<tr><td rowspan="11">企业物流费</td><td rowspan="9">本企业支付的物流费</td><td rowspan="7">本企业物流费</td><td>材料费</td><td></td><td></td><td></td><td></td><td></td><td></td></tr>
<tr><td>人工费</td><td></td><td></td><td></td><td></td><td></td><td></td></tr>
<tr><td>水电费</td><td></td><td></td><td></td><td></td><td></td><td></td></tr>
<tr><td>维修费</td><td></td><td></td><td></td><td></td><td></td><td></td></tr>
<tr><td>一般经费</td><td></td><td></td><td></td><td></td><td></td><td></td></tr>
<tr><td>特别经费</td><td></td><td></td><td></td><td></td><td></td><td></td></tr>
<tr><td>小计</td><td></td><td></td><td></td><td></td><td></td><td></td></tr>
<tr><td colspan="2">委托物流费</td><td></td><td></td><td></td><td></td><td></td><td></td></tr>
<tr><td colspan="2">本企业支付的物流费合计</td><td></td><td></td><td></td><td></td><td></td><td></td></tr>
<tr><td colspan="3">外企业支付的物流费</td><td></td><td></td><td></td><td></td><td></td><td></td></tr>
<tr><td colspan="3">企业物流费总计</td><td></td><td></td><td></td><td></td><td></td><td></td></tr>
</table>

步骤二：财会人员接收到物流成本核算人员传递过来的三级、四级明细账户后，将根据业务性质，将其纳入相应的一级账户，如制造费用，然后按照辅助账户进行入账核算处理。

步骤三：当核算期结束时，财会人员将登记入账的物流成本信息传递给物流成本核算人员，然后由其登记物流成本核算表，完成相应的物流成本核算工作。

**练一练**

假定B公司202×年3月在生产过程中发生了一笔材料费200元、一笔水电费400元，产品还没有完工，以上费用计入制造费用科目，此时如何核算物流成本？该公司拟采用如表2-13所示的物流成本核算表。

根据题目内容，回答下列问题：

问题1，请根据题意，设置出对应的辅助账户，方便公司进行账务处理。

问题2，假定3月份结束，没有其他物流费用发生，请填列相应的物流成本核算表（可在表2-13上直接做作业）。

答：

______________________________

______________________________

**拓展阅读**

## HKY食品公司日常记账时的物流辅助账户设计

HKY食品公司成立于2008年，是一家典型的家族式小微制造企业。通过对HKY食品公司物流成本管理现状及问题的分析总结，日常记账时，公司财务人员决定采用会计方法核算物流成本，设置物流成本辅助账户收集物流成本数据。

公司的做法如下：在设置辅助账户时，在二级账户到末级账户之间设置物流成本账户，但是将物流成本设置的账户级别越低，核算物流成本时重分类的工作量就越大，因此选择将物流成本设置为二级账户。另外，在电算化的基础上进一步提高对记账凭证摘要的要求，如入库单可以采用“RK（单据号）—某库—某产品—装箱数”，原材料到货可以采用“YCL（单据号）—某原材料—数量”。通过这种记账细节的完善，也可以大大方便公司进行期末数据的核对以及成本的核算。

资料来源：张志恒．HKY食品公司物流成本管理研究［D］．天津：天津商业大学，2019.

### 2. 统计核算方式

统计核算方式的物流成本核算不要求设置完整的凭证、账户、报表体系，而主要是在不影响当前财务会计核算体系的基础上，通过对有关物流业务的原始凭证和单据进行再次归类整理，对企业现行成本核算资料进行解剖分析，从中抽出物流耗费部分，然后按照物流管理的要求对上述费用按不同的物流成本核算对象进行重新归类、分配、汇总，加工成物流管理所需要的成本信息。

由于统计方法不需要对物流成本作全面、系统和连续的反映，因此运用起来比较简单、灵活和方便。具体来说，以统计方式进行物流成本核算的基本步骤如下：

步骤一，通过对“材料采购”“管理费用”等账户的分析，抽出供应物流成本部分，如“材料采购”账户中的外地运输费，“管理费用”账户中的材料市内运杂费等，并按功能类别、形态类别进行分类核算。

步骤二，从“生产成本”“制造费用”“辅助生产”“管理费用”等账户中抽出生产物流（企业内物流）成本，并按功能类别、形态类别进行分类核算，如人工费部分按物流人员的人数比例或物流活动的工作量比例确定，折旧费、维修费按物流作业所占固定资产的比例确定。

步骤三，从销售费用中抽出销售物流成本，包括销售过程中发生的运输、包装、装卸、保管、流通加工等费用。

步骤四，外企业支付的物流费用部分，可根据在本企业交货的采购数量，每次以估计单位物流费用率进行计算；销售外企业支付的物流费用，可根据在本企业交货的销售量，乘以估计单位物流费用率进行计算。单位物流费用率的估计可参考企业物资供应、销售在对方企业交货时的实际费用水平。

步骤五，物流利息的确定，可按照企业物流作业所用资产资金占用额乘以内部利率进行计算。

步骤六，从管理费用中抽出专门从事物流管理人员的耗费，同时推估企业管理人员用于物流管理的时间占其全部工作时间的比率。

步骤七，废弃物物流成本数额较小时，可以不单独抽出，而并入其他物流费用。委托物流费用的计算比较简单，在计算物流成本时总的原则是，单独为物流作业所耗费的费用直接计入物流成本，间接为物流作业所耗费的费用以及物流作业与非物流作业共同耗费的费用，按一定比例，如按从事物流作业人员比例、物流工作量比例、物流作业所占资金比例等进行分配计算。

3. 混合式核算方式

混合式即统计方式与会计方式相互结合的方式，也就是物流耗费的一部分内容通过统计方式予以核算，另一部分内容通过会计方式予以核算。这和方法虽然也要设置一些物流成本账户，但不像会计方法那么全面、系统，而且这些物流成本账户不纳入现行财务会计成本核算的账户体系，是一种账外计算，具有辅助账户记录的性质。

以会计方式和统计方式相结合的混合式核算方式进行物流成本核算的具体做法如下：

步骤一，设置物流成本辅助账户。其中账户的设置不固定，可以根据企业的自身需求来确定。

步骤二，登记相关的物流成本辅助账户。

步骤三，对现行成本计算中没有包括但应该计入物流成本的费用，根据有关资料进行计算，并单独设置台账反映。

步骤四，月末，根据物流成本辅助账户所提供的成本信息，加上物流成本台账的信息，合计编制各种类型的物流成本报告。

## 三、物流成本辅助账户

[物流成本辅助账户综合训练]

已知，宁波科翔技术有限公司201×年12月成本费用科目及明细项目表见表2-14。

**表2-14 成本费用科目及明细项目表**

| 序号 | 成本费用科目及明细项目 | 发生额（元） |
|---|---|---|
| 1 | 主营业务成本—搬运费 | 1 130 |
|  | 主营业务成本—营运费 | 516 |
| 2 | 销售费用—工资 | 20 000 |
| 3 | 销售费用—劳保费 | 482 |
| 4 | 销售费用—通信费 | 8 000 |

表中第1项，经查明细资料，搬运费为对外支付的搬运费费用，营运费为对外支付的运输费。

对于表中第2项，经查明细资料，为运营部、客服部等与物流管理相关的部门所耗人工费用，其中：司机2人，工资3 600元；仓库作业人员4人，工资8 800元；其余为物流管理人员工资支出。仓库作业人员从事理货、零星的装卸搬运和包装的工作时数分别为400小时、160小时和240小时。仓库作业人员人工费按不同物流工作时数比例分配。

对于表中第3项，经查明细资料，主要为物流管理人员劳动保护所耗。

对于表中第4项，经查明细资料，主要为电话费等内容。根据使用人员的相关信息，约60%的话费支出与物流信息管理相关。该公司准备使用表2-2来核算公司12月份的物流成本。

要求：

问题1，利用前述所学知识，为表2-14中各项目设置出合适的物流成本辅助账户，以便于后续物流成本核算。

问题2，根据物流辅助账户，将上述物流成本信息正确填列到物流成本核算表2-2中。

解析：从表2-2中内容看出，可以把运输、保管、装卸、包装、流通加工、物流信息、物流管理等列作为明细科目，把材料费、人工费、维修费、水电费等作为明细科目，行、列项目作为三级或四级明细科目不限制。

第 1 项：物流辅助账户如下：

主营业务成本—物流成本—委托物流费—装卸搬运　1 130

主营业务成本—物流成本—委托物流费—运输　516

第 2 项：物流辅助账户如下：

相关物流成本计算如下：

仓库保管工作时数占工作总时数的比例＝400÷（400＋160＋240）＝0.5

装卸搬运工作时数占工作总时数的比例＝160÷（400＋160＋240）＝0.2

包装工作时数占工作总时数的比例＝240÷（400＋160＋240）＝0.3

运输作业的人工费＝3 600（元）

仓储作业的人工费＝8 800×0.5＝4 400（元）

装卸搬运的人工费＝8 800×0.2＝1 760（元）

包装作业的人工费＝8 800×0.3＝2 640（元）

物流管理作业的人工费＝20 000－3 600－8 800＝7 600（元）

将上述信息计入有关物流成本辅助账户：

销售费用—物流成本—运输—人工费　3 600

销售费用—物流成本—仓储—人工费　4 400

销售费用—物流成本—装卸搬运—人工费　1 760

销售费用—物流成本—包装—人工费　2 640

销售费用—物流成本—物流管理—人工费　7 600

第 3 项：物流辅助账户如下：

《企业会计准则第 9 号——职工薪酬》从广义的角度，根据构成完整人工成本的各类薪酬，从人工成本的理念出发，将职工薪酬界定为“企业为获得职工提供的服务而给予各种形式的报酬以及其他相关支出”。也就是说，从性质上凡是企业为获得职工提供的服务给予或付出的各种形式的对价，都构成职工薪酬，都应当作为一种耗费，与这些服务产生的经济利益相匹配。据此，劳动保护支出应当属于职工薪酬范畴。

由于该项业务费用支出主要是用于物流管理人员，因此可以将物流管理作为三级明细科目。

辅助账户如下：

销售费用—物流成本—物流管理—人工费　482

第 4 项：物流辅助账户如下：

根据使用人员的相关信息，约 60%的话费支出与物流信息管理相关。因此，相关物流成本计算如下：

物流信息作业的一般经费＝8 000×60%＝4 800（元）

销售费用—物流成本—物流信息—通信费　4 800

根据上述辅助账户信息，填写表 2－15。

**表 2－15 宁波科翔技术有限公司 各功能 物流成本核算表** 单位：元

201× 年 12 月 31 日

| 支付形态 | | | 运输 | 保管 | 装卸 | 包装 | 流通加工 | 物流信息 | 物流管理 | 合计 |
|---|---|---|---|---|---|---|---|---|---|---|
| 企业物流费 | 企业内部物流成本 | 材料费 | | | | | | | | |
| | | 人工费 | −3 600 | −4 400 | −1 760 | −2 640 | | | −8 082 | −20 482 |
| | | 维修费 | | | | | | | | |
| | | 水电费 | | | | | | | | |
| | | 通信费 | | | | | | −4 800 | | −4 800 |
| | | 其他 | | | | | | | | |
| | 小计 | | −3 600 | −4 400 | −1 760 | −2 640 | | −4 800 | −8 082 | −25 282 |
| | 委托物流费 | | | −516 | | −1 130 | | | | −1 646 |
| | 合计 | | −3 600 | −4 916 | −1 760 | −3 770 | | −4 800 | −8 082 | −26 928 |

负责人：×××　　核算人：××　　制表人：××

## 任务解决

通过上述必备知识学习，我们现在来一起完成工作情境中的工作任务问题：宁波科翔技术有限公司企业管理部门在审核 202×年 2 月物流管理部门上交的物流成本总额时，发现与会计部门提交的数据呈现不一致的情况，其中物流核算部门提交的物流成本为 72 500 元，而会计部门核算的数据为 32 500 元。

问题一：两个部门核算的数据出现较大偏差，而且依据的数据都是会计部门提供的会计数据信息，是什么原因造成的呢？为了避免出现偏差，应该为会计部门提供何种核算方法，在方便会计部门核算的同时便于对方采纳并实施，进而方便后续物流成本核算工作的开展？

从上述必备知识学习内容中，我们可以看出，要想解决不同部门的工作协调问题，不仅仅是在口头上呼吁双方要通力合作，更重要的是要使得双方真正能够解决实际问题，就任务情境中的问题来看，即使是会计部门提供的会计数据信息，在会计入账时，由于原有的会计核算会计科目设置中没有设置物流成本相关信息，往往在核算时把物流成本与其他成本合一，加上物流成本核算人员可能对某些科目的设置不是特别清楚，从而可能高估或者低估物流成本，由此导致了本任务情境中的问题一的发生。为了使得财会人员与物流成本核算人员能够协同作战，可以采用本任务中的物流辅助账户制来解决双方的协作问题。

问题二，辅助账户制核算方法应该如何设计，尤其是物流部门，如何与会计核算工作结合起来呢?

具体设置时，物流成本核算人员需要根据拟定好的物流成本核算表，确定出要核算的物流辅助账户的三级、四级明细账户，然后提供给企业财务会计人员，由其根据企业经常发生的会计账户确定出对应的一级、二级账户，并在会计电算化系统中进行科目设置，并登记相关账户信息。核算期末，会计人员将相关物流成本信息发送给物流成本核算人员，由其完成物流成本核算表的核算工作。

## 自我训练

已知，宁波科翔技术有限公司201×年12月成本费用科目及明细项目表见表2-16。

**表2-16　成本费用科目及明细项目表**

| 序号 | 成本费用科目及明细项目 | 发生额（元） |
|---|---|---|
| 1 | 主营业务成本—搬运费<br>主营业务成本—营运费 | 1 130<br>516 |
| 2 | 销售费用—工资 | 20 000 |
| 3 | 销售费用—劳保费 | 482 |
| 4 | 销售费用—通信费 | 8 000 |

表中第1项，经查明细资料，搬运费为对外支付的搬运费费用，营运费为对外支付的运输费。

对于表中第2项，经查明细资料，为运营部、客服等与物流管理相关的部门所耗人工费用，其中：司机2人，工资3 600元；仓库作业人员4人，工资8 800元；其余为物流管理人员工资支出。仓库作业人员从事理货、零星的装卸搬运和包装的工作时数分别为400小时、160小时和240小时。仓库作业人员人工费按不同物流工作时数比例分配。

对于表中第3项，经查明细资料，主要为物流管理人员劳动保护所耗。

对于表中第4项，经查明细资料，主要为电话费等内容。根据使用人员的相关信息，约60%的话费支出与物流信息管理相关。

该公司准备使用表2-1来核算公司12月份的物流成本。

要求：

问题1，利用前述所学知识，为表2-16中各项目设置出合适的物流成本辅助账户，便于后续物流成本核算。

问题2，根据物流辅助账户，将上述物流成本信息正确填列到物流成本核算表2-1中。

## 单元自测

### 一、单选题

1. 在辅助账户制下，购买原材料所支付的物流成本是在（　　）账户核算的。

A. 原材料　　B. 应付账款　　C. 职工薪酬　　D. 管理费用

2. 下列描述的内容，符合单轨制的是（　　）。

A. 独立的物流成本核算体系

B. 单独建立起物流成本的凭证、账户和报表体系

C. 要求把物流成本核算与财务会计核算截然分开

D. 结合财务会计体系的物流成本核算体系

3. 在物流成本二级账户（或辅助账户）核算形式中，采购人员的工资等应归入（　　）。

A. 制造费用科目下的生产物流成本二级账户

B. 材料采购科目下的供应物流成本二级账户

C. 管理费用科目下的供应物流成本二级账户

D. 财务费用科目下的生产物流成本二级账户

### 二、多选题

1. 企业对内支付的物流费用主要包括在（　　）等账户之中。

A. 制造费用　　B. 销售费用　　C. 管理费用　　D. 其他业务成本

2. 物流成本核算方法的会计方法包括（　　）。

A. 双轨制　　B. 单轨制　　C. 辅助账户制　　D. 统计法

3. 单轨制相对于双轨制来说，（　　）。

A. 符合企业物流成本核算和管理的需要

B. 与企业现有成本核算方法不适应

C. 不符合我国企业物流成本管理的现状

D. 收益与成本匹配性不高

### 三、判断题

1. 对于制造企业物流成本核算来说，需要在不影响当前会计核算流程的前提下，通过在相应的成本费用项目下设置“物流成本”二级账户，进行独立的物流成本二级核算。（　　）

2. 在辅助账户制下，明细账户设置时必须设置到四级账户。（　　）

3. 会计成本核算工作的流程对于物流成本核算工作的标准化开展具有强烈的借鉴意义。（　　）

# 任务3
# 作业成本法核算企业物流成本

## 【能力目标】

1. 能根据作业成本法原理，辨析不同作业层次，并进行不同层级的作业成本汇总核算。
2. 能运用作业成本法核算步骤，进行企业间接物流成本分配。

## 【知识目标】

1. 理解传统成本法的内涵和缺陷，理解作业成本法的内涵。
2. 理解传统成本法与作业成本法的区别。
3. 掌握作业成本法的相关概念。
4. 学会作业成本法的核算步骤。

## 案例引入

### NJ 某汽车制造企业以作业成本法核算制造费用

NJ 某汽车制造企业是一家中外合资的大型汽车制造企业，主要生产的产品为家用经济型小轿车，此公司下设共有四家分厂，分别为车身、轮胎、发动机及组装厂。该公司主要生产设备和流水线均从国外引进，实现了自动化生产。目前公司生产的轿车型号共有5种，由于汽车市场的饱和导致该公司面临巨大的竞争压力。市场竞争的残酷性和经营决策的正确性都迫使该公司的管理高层意识到科学、准确地核算每种产品已经迫在眉睫。以下是公司使用的作业成本法核算步骤和思路。

首先，基于生产工艺流程划分作业中心。确保作业成本法精确、有效实施的核心在于作业的准确确定，正确的认定作业是企业基于作业成本法精确核算产品的充要条件。为了准确地确定作业，企业要遵循以下两个最基本的原则：第一，所选的作业中心一定是产生增值的作业且有成本发生；第二，在作业中心确认过程中结合产品生产工艺流程，将确认的作业按照同质性的原则进一步确定为作业成本中心。基于这样的原则最终形成了作业中心。

接下来将耗费资源分配到作业成本库，根据作业动因将作业成本库的费用分配到每种产品中。

根据实地的调查了解并结合相关班组提供的计划工时总表得出各个作业中心耗用的工时。然后，在作业成本法核算的基本原则“作业消耗资源，产品消耗作业”的指导下得出各类产品的作业成本。

**思考：**你能概括下作业成本法核算的流程吗？

资料来源：薛蓓蓓．作业成本法在汽车制造业中的实证应用分析——以 NJ 某汽车制造企业为例[J]．物流工程与管理，2020，42（11）．

## 工作情境描述

宁波科翔技术有限公司生产的产品有多个品种，生产复杂程度不同且质量高低有所区别。公司的自营物流部门在核算产品的物流成本时，采用传统成本法进行核算，经常面临着间接费用分配不精准的问题，导致后续归集到具体产品的物流成本存在信息失真现象。

公司高层决定借鉴 B 公司的“内部服务收费制度”带来的管理绩效改善效应，要求对公司每项业务都要进行作业成本法核算，物流管理部门经理决定由你来负责本部门的作业成本核算任务。

**工作情境问题分析：**面对上述工作情境，需要解决的问题主要有三个。第一，“内部服务收费制度”是什么？作业成本法是什么？与传统成本法相比，二者的区别在哪里？第二，作业成本法的要素都由什么构成，如何理解应用？第三，如何用作业成本法对公司的物流成本进行核算？

## 必备知识

物流成本核算可以采用一般的会计、统计和混合方式等传统方法进行核算，随着物流管理研究的发展，目前越来越倾向于采用作业成本法进行物流成本核算。新兴的物流作业成本法从作业与成本之间的因果关系出发计算物流成本，结果更加准确、科学，是最有发展前途的物流成本计算方法。

### 一、传统成本法的内涵与缺陷

扫一扫

传统成本法计算物流成本的缺陷

企业物流成本计算的传统成本法（Traditional Costing），是指企业对物流系统的成本衡量主要是以数量为基准的成本核算系统，核算成本示意图如图 2-9 所示。

传统成本法核算成本通常分为三个步骤：第一步，划分成本费用，包括直接材料、直接人工、制造费用；第二步，参照直接成本费用直接计入，间接费用采取分配计入的原则；第三步，对所发生的投资费用按照一定的分配标准计入相应的成本对象中。

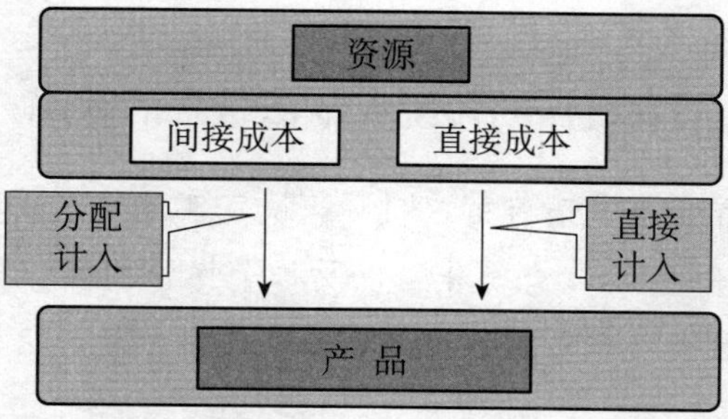


**图 2-9　传统成本法核算成本示意图**

**学习讨论**

如果某公司生产 A 和 B 两种产品，两种产品的市场售价一样，其中 A 产品质量高、复杂程度低，B 产品质量低、复杂程度高，假定这两种产品都包括生产成本和物流成本，且两者的生产成本已经核算精确。现在假定生产 A 产品时物流部门人员工资为 4 000 元，生产 B 产品时物流部门人员工资为 3 000 元。情形一：制造费用分配率为 0.325。情形二：A 产品物流部门制造费用分配率为 0.203，B 产品物流部门制造费用分配率为 0.423。假定情形二的计算更加精确，根据你的计算结果，这种产品成本核算会造成何种问题？

答：

______________________________________________

______________________________________________

传统的成本核算方法有以下缺陷：

缺陷一，传统的会计实践通常不能提供足够的物流量度。传统会计科目在实施费用分配时，通常按物流功能进行剥离，无法精确地进行费用的正确分配。

缺陷二，传统的成本计算法容易造成“物流成本冰山说”，对企业会计科目进行核算时，往往把支付给外部运输、仓库企业的费用列入成本，实际上这些费用是整个企业物流费用中的冰山一角。这是因为企业自用的车辆运输、自有的库房保管货物和由自己工人进行包装、装卸等费用都没有列入物流费用科目内。

缺陷三，现代生产特点下，传统物流成本计算法提供的物流成本信息失真，不利于进行科学的物流控制。传统成本法下，以产品作为成本分配的对象，以单位产品耗用某种资源占当期该类资源消耗总额的比例（如人工小时、机器小时）作为所有间接制造成本分配的依据，是就成本论成本。在高新技术环境下，产品成本中“制造费用”部分的数额和重要性大大提高，与此同时，制造费用的发生与直接人工成本、机器小时、直接人工小时等传统成本分摊标准的相关性越来越小，如果仍然按照原有单一标准分摊制造费用，则所得的成本核算结果必然失真，而这种成本信息扭曲严重时甚至会导致经营决策的失误。

拓展阅读

## 某农机厂的传统成本法带来的缺陷

作为国有企业中非常具有代表性的农机厂，决定实施基于活动的成本计算方法。

根据公司的流程，确定了 32 个操作，以及每个操作的操作动机。推动动机主要是体力劳动。其他驱动原因是运输距离、准备数量、零件数量、订单数量、机器小时数和客户数量。

通过一定的研究后发现，传统成本法存在弊端，这体现在它的成本失真，而且它的失真率最高达到 46.5%。

在获取到有效的信息后，对这些信息进行分析，发现一些操作，比如检查、维修等，并不会对顾客价值提升有任何影响。这些业务是分支机构管理的一种，在其中扮演着不可或缺的作用，但是这些人都夹杂在各种活动中间。

资料来源：张焱，赵小娟．作业成本法与传统成本法分析比较 [J]．中国集体经济，2020 (21)．

扫一扫

作业成本法计算物流成本

### 二、作业成本法内涵

高新制造技术蓬勃发展并广泛应用于各类制造企业，使得传统成本会计的缺陷暴露无遗。作业成本法的产生，标志着成本管理告别了传统的成本管理模式，向现代成本管理模式迈出了关键性的一步。

作业成本法（Activity-Based Costing），是一种通过对所有作业活动进行追踪以动态反映、计量作业和成本对象的成本，评价作业业绩和资源的利用情况的成本计算和管理方法。作业成本法示意图如图 2-10 所示。

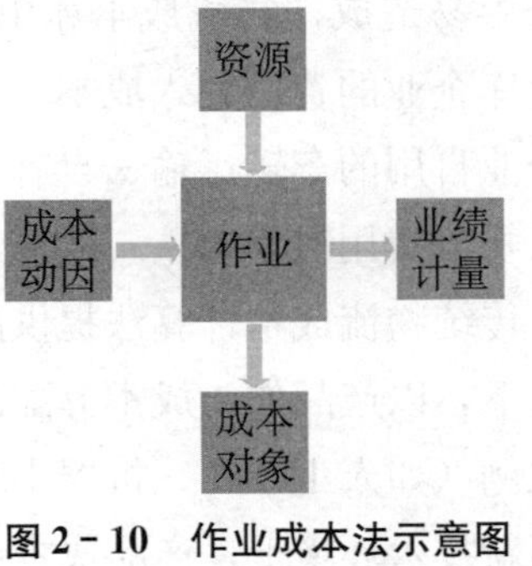


**图 2-10 作业成本法示意图**

作业成本法既是一种成本核算方法，也是一种管理技术，要想确保作业成本法在制造业中的顺利实施，企业的日常管理工作必须不断完善和规范。只有完善和规范的管理工作，才能保证实施过程中作业的确认准确且有效。

作业成本法作为一种正确分配制造费用、计算产品制造成本的方法被提出。它的基本思想是在资源和产品之间引入一个中介——作业。比如，组装一部手机有如下几个主要步骤：贴片→烧写程序→外壳组装→测试→组装主板和外壳→包装→下线，那么组装手机就是成本对象，各个步骤（工序）就是作业，所有步骤打包在一起就是作业集合。在计算产品成本时，将着眼点从传统的“产品”转移到“作业”上，作业成本法以作业为核算对象，基本原则是作业消耗资源，根据作业对资源的消耗情况将资源的成本分配到作业。产品消耗作业，生产导致作业的发生，作业导致成本的发生，由作业依成本动因追踪到产品成本的形成和积累过程，由此而得出最终产品成本。作业成本法思想如图 2－11 所示。

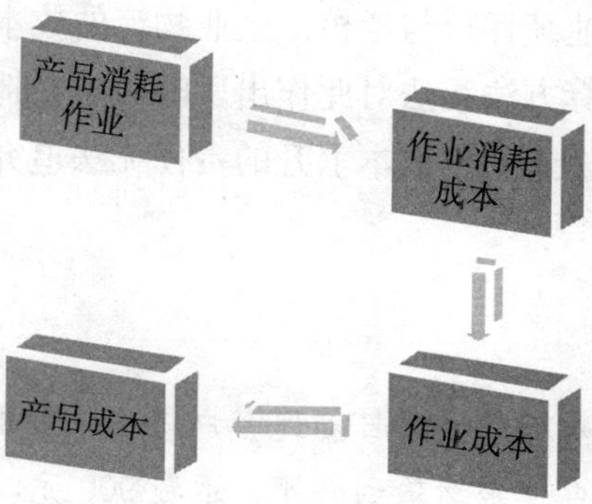


**图 2－11　作业成本法思想**

**学习讨论**

B 公司是一家国际性大型金融机构，由于成本信息不明确，因此公司内部无法明确分配的间接费用高达 2.5 亿美元，直接影响了公司的整体收益状况。为了有效地控制、降低成本，项目组决定引入以作业成本法为基础的“内部服务收费制度”，即为公司内部各部门之间提供服务设定价格，使用服务的部门要从提供该服务的部门购买服务。B 公司同时以作业成本信息为依据，进行业务决策，如制定对外服务的价格、考核各个部门的绩效。B 公司通过“内部服务收费制度”的推行，在企业内部引入市场机制，增强了成本核算观念，有效地引导员工避免浪费，控制并降低了成本。结果是，IT 技术投入与营业相关费用第二年降低了 5 000 万美元，证券自营业务成本第二年降低了 3 000 万美元。

根据上述材料，回答下列问题：

问题 1，“内部服务收费制度”的推行，给公司带来了多大成本的节约？其中成功的关键是什么？

问题 2，按照你的理解，你认为“内部服务收费制度”应该如何执行？

问题 3，“内部服务收费制度”对物流成本管理有什么启示？

答：

与传统成本法相比，作业成本法具有更广泛的科学性和先进性，具体体现在以下几个方面：

(1) 作业成本法克服了传统成本计算法导致的成本信息失真问题，能提供相对准确的成本信息。

(2) 作业成本法有利于准确核算企业的物流成本。在作业成本法下，通过对物流过程进行分解，划分相应的作业中心，再计算出单位作业成本，从而准确地核算出各项物流作业的成本。

(3) 作业成本法有利于提高物流决策的科学性。作业成本法下间接费用的分配采用多种成本动因标准，拓宽了成本计算的范围，为物流成本控制和相关决策提供了更有价值的资料。

(4) 作业成本法有利于业绩评价与考核。企业物流的成本中有不少是承担物流的部门无法控制的，传统的成本核算方法无法对此作出反映，容易造成各部门、各环节管理人员对成本费用责任不明确，以至于物流成本上升的责任无法追究，而作业成本法则可以较好地解决这些问题。

**练一练**

公司物流部门有 2 部运输车辆，某日接到客户订单，需要将 1 000 箱半成品货物通过物流运输给客户。订单一，从宁波运输到合肥，运费 900 元，用车 1 辆。订单二，从宁波运输到上海，运费 800 元，用车 1 辆。但是由于时间急迫，公司目前只能派出 1 辆车。

经查物流辅助账户，发现运输车辆班组的直接成本为每辆 400 元。根据以往历史数据，装卸作业费、管理费用（间接成本）等为 450 元。经过统计分析，物流运输班组需要相应的物流运输作业为每次 10 元。如果要完成订单 1，则需要 20 个作业；如果要完成订单 2，则需要 25 个作业。

另外，到合肥需要交过路费等 210 元，到上海需要交过路费等 180 元。

根据作业成本法核算，给出你的选择。

答：

________________________________________

________________________________________

传统成本法和作业成本法将会在未来很长一段时间内并存。我国的企业特别是制造企业，制造费用占产品成本的比重并不大，企业主要是以劳动密集型为主而非资本密集型，大多数人工和材料成本仍是制造费用的主要组成部分，加上很多制造型企业的生产观念和理论落后，以及成本意识差、生产控制弱及生产组织、生产准备落后等因素的干扰，这些都是传统成本法存在的原因所在。

扫一扫

辨识传统成本法和作业成本法的差异

但是作业成本法将会随着未来国家国力的发展，逐渐加速在企业中的应用。我国正在推进制造业的转型升级，更多的制造业将进入高级制造环境或者先进制造环境中，许多人工将逐渐被机器人或者机器取代，直接人工成本比例将大大下降，固定制造费用在产品成本中的比重将大幅上升。例如有些类型的产品结构中，直接人工成本占产品成本的比例从以前的40%～50%下降到了10%不到，而间接费用占直接人工成本的比例从以前的40%～50%直接上升到了400%～500%。如果再采用传统的"数据基础成本计算"方法（如以工时、机器小时为基础的成本分配方法），则不能正确反映产品的消耗。

## 三、作业成本法相关概念解析

作业成本法涉及的概念包括资源（Resource）、成本动因（Cost Driver）、作业（Activity）、成本对象（Cost Objects）、作业中心（Activity Center）等。作业成本法核算流程如图2-12所示。

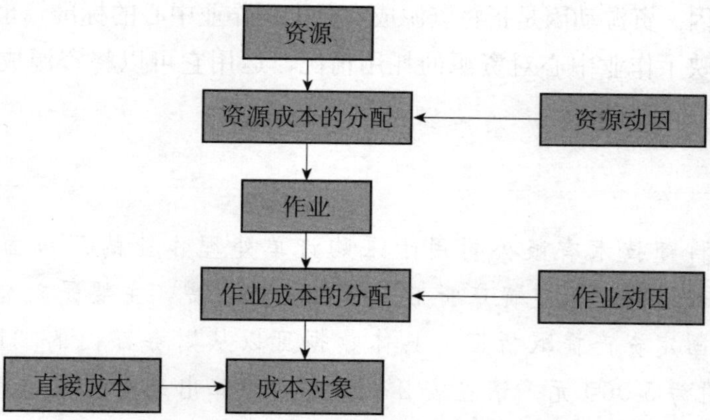


**图2-12　作业成本法核算流程**

1. 资源

资源是指费用的总支出，即企业在一定期间内开展经济活动所发生的各种资源耗费。资源费用既包括房屋及建筑物、设备、材料、商品等有形资源的耗费，也包括信息、知识产权、土地使用权等无形资源的耗费，还包括人力资源耗费以及其他各项税费支出等。

资源可以直接从现有会计账户中查找出来。常见的企业物流系统中的物流资源包括人工费、折旧费、燃料动力费、办公费、对外支付的海运费、报关报检费、公路运输费、库存持有成本等。

当一项资源只服务于一种作业时，成本计算简单；当一项资源服务于多种作业时，就必须通过成本动因中的资源动因把资源的消耗恰当地分配到相应的作业。

扫一扫

成本动因

2. 成本动因

成本动因，也称为成本驱动因素，是指导致企业成本发生的任何因素，是引起成本发生和变动的原因，或者说是决定成本发生额与作业消耗量之间内在数量关系的根本因素。

成本动因通常以作业活动耗费的资源来进行度量，如供应成本库的成本动因为订单数量、生产成本库的成本动因为工时、储存成本库的成本动因为工时等。在作业成本法下，成本动因是作业成本法的着眼点，是成本分配的依据。作业成本法是一个二阶段分配过程，如图 2-13 所示，分别是资源向作业分配和作业向成本对象分配。与此对应，成本动因也被分为两类：资源动因和作业动因。

扫一扫

玩转资源动因

**图 2-13 作业成本法二阶段分配过程**

(1) 资源动因。资源动因是指将资源成本分配到作业中心的标准，也是引起作业成本变动的因素，反映了作业中心对资源的耗用情况，运用它可以将资源成本分配给各有关作业。

**练一练**

已知宁波科翔技术有限公司用于采购订单处理作业的厂房面积为 200 平方米，经查财务部门的“固定资产折旧”科目（折旧费，主要是对仓库、装卸搬运设备、电脑等固定资产提取折旧，具体数据可以从财务部门的“固定资产折旧”中获得），费用为 5 000 元。请在表 2-17 中，核算出采购订单处理作业应该分配的资源费用。

**表 2-17 资源动因核算表 1**

| 作业 | 资源（元） | 资源动因 | 总资源动因数量 | 本作业所有资源动因占总资源动因数量的比例 | 作业分配资源费用（元） |
|---|---|---|---|---|---|
| 采购订单处理 | 5 000 | 厂房面积 | | 100% | |

已知宁波科翔技术有限公司用于采购订单处理作业和原料入库作业的厂房面积共为 200 平方米，其中采购订单处理作业占用其中的 50 平方米；经查财务部门的“固定资产折旧”科目，费用为 5 000 元。请在表 2-18 中，核算出采购订单处理作业应该分配的资源费用。

假设宁波科翔技术有限公司有 20 000 元用于下列 4 个作业，请在表 2-19 中为宁波科翔技术有限公司进行相应的资源成本分配。

表 2-18　资源动因核算表 2

| 作业 | 资源（元） | 资源动因 | 总资源动因数量 | 本作业所有资源动因占总资源动因数量的比例 | 作业分配资源费用（元） |
|---|---|---|---|---|---|
| 采购订单处理 | | 厂房面积 | | | |
| | | | | | |

表 2-19　资源动因核算表 3

| 作业 | 资源（元） | 资源动因 | 资源动因数量（小时） | 资源成本分配率（元/小时） | 作业分配资源费用（元） |
|---|---|---|---|---|---|
| 原料入库装卸搬运 | 20 000 | 叉车作业小时数（小时） | 25 | | |
| 原料出库装卸搬运 | | | 50 | | |
| 成品入库装卸搬运 | | | 45 | | |
| 成品出库装卸搬运 | | | 80 | | |
| 合计 | | | | | |

答：

____________________

____________________

（2）作业动因。作业动因是指作业被消耗的直接原因，是将作业中心的成本分配到产品或劳务的标准。作业动因的选择是作业成本法的核心内容。作业动因选择准确与否，直接关系到成本核算的合理准确，直接影响作业成本法的应用效果。比如每份销售产品的订单上耗用的成本是均匀的，那么可以按照订单份数来将订单作业成本分配到产品对象，以订单份数作为作业动因符合动因选取的条件。

作业动因可以分为以下几个类别：

第一，业务动因，它通常以执行的次数作为作业动因。业务动因假定执行每次作业的成本（包括耗用的时间和单位时间耗用的资源）相等，如分拣作业，实际上每次分拣作业不可能完全做到成本一致，毕竟随着劳动强度的增加，会导致部分作业成本会变动。因此，它的特点可以概括为，精确度最差，但其执行成本最低。

第二，持续动因，是指执行一项作业所需的时间标准。在不同产品所需作业量差异较大的情况下，例如，如果分拣不同产品所耗用的时间长短差别较大，则不宜采用业务动因作为分配成本的基础，而应改用持续动因作为分配的基础。持续动因的假设前提是，执行作业的单位时间内耗用的资源是相等的。

第三，强度动因，将作业执行中实际耗用的全部资源单独归集，并将该项单独归集的作业成本直接计入某一特定的产品。

强度动因一般适用于某一特殊订单或某种新产品试制等，用产品订单或工作单记录每次执行作业时耗用的所有资源及其成本（包括这些订单产品或新产品试制过程中发生的所有物流成本），订单或工作单记录的全部作业成本也就是应计入该订单产品的成本。

**练一练**

已知宁波科翔技术有限公司用于按照作业成本核算流程算出的材料采购作业成本为25 000元，假定本次采购是为了产品A生产的需要，共计采购了25次，则应该分配到A产品的材料采购费用为多少？请填写表2－20。

**表2－20　作业动因分配表1**

| 作业 | 作业成本（元） | 作业动因 | 总作业动因数量 | 本作业所有作业动因占总作业动因数量的比例 | 作业成本的分配（元） |
|---|---|---|---|---|---|
| 材料采购 | 25 000 | 采购次数（次） | 25 | | |

已知宁波科翔技术有限公司用于按照作业成本核算流程算出的材料采购作业成本为25 000元，假定本次采购是为了产品A（10次）和B（15次）生产的需要，共计采购了25次，则应该分配到A和B两种产品的材料采购费用为多少？请填写表2－21。

**表2－21　作业动因分配表2**

| 作业 | 作业成本（元） | 作业动因 | 总作业动因数量 | 分配产品类型 | 本作业所有作业动因占总作业动因数量的比例 | 作业成本的分配（元） |
|---|---|---|---|---|---|---|
| 材料采购 | 25 000 | 采购次数（次） | 25 | | | |
| | | | | | | |

答：

3. 作业

扫一扫

又布置作业了

作业是指企业为提供一定量的产品或劳务所发生的、以资源为重要特征的各项业务活动的总称。它是汇集资源耗费的第一对象，是连接资源耗费和产品成本的中介。它是作业成本计算系统中最小的成本归集单元。

**学习讨论**

一项物流服务有5个作业要完成，各作业单位费用见表2-22：

**表2-22　各作业单位费用表**

单位：元

| 项目 | 作业A | 作业B | 作业C | 作业D | 作业E |
| --- | --- | --- | --- | --- | --- |
| 成本 | 10 | 10 | 20 | 15 | 5 |

请解答下列问题：

问题1：现在客户给的价格是55元，请问是否要服务该客户？

问题2：经过物流信息收集和分析，发现作业D完全没有必要，这时你的选择是什么？

答：

从管理角度来看，作业可以说是企业生产过程中的各工序和环节，企业各项活动都是作业。这些经济活动事项，有的会发生成本，有的不会发生成本；有的能创造附加价值，即增值作业，有的不能创造附加价值，即非增值作业，无附加价值的作业要尽量剔除。作业成本法的作业是指能产生附加价值，并会发生成本的经济活动，即狭义的作业。

从作业的层次上分类，作业可分为单位作业、批别作业、产品作业和支持作业。

单位作业是指使单位产品或服务受益的作业。所耗用的资源量（即成本）与产品产量、服务量或某种属性（如直接人工小时、机器小时、产品重量、长度等）是成比例的。成本会随着产品数量的增加而增加，单位成本可以直接归集到成本对象上。单位成本一般包括：直接材料、直接人工成本和每个产品的检验成本等。

批别作业是指由生产批别次数直接引起的，与生产数量无关，使一批产品受益的作业。批别作业在相关范围内不会随着产量的变化而变化，只与批别相关。此时，生产的批别就成了作业动因。批别层次作业的成本通常与产品的批数成比例变动，不受产销数量或其他数量基准所影响。

批别作业和单位作业的主要区别在于完成批量水平作业所需要的资源不依赖于每批次所包含的单位数。

产品作业是指每一类产品的生产和销售所需要的工作，使某种产品的每个单位都受益的作业。这类成本与产品数量和生产的批次没有直接的关联性，而只依附于某一种产品，比如产品研发和设计成本，或者用于某种产品的专用件的费用和生产某种产品而进行的生产流程调整的成本。这种作业的成本与产品产量及批数无关，但与产品种类数或产品线的数量成比例变动。

支持作业是指为了维持企业的总体生产经营能力而进行的作业，也就是使某个机构或某个部门受益的作业，如管理作业、厂房使用、人员培训等。该类作业与企业的整体生产经营活动有关，无法追溯到特定的批次或产品上，与产量、批次、品种数无关，而取决于组织的规模与结构。

这种作业的成本为全部生产产品的共同成本。作业之间的关系如图 2 - 14 所示。同时也可以使用表 2 - 23 所示的表格表示作业之间的关系。

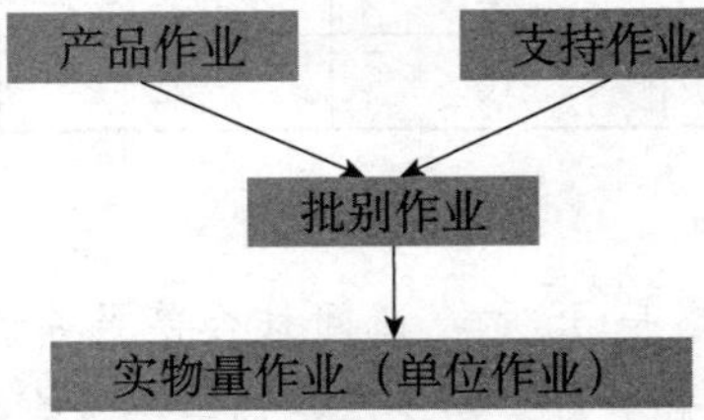


**图 2 - 14　四种作业之间的作业层次**

**表 2 - 23　不同作业之间的关系**

| 一级作业（产品作业） | 费用总额（元） | 二级作业（批别作业） | 费用总额（元） | 三级作业（单位作业） | 费用总额（元） |
|---|---|---|---|---|---|
| | | | | | |

**练一练**

已知宁波科翔技术有限公司物流部门提供包装和装卸搬运两个服务作业大类。3 月份为第 5 批次的产品进行了销售包装作业，花费了 1 000 元的费用；原材料入库装卸搬运作业采用按件作业方式，共计花费成本 4 000 元；为了生产需要，对半成品 B 进行了出库装卸搬运，也采用按件作业方式，花费了 5 000 元费用；经过分析，原材料入库装卸搬运的物品为第 $n$ 批次的 A 原料，物流管理经理确定该批次的作业类型为供应装卸搬运作业；整个半成品 B 的出库作业确定为第 7 批次的生产装卸搬运作业。

请根据题目要求，填写表 2 - 24。

**表 2 - 24　不同层级作业填写表**

| 一级作业（产品作业） | 费用总额（元） | 二级作业（批别作业） | 费用总额（元） | 三级作业（单位作业） | 费用总额（元） |
|---|---|---|---|---|---|
| 包装 | | 销售包装 | | | |
| 装卸搬运 | | 供应装卸搬运 | | 原材料入库装卸搬运 | |
| | | 生产装卸搬运 | | 半成品出库装卸搬运 | |

将你填写的内容，与下面的不同层级作业填写结果表 2－25 对照下，并思考：你出现的问题是什么？为什么？

答：

______________________________________________

______________________________________________

**表 2－25　资源分配**

| 作业 | 资源（元） | 资源动因 | 总资源动因数量 | 本作业所有资源动因占总资源动因数量的比例 | 作业分配资源费用（元） |
|---|---|---|---|---|---|
| 叉车装卸 | 5 000 | 维修次数 | 10 | 10÷25＝40％ | 5 000×40％＝2 000 |
| 运输 | | | 5 | 5÷25＝20％ | 5 000×20％＝1 000 |
| 仓储保管 | | | 10 | 10÷25＝40％ | 5 000×40％＝2 000 |

4. 成本对象

成本对象，可以分为最终成本对象和中间成本对象。

最终成本对象是指累计的成本不能再进一步分配的成本归集点。最终成本计算对象通常是一件产品或一项服务，是企业的最终产出物。

中间成本对象是指累计的成本还应进一步分配的成本归集点，有时也称为成本中心。成本中心是企业中与成本相关联的某个可识别部门，它们是将共同成本按某个分配基础进一步分配给成本对象之前的一个成本归集点，例如机械加工车间、维修车间、地区销售部等。

扫一扫

作业中心变形记

5. 作业中心与作业成本库

**学习讨论**

假设某批订单 A 产品需要到 5 月份交货，现在要分配到 3 月份和 4 月份生产，其中产品 A 在从产品线上储存到仓库时需要用到叉车作业。已知 3 月份生产的一批产品入库需要用到叉车作业，其中车辆检查作业需要 3 元/次，启动发动机作业需要 5 元/次，行驶作业需要 4 元/次，装卸作业需要 11 元/次。共计需要服务 100 次。

核算人员在核算时，每次都需要将车辆检查、启动发动机作业、行驶作业、装卸作业等作业成本分配按照作业成本法流程图走一遍，每次完整的装卸作业需要核算 4 次，乘以总的服务次数 100，总共要核算 400 次。

有没有又快又好的作业成本分配方法呢？你准备如何进行作业成本分配呢？给出你的想法。

答：

______________________________________________

______________________________________________

作业中心是成本归集的基本单位，由一项作业或一组作业组成。相同或相似的作业职能合并后称为作业中心，要求“同质作业”为中心。作业中心是作业成本计算系统中最基本的一个环节，它是由同一部门的一系列类似活动组成，位于某一特定区域，目的是完成某一特定任务。

每一个作业中心所发生的成本或消耗的资源归集起来作为一个作业成本库。作业中心与作业成本库的关系如图 2-15 所示。

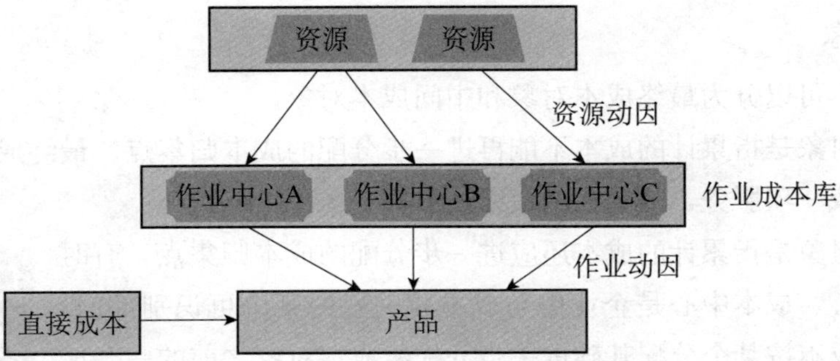


**图 2-15　作业中心与作业成本库的关系**

**拓展阅读**

## 不同公司确定作业中心的方法

盒马鲜生进行作业分析，明确了三大作业中心。盒马鲜生的业务主要由五大作业流程构成，即商品采购、运输、存储、配送、销售运营，整个供应链环环相扣。其中，采购、运输、销售运营是盒马鲜生最为核心的三大环节，并且盒马鲜生的店仓一体化模式成功地将传统物流模式中的仓库去掉，省去了仓库租金、仓库人工成本、仓库运营成本等一系列仓储成本。因此，在进行调研与讨论的基础上，盒马鲜生根据采购、运输、销售运营三大环节构建作业成本库。

SD 酒店是坐落于山东省济南市南部的一家国营五星级酒店，由酒店主体建筑、会展中心和 SD 会堂三部分组成。SD 酒店地理位置优越，交通便利，是一座集餐饮、住宿、会议、展览、商务、休闲、娱乐、宴会于一体的综合性多功能酒店。SD 酒店部门众多，对经营绩效的考核和成本的控制均是分部门进行管理的。SD 酒店作业中心的认定结合收入与成本配比原则，其中 SD 酒店的收入是来自餐饮部、客房部、会议中心和康乐部四大营业性部门的。因此，对于成本的核算可以从企业现有的四大营业性部门出发，调查分析各个部门的作业，再加以汇总为一个作业中心，将四大营业性部门分别作为一个作业中心。

资料来源：张艳．作业成本法在“新零售”行业的应用［J］．中国商论，2020（18）；李乾杰，谭萧．作业成本法在 SD 酒店的应用研究［J］．北方经贸，2020（11）．

**练一练**

公司在多年运作中，逐步形成了一套简单的作业中心体系。其中，装卸作业中心每次运作需要花费 50 元，仓储作业中心每次运作需要花费 100 元，采购作业中心每次运作需要花费 60 元，运输作业中心每次运作需要花费 200 元。

现在一批产品 A 需要 2 次装卸、1 次采购和 5 次运输作业，请计算 A 产品的物流成本。一批 B 产品需要 1 次采购、4 次装卸、2 次仓储和 3 次运输作业，请计算 B 产品的物流成本。

答：

**练一练**

假定宁波科翔技术有限公司用于按照作业成本核算流程算出的材料采购作业成本为 25 000 元，假定本次采购是为了产品 A 生产的需要，共计采购了 25 次，同时为了 A 产品生产的需要，花费了直接物流费用 15 000 元，则分配到 A 产品的物流总费用为多少？

答：

**[物流作业成本法分解训练]**

作业成本法核算流程如图 2-16 所示。

扫一扫

ABC 法让物流成本无处可藏

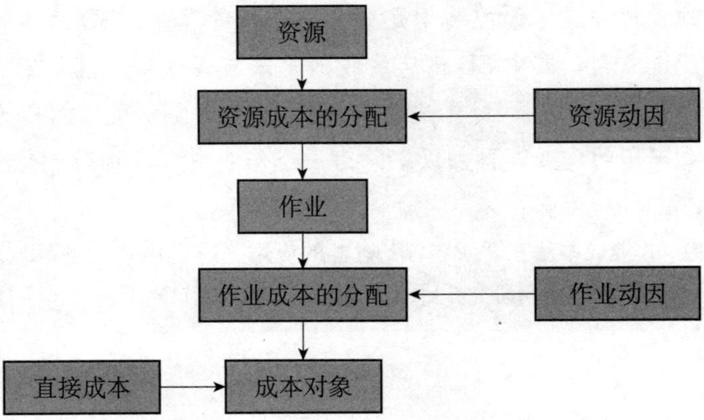


**图 2-16 作业成本法核算流程**

**练一练**

202×年×月，经查制造费用中有叉车、汽车和仓储维修费 5 000 元，按维修保养次数核算，总计 25 次，其中叉车维修了 10 次，汽车维修了 5 次，仓储设备维修了 10 次。在维修期间，叉车装卸了 2 000 次，其中 1 托盘满装 20 箱，共装卸了 500 托盘。

假定生产单位 B 产品有关的物流直接成本为 5 元。

经过调查，发现单位 B 产品所用物料累计使用叉车装卸了 1.5 次，或者使用箱数为 5 箱。

请解答下列问题：

问题 1：按装卸次数核算出单位 B 产品应负担的物流成本是多少？

问题 2：按使用箱数计算出单位 B 产品应负担的物流成本是多少？

答：

______________________________

______________________________

**练一练**

201×年×月，经查制造费用中有叉车、汽车和仓储维修费 5 000 元，按维修保养次数核算，总计 25 次，其中叉车维修了 10 次，汽车维修了 5 次，仓储设备维修了 10 次。在维修期间，厂内运输了 200 次，每次装 5 托盘运输。

假定生产单位 B 产品的直接成本为 5 元。

经过调查，发现单位 B 产品所用物料累计使用汽车运输 0.12 次，或者使用托数为 0.4 托。

请解答下列问题：

问题 1：按运输次数核算出单位 B 产品应负担的物流成本是多少？

问题 2：按使用托盘数计算出单位 B 产品应负担的物流成本是多少？

答：

______________________________________________

______________________________________________

## 任务解决

通过上述必备知识学习，我们现在一起来完成工作情境中的工作任务。

解决步骤：

问题 1：“内部服务收费制度”是什么？作业成本法是什么？与传统成本法相比，区别在哪里？

“内部服务收费制度”是以作业成本法为基础，为公司内部各部门之间提供服务设定价格，使用服务的部门要从提供该服务的部门购买服务。同时以作业成本信息为依据，同样可以进行业务决策，如制定对外服务的价格、考核各个部门的绩效。

作业成本法（Activity-Based Costing），是一种通过对所有作业活动进行追踪以动态反映、计量作业和成本对象的成本，评价作业业绩和资源的利用情况的成本计算和管理方法。作业成本法和传统成本法的区别可以从传统成本法的内涵与缺陷中找出。

问题 2：作业成本法的要素由什么构成？如何理解应用？

作业成本法涉及的要素包括资源（Resource）、成本动因（Cost Driver）、作业（Activity）、成本对象（Cost Objects）、作业中心（Activity Center）等，具体应用时可以参考前文必备知识“三、作业成本法相关概念解析”进行理解应用。

问题 3：如何利用作业成本法核算物流成本？

前文必备知识［物流作业成本法分解训练］中给出了具体的实例进行分解训练，相信小伙伴们应该已经迫不及待地想自我训练了。

## 自我训练

202×年×月，经查制造费用中有叉车、汽车和仓储维修费 5 000 元，按维修保养次数核算，总计 25 次，其中叉车维修了 10 次，汽车维修了 5 次，仓储设备维修了 10 次。在维修期间，厂内运输 200 次，每次装 5 托盘运输。

假定生产单位 B 产品的直接成本为 5 元，其他产品成本为 20 元。叉车装卸 2 000 次，1 托盘满装 20 箱，共装卸 500 托。厂内运输 200 次，每次装 5 托盘；每 3 天一批物料，一批物料为 4 托盘，假定为 30 天。

经过调查，发现：202×年 3 月，单位 B 产品装卸了 4 次，运输了 1 托，保管了 0.5

次；202×年4月，单位B产品装卸了2次，运输了0.5托，保管了1次。

请解答下列问题：

问题1：核算单位B产品在不同月份应负担的物流成本。

问题2：假定单位B产品的成本中只有210元才能被市场接受，那么你现在的物流成本处于何种状况？如何改进？

## 单元自测

### 一、单选题

1. 关于单位作业，描述正确的是（　　）。

A. 该作业的成本通常与产品的批数成比例变动，不受产销数量或其他数量基准所影响

B. 使一批产品受益的作业

C. 是由生产批别次数直接引起的，与生产数量无关

D. 使单位产品或服务受益的作业

2. 作业成本法是以（　　）为中心的一种成本计算和管理方法。

A. 作业　　B. 标准化　　C. 成本　　D. 质量

3. 已知订单处理的资源为20 000元，其中确定的资源动因为订单数，本次订单处理了10 000个订单，则处理10个订单承担的物流费用为（　　）元。

A. 10　　B. 20　　C. 30　　D. 40

### 二、多选题

1. 成本动因可分为（　　）。

A. 资源动因　　B. 成本对象　　C. 作业动因　　D. 资源

2. 下列说法正确的是（　　）。

A. 作业量决定资源的耗用量

B. 最终产品产出量决定着作业量

C. 资源耗用量与最终产品产出量有直接关系

D. 成本库的作业就是成本动因

3. 成本对象可以分为（　　）。

A. 中间成本对象　　B. 最终成本对象　　C. 产品成本对象　　D. 半成品成本对象

### 三、判断题

1. 作业成本法是一个二阶段分配过程。（　　）

2. 作业成本法的理论基础是作业动因理论。（　　）

3. 不同层次的作业具有不同的成本动因。（　　）

## 技能实训

### 宁波科翔技术有限公司物流成本核算辅助账户训练

[实训目标]

通过本技能训练任务，使大家：

1. 能够正确认知和应用会计核算方法核算物流成本，根据任务要求，选择正确的核算方法。

2. 能够在相应的成本费用账户下设置物流成本二级账户（或辅助账户），进行独立的物流成本二级核算。

3. 能够辨识物流成本核算人员和财会人员的不同分工，根据物流辅助账户收集的成本信息，采用物流成本核算表进行成本核算。

[情景资料]

宁波科翔技术有限公司（公司简介详见附录1）是位于宁波北仑保税区的一家以生产汽车配件为主的汽车配件制造有限公司，公司产品畅销海内外。随着中国制造业的转型升级，公司将原来海外业务逐渐向国内业务拓展，在此基础上，要求对物流成本进行合理管控，实现充分有效地利用各种资源、提高企业的综合效益的目标，从而更好地满足企业和社会需求。

### 情境一：公司2020年1月起，决定在日常会计核算时，采用会计方法核算物流成本，设置物流成本辅助账户收集物流成本数据

宁波科翔技术有限公司近几年的盈利数据和物流成本数据已经对公司管理层作出了预警，公司已经站在了必须改变的边缘。公司结合自身的实际情况，决定在日常会计核算时，采用会计方法核算物流成本，设置物流成本辅助账户收集物流成本数据。

**任务1** 根据已知的会计数据信息表2－26和物流成本核算表2－29（见下文情境二），设置合理的物流成本辅助账户，便于日常会计核算时收集物流成本数据信息。

已知：公司财务部提供的相关会计数据信息见表2－26，假定未来公司的主要物流成本数据主要集中在这几个科目中。

**表2－26 公司甲201×年12月成本费用科目明细及物流成本相关性分析表**

| 序号 | 成本费用科目及明细项目 | 发生额（元） | 是否相关 | 备 注 |
|---|---|---|---|---|
| 1 | 主营业务成本—搬运费<br>主营业务成本—营运费 | 500<br>1 000 | 是<br>是 | 对外支付搬运费<br>对外支付运输费 |

续表

| 序号 | 成本费用科目及明细项目 | 发生额（元） | 是否相关 | 备　注 |
|---|---|---|---|---|
| 2 | 销售费用—工资 | 20 000 | 是 | 运营部、安全部、客服部等部门发生 |
| 3 | 销售费用—劳保费 | 600 | 是 | 运营部、安全部、客服部等部门发生 |
| 4 | 销售费用—通信费 | 11 721.32 | 是 | 含物流信息费 |
| 5 | 销售费用—办公费<br>销售费用—市内交通费<br>销售费用—差旅费 | 2 000<br>2 200<br>10 000 | 是<br>是<br>是 | 运营部、安全部、客服部等部门发生<br>运营部、安全部、客服部等部门发生<br>运营部、安全部、客服部等部门发生 |
| 6 | 销售费用—折旧 | 1 800 | 是 | 卡车、叉车、自有仓库及电脑折旧费 |
| 7 | 销售费用—摊销费 | 10 000 | 是 | 自有仓库修缮摊销费用 |
| 8 | 销售费用—快递费 | 790 | 是 | 运营部、安全部、客服部等部门发生 |
| 9 | 销售费用—房租物业 | 21 200 | 是 | 物业管理部门办公房租费及仓库水电费 |

（1）对于表中第 1 项，经查明细资料，分别为对外支付搬运费和运输费。

（2）对于表中第 2 项，经查明细资料，为运营部、安全部、客服部等物流管理部门所耗人工费用。其中：司机 2 人，工资 4 000 元；仓库作业人员 4 人，工资 8 800 元；其余为物流管理人员工资支出。仓库作业人员从事理货、零星的装卸搬运和包装的工作时数分别为 400 小时、160 小时和 240 小时。仓库作业人员人工费按不同物流工作时数比例分配。

（3）对于表中第 3 项，经查明细资料，主要为物流管理人员劳动保护所耗。

（4）对于表中第 4 项，经查明细资料，主要为电话费等内容。根据使用人员的相关信息，约 80%的话费支出与物流信息管理相关。

（5）对于表中第 5 项，经查明细资料，主要为物流管理部门所耗费用，用于人工层面。

（6）对于表中第 6 项，经查明细资料，为卡车、叉车、自有仓库及物流管理部门电脑折旧费，数额分别为 300 元、500 元、600 元和 400 元。

将上述信息计入相关物流成本辅助账户（为简便起见，物流管理部门电脑折旧费全部计入物流信息成本）。

（7）对于表中第 7 项，经查明细资料，为自有仓库修缮摊销费用。

（8）对于表中第 8 项，经查明细资料，为物流管理部门所耗，主要为物流信息管理所发生的费用。

（9）对于表中第 9 项，经查明细资料，为物流管理部门办公用房租赁费及仓库水电费，其数额分别为 20 000 元和 1 200 元。

**工作准备：**

（1）阅读情境一资料，明晰物流成本核算方式的种类，分析物流成本辅助账户设置的重点和难点。

（2）根据情境一资料，准备完成任务的电子文档或者纸质文档，找到并仔细阅读完成任务的评价表。

**工作实施：**

引导问题1：为了反映物流成本的高低，并为物流管理提供成本信息资料，在实践中有哪些方法来核算物流成本？

________________________________________

________________________________________

引导问题2：物流成本辅助账户与会计核算方式的关系是什么？物流成本辅助账户的设置步骤是什么？

________________________________________

________________________________________

引导问题3：在设置物流成本辅助账户时，物流成本核算人员和财会人员的分工是什么？

________________________________________

________________________________________

| 任务1： |
| --- |
| |

**评价反馈：**

每两个同学为一组，每个同学需要相互展示作品，介绍任务的完成情况。作品展示前准备阐述材料，填写阐述项目表，并完成评价表表2－27和表2－28的填写。

**表2－27　学生自评表**

| 序号 | 任务 | 完成情况记录 |
| --- | --- | --- |
| 1 | 是否按计划时间完成 | |
| 2 | 技能训练情况 | |
| 3 | 相关理论完成情况 | |
| 4 | 任务完成情况 | |
| 5 | 任务创新情况 | |
| 6 | 材料上交情况 | |
| 7 | 收获 | |

注：评价档次统一采用A（优秀）、B（良好）、C（合格）、D（努力）四个档次。

表 2-28　学生互评表

| 序号 | 任务 | 小组互评 | 教师评价 |
|---|---|---|---|
| 1 | 是否按计划时间完成 | | |
| 2 | 作品完成上交情况 | | |
| 3 | 作品质量 | | |
| 4 | 语言表达能力 | | |
| 5 | 创新点（或收获） | | |

注：评价档次统一采用 A（优秀）、B（良好）、C（合格）、D（努力）四个档次。

## 情境二：根据情境一的辅助账户信息，物流成本核算人员填写物流成本核算表

期末核算时，财会人员将登记入账的物流成本信息传递给物流成本核算人员，然后由其登记物流成本核算表，完成相应的物流成本核算工作。

**任务 2**　根据任务 1 的物流成本辅助账户信息，填写到表 2-27 中，完成物流成本核算表的编制。

**任务 3**　未来很长一段时间内，制造费用和管理费用这两个一级科目下还会核算大量的企业物流费用。根据任务 1 和任务 2 的经验，作为一名物流成本核算员，协助公司财务会计人员，一起完成这两个科目下的辅助账户设计。（假定采购时物流成本主要发生在运输环节，表 2-29 中的成本项目是公司经常发生的，没有发生的不用设计。）

**工作准备：**

（1）阅读情境二资料，识别物流辅助账户设置中涉及的典型的一级会计科目下设明细科目的重点和难点。

（2）明确物流成本核算表格式的不同带来的辅助账户三级、四级明细科目设置的难点。

（3）根据情境二资料，准备完成任务的电子文档或者纸质文档，找到并仔细阅读完成任务的评价表。

**工作实施：**

引导问题 1：物流成本辅助账户设置中，涉及的典型一级科目包括哪些？

______________________________

______________________________

引导问题 2：制造费用一级科目主要核算哪些物流成本费用？面对不同的物流成本核算表，相关明细科目如何转化？

______________________________

______________________________

引导问题 3：管理费用一级科目主要核算哪些物流成本费用？面对不同的物流成本核算表，相关明细科目如何转化？

任务 2：

**表 2－29　＿＿＿＿＿公司＿＿＿＿＿物流成本核算表**　　单位：万元

201×年12 月31 日

<table>
<tr><td colspan="3">功能<br>支付形态</td><td>运输</td><td>保管</td><td>装卸</td><td>包装</td><td>流通加工</td><td>物流信息</td><td>物流管理</td><td>合计</td></tr>
<tr><td rowspan="9">企业物流费</td><td rowspan="6">企业内部物流成本</td><td>材料费</td><td></td><td></td><td></td><td></td><td></td><td></td><td></td><td></td></tr>
<tr><td>人工费</td><td></td><td></td><td></td><td></td><td></td><td></td><td></td><td></td></tr>
<tr><td>维修费</td><td></td><td></td><td></td><td></td><td></td><td></td><td></td><td></td></tr>
<tr><td>水电费</td><td></td><td></td><td></td><td></td><td></td><td></td><td></td><td></td></tr>
<tr><td>通信费</td><td></td><td></td><td></td><td></td><td></td><td></td><td></td><td></td></tr>
<tr><td>其他</td><td></td><td></td><td></td><td></td><td></td><td></td><td></td><td></td></tr>
<tr><td colspan="2">小计</td><td></td><td></td><td></td><td></td><td></td><td></td><td></td><td></td></tr>
<tr><td colspan="2">委托物流费</td><td></td><td></td><td></td><td></td><td></td><td></td><td></td><td></td></tr>
<tr><td colspan="2">合计</td><td></td><td></td><td></td><td></td><td></td><td></td><td></td><td></td></tr>
</table>

负责人：＿＿＿＿　　核算人：＿＿＿＿＿＿　　制表人：＿＿＿＿＿＿

任务 3：

**评价反馈：**

每两个同学为一组，每个同学需要相互展示作品，介绍任务的完成情况。作品展示前准备阐述材料，填写阐述项目表，并完成评价表表 2－30 和表 2－31 的填写。

**表 2－30　学生自评表**

| 序号 | 任务 | 完成情况记录 |
|---|---|---|
| 1 | 是否按计划时间完成 | |
| 2 | 技能训练情况 | |
| 3 | 相关理论完成情况 | |
| 4 | 任务完成情况 | |
| 5 | 任务创新情况 | |
| 6 | 材料上交情况 | |
| 7 | 收获 | |

注：评价档次统一采用 A（优秀）、B（良好）、C（合格）、D（努力）四个档次。

表 2-31 学生互评表

| 序号 | 任务 | 小组互评 | 教师评价 |
| --- | --- | --- | --- |
| 1 | 是否按计划时间完成 | | |
| 2 | 作品完成上交情况 | | |
| 3 | 作品质量 | | |
| 4 | 语言表达能力 | | |
| 5 | 创新点（或收获） | | |

注：评价档次统一采用 A（优秀）、B（良好）、C（合格）、D（努力）四个档次。

## 综合评价：

每个同学在完成上述技能训练任务后，需要填写表 2-32 对应内容，参与互评的同学也需要填写表 2-32 对应内容，教师根据学生训练表现和作业质量，在表 2-32 中完成对学生技能训练的综合评价。

表 2-32 综合评价表

| 序号 | 评价项目 | 自我评价 | 互相评价 | 教师评价 | 综合评价 |
| --- | --- | --- | --- | --- | --- |
| 1 | 学习准备 | | | | |
| 2 | 引导问题填写 | | | | |
| 3 | 完成质量 | | | | |
| 4 | 完成速度 | | | | |
| 5 | 关键技能要领掌握 | | | | |
| 6 | 5S 管理 | | | | |
| 7 | 沟通协作 | | | | |
| 8 | 展示汇报 | | | | |
| 9 | 参与讨论积极主动性 | | | | |

注：评价档次统一采用 A（优秀）、B（良好）、C（合格）、D（努力）四个档次。

## 学思之窗

### 大数据背景下的物流成本核算创新要求

随着物流行业近年来的飞速发展，新技术、新模式、新业态不断涌现，智慧物流作为物流与互联网深度融合的产物逐渐成为现代物流转型升级和降本增效的主要手段。在物流领域广泛应用物联网、大数据、云计算、区块链、人工智能等新一代信息技术与设备，通过互联网与物流业的深度融合，实现物流产业智能化，提升物流运作效率和服务水平。

“十四五”规划中明确指出：要以现代科技引领大城市经济发展要素的有效流动、以城市资源的优化引领产业的创新、以数字化推进产业布局的升级是最主要的方式和手段。众所周知，小、散、乱从来是传统物流的痼疾，传统物流高成本的压力传递到了各行各业，在一定程度上影响了各行各业的竞争力。数字化是企业活下去的关键。运用数字化手段降低企业的推广成本、渠道成本、人力成本和管理成本。未来的发展看谁的数据更全、计算更快，真正理解数据背后的逻辑，才是企业未来的发展关键。

现有的会计核算体系只能记录和处理规范化、货币化的数据信息，而被誉为“黑大陆”的物流成本则往往难以通过结构化的信息被全面体现出来。利用大数据及云会计技术可以将非结构化、非货币化的信息挖掘出来，纳入统计核算体系中。大数据技术的出现和应用，不仅为企业分析物流成本提供了技术依据，而且为企业控制物流成本提供了更多的途径，促进企业成本管理能力与水平的全面提升。

例如，企业的运输部门、物资采购部门、供应商等都必须严格地按照物流数据信息、采购计划、原材料库存等数据信息编制物流运输方案，以确保企业物流运输工作的高效完成。在构建外部运输模块时，可以充分发挥GPS定位系统的优势，促进企业物流运输信息管理水平的有效提升。在运输原材料时，企业应该借助大数据技术准确计算原材料进厂时间，优化企业原材料运输的车辆组合，并以此为基础选择最佳的运输路线和方式，从而达到节省企业物流运输成本的目的。

在大数据时代的云会计平台上，由云技术构建的制造企业物流成本管理模型能够对制造企业在交易活动中产生的物流信息和生产经营过程中产生的物流信息进行储存、处理和分析，很好地解决统计核算中数据挖掘的需要。

面对大数据物流成本数据的冲击，物流成本核算工作必将进行核算方法和核算模式的创新，从而构建出适应物流新技术发展要求的物流成本核算体系。

资料来源：刘俊峰．大数据下企业物流成本控制研究［J］．财经界，2C21（8）．

# 项目三
# 物流成本分析

## 【知识技能结构导图】

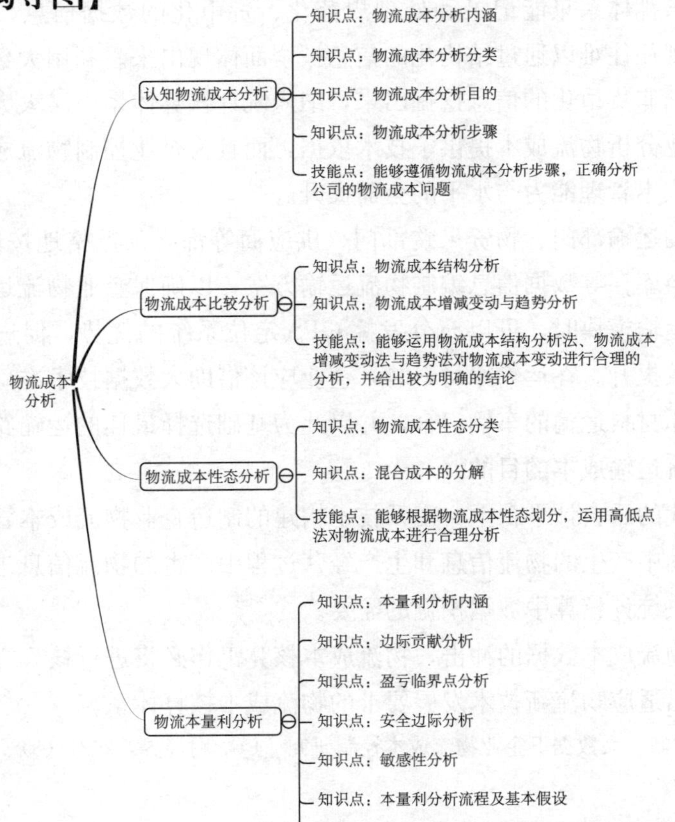

任务 1

# 认知物流成本分析

## 【能力目标】

能够遵循物流成本分析步骤，正确分析公司的物流成本问题。

## 【知识目标】

1. 理解物流成本分析的内涵；
2. 理解物流成本分析的分类；
3. 掌握物流成本分析的目的；
4. 理解物流成本分析的步骤。

## 案例引入

### 2020 年 1—7 月全国物流运行分析：社会物流总额同比增长 0.5%

1—7 月，物流总需求延续复苏态势，工业物流基本平稳，进口物流需求保持较快增长，与消费、民生相关的物流需求持续回暖，新动能支撑作用持续增强，物流运行向好势头进一步巩固。

一、社会物流总额增长由负转正，物流需求止跌回稳

1—7 月，全国社会物流总额为 149.7 万亿元，按可比价格计算，同比增长 0.5%。物流需求结构继续优化，消费领域新动能持续发力。

二、物流市场规模稳步复苏

1—7 月，物流业总收入为 5.7 万亿元，同比下降 1.5%，降幅比 1—6 月收窄 1.2 个百分点。从结构看，电商、快递物流市场规模增势不减，1—7 月同比增长 12.8%，增速比 1—6 月提高 0.8 个百分点，连续 4 个月回升，是物流市场复苏的重要支撑力量。

三、物流运行成本降幅继续收窄

1—7 月，社会物流总费用为 8.0 万亿元，同比下降 2.4%，降幅比上半年收窄 1.6 个百分点。分环节来看，运输、保管和管理环节物流成本降幅均呈收窄态势，分别比上半年收窄 1.3、2.1 和 1.5 个百分点。

总体来看，在宏观经济稳定复苏的基础上，物流运行回稳势头进一步巩固，但也要注意到影响平稳运行的风险点依然存在。

**思考：** 阅读案例，你发现全国物流运行状况如何？谈谈你对物流成本分析的看法和理解。

资料来源：2020年1—7月全国物流运行分析：社会物流总额同比增长0.5%.（2020-08-25）. https://baijiahao.baidu.com/s?id=1675984792743300188&wfr=spider&for=pc.

## 工作情境描述

小李在宁波科翔技术有限公司物流管理部工作表现突出，近期成功地从物流核算员升职为物流成本分析专员。面对着新工作、新职责，小李迫切地想要适应工作需要，为此他特意向公司资深的物流成本分析工程师请教如何尽快进入角色。得到的秘诀就是，依托岗位职责，尽快制定出一套适合自己的岗位流程，灵活运用其中的成本分析方法。

**工作情境问题分析：** 面对上述工作情境，需要解决的问题有两个。第一，物流成本分析到底是什么？与物流成本核算有什么不同？物流成本分析的分类是什么？物流成本分析的目的是什么，从而确保自己尽快进入岗位角色？第二，明确物流成本分析的工作步骤，结合自己的岗位职责，灵活制定出适合自己的岗位工作流程。

## 必备知识

近年来，我国物流业获得较快发展，但社会物流总费用居高不下。对这一问题作出科学回答，要从多层面综合考虑、系统分析。

### 一、物流成本分析内涵

扫一扫

这样做物流成本分析，是不对的

物流成本分析（Logistics Cost Analysis），是利用成本核算及其他有关资料，运用一定的方法，分析物流成本水平与构成的变动情况，研究影响成本升降的各种因素及其变动原因，寻找降低成本的途径的分析方法。通过物流成本分析，企业可以提出积极的建议，采取有效的措施，合理地控制物流成本。

**学习讨论**

公司小李经过一段时间的努力奋斗，终于在本月月底升职为物流管理部的物流成本分析专员，心里充满了无限的激动和兴奋。

想想当时从物流成本核算员做起的那种日子，现在感觉坐在电脑旁，能够不用来回到工作一线和会计部门进行扯皮，心里就无限满足。

新的一天开始了，小李暗自给自己打气。第一天下来，小李充满了疑惑和无奈。回顾一天的经历，小李感觉到不知道要做什么。上午，他打开自己的工作电脑，里面都是物流成本核算员发来的物流成本核算表，以及相关的作业成本表。自己想要填写物流成本核算表时，发现核算员已经填好了，想要进行作业成本法核算时，发现核算员也做好了，难道自己只是做打印、把文件传递给领导的工作吗？下午，他参加了领导工作布置会，会上要求物流成本分析专员尽快根据公司相关资料和数据，分析影响成本升降的因素和变动原因，提供降低成本的途径和方法。会后，小李自己呆呆地坐在电脑旁，一直在思索如何完成领导布置的任务，但是始终找不到解决办法。

经过一段时间与老员工沟通和自己自学物流成本管理方面的知识，小李总算理解了物流成本分析专员到底需要做什么。简单来说，知道物流成本分析是什么、物流成本分析的目的、物流成本分析的工作步骤，就可以很好地开展工作了。

本月16日，物流总监上午临时打电话给小李，要求小李把上个月1日到本月15日的物流成本情况做一个简单梳理，尽快写一个报告交给他。小李接到工作要求后，二话不说，根据自己这段时间的学习心得，以及从网上摘抄的相关降低成本的方法，2个小时完成了4万字的工作报告，然后满怀激动地打印出来，交给了物流总监。下午，物流总监把小李叫到办公室，先简单肯定了对方的努力，接下来一阵疾风暴雨般地将小李怒斥一顿。回来的路上，小李满脑子都是物流总监的一句话："做事要用心，我让你做的到底是什么？有没有搞清楚！回去好好想想，再做?!"

痛定思痛，小李放下了自己的架子，就这件事情虚心地向公司同事老张和老项求教，对方给他分析了小李做事的缺点，那就是没有搞清楚物流总监到底需要什么。

根据案例，回答下面问题：

问题1：小李第一天遇到了什么问题？他需要怎么做，才能解决他的困惑？

问题2：本月16日，小李是否真的完成了物流总监交代的任务？小李没有搞清楚什么？

答：

________________________________________

________________________________________

________________________________________

## 二、物流成本分析分类

根据项目的开展时间划分，物流成本分析可以分为事前物流成本分析、事中物流成本分析和事后物流成本分析三种，如图3-1所示。

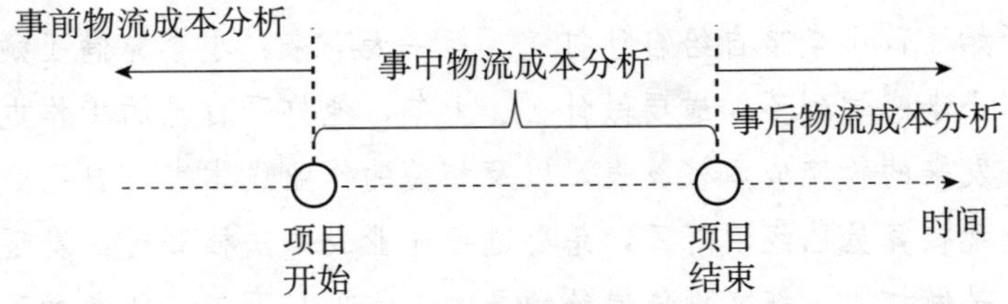


**图 3-1　物流成本分析分类**

### 1. 事前物流成本分析

事前物流成本分析是指在项目开始前预计和测算有关因素对物流成本的影响程度，使得企业物流成本控制有可靠目标。事前物流成本分析包括两方面内容，即成本预测分析和成本决策分析。例如，某公司准备为某项产品提供装卸物流服务，在服务之前，必然会对预计提供的物流服务做一个简单的预测分析，比如预测 2—3 月需要 10 000 次叉车装卸作业，每次作业 2 元，则装卸成本为 20 000 元，此时我们的目标就可以确定下来，即物流装卸成本不能超过 20 000 元。在完成该项服务的预测后，同样需要作出相关的决策，比如是人工提供装卸服务，还是叉车装卸，抑或是自动化流水线装卸。

### 2. 事中物流成本分析

事中物流成本分析是指在项目执行过程中，以计划、定额成本为依据，通过分析实际成本与计划成本或定额成本差异，对物流成本进行分析控制。事中物流成本分析主要是为了防止实际成本超过目标成本范围。例如，我们前面说的装卸物流服务目标成本设定为 20 000 元，所谓事中分析，就是将该项物流服务的实际成本与目标成本 20 000 元进行对比，看看是 20 000＋，还是 20 000－，需要控制的是，防止实际成本超过目标成本的范围。

### 3. 事后物流成本分析

事后物流成本分析是指项目结束后，对产品生产过程中发生的物流实际成本与计划成本进行比较，对产生的差异进行分析，找出物流成本升降的原因，总结降低成本的经验，是成本分析的主要形式。也可以说，当某项业务或者项目完毕后，需要重新核对实际成本和计划成本的差异，对每个单项进行优化再重组，并且分析单项成本升降的具体原因，为后续做准备。

扫一扫

防微杜渐就为了事后分析？

**拓展阅读**

## 生鲜：物流库存成本太大？SKU 结构设计优化非常重要

某企业经营生鲜店有四五年经验，但有件事却一直困扰着企业的管理。走进该企业的店铺，各种生鲜陈列满架，品牌多、品类多、SKU 多，但是还是有顾客反映找不到所需要的生鲜品种，店铺因此存在坪效低、库存高、走货少的管理窘境。

如何才能让该企业走出 SKU 管理的困境呢？除了要有资本支撑、配送时间保障和极致的用户体验外，优化 SKU 结构同样是一个强有力的竞争优势。SKU 的动销率和库存周转率直接决定了库存大小，SKU 的动销率越大，库存周转率越大，相应的库存成本则会越低。

资料来源：生鲜：物流库存成本太大？SKU 结构设计优化非常重要．(2019-05-22)．https://baijiahao.baidu.com/s?id=1634199530082532374&wfr=spider&for=pc.

## 三、物流成本分析目的

物流成本核算实质上是为物流成本分析和评价提供数据依据，物流成本核算结果是物流成本分析和评价的基础。物流成本分析的主要目的是在实现既定的顾客服务水平的条件下降低企业的物流成本，提高企业的竞争能力。根据物流成本分析的内涵，物流成本分析的目的可以细分为以下三个：

1. 分析评价物流成本计划的执行情况

通过物流成本的实际消耗与计划水平相比较，可以分析出实际脱离计划的水平，从而评价企业物流成本计划的执行情况。同时，根据实际偏离计划的程度，分析事前制定的企业物流成本计划体系是否科学合理，执行环节是否存在漏洞，为下一次项目的计划制定和执行提供更加翔实的基础。如图 3-2 所示。

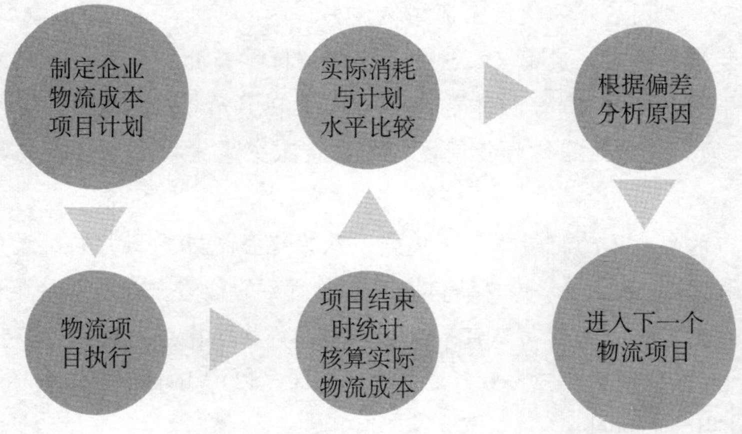


**图 3-2　分析评价物流成本计划执行情况**

2. 评价物流成本升降的原因

通过对物流成本做一些横向（如不同企业）和纵向（如不同年度）的比较，可以明确企业物流成本同以前年度和其他企业相比是上升了还是下降了，并通过对企业物流内部结构的分析，进一步明确影响物流成本升降的具体成本项目有哪些，从更深层次探寻企业物流成本升降的原因，为企业控制和降低物流成本提供依据。如图 3－3 所示。

**图 3－3 评价物流成本升降**

**拓展阅读**

## 成本节约 3 成 央视点赞成都物流配送模式

黄林是成都双流某粮油企业的物流配送司机，他服务的超市还未建立共同配送中心。由于受到送货时间、道路限制、交通拥堵等诸多影响，黄林早上 8 点出发，晚上 9 点返回公司，13 个小时只行驶了 70 公里，不但效率无法保障，还担心交通罚单。这种传统的直送方式是众多供货商的一个缩影，他的苦恼也是整个城市物流供应链的烦恼。

而黄林的同事老周所对接的超市，早在几年前就在成都双流物流园区建立了共同配送中心，同样耗时 13 个小时，老周可以往返 3 趟，效率是黄林的 3 倍。由于全程采用信息化管理，根据系统数据的反馈，配送中心将超市每家门店一天的货物依次备齐，由一辆车分别对应一家门店，一次性全部运送过去。

为了提高装货的效率，成都某配送中心总经理陈和锋介绍，在技术创新方面由于使用了液压升降平台，原本 40 分钟才能装一台车现在只需要 15 分钟。这样不仅解决了"老周们"最苦恼的长时间等待验货问题，更直接减少了大大小小的供货车辆往返城内的次数。

某大型超市的负责人为记者算了一笔账，从传统直送方式到共同配送的新模式，综合成本可以节省 25%～27%，其效果直接反映在商品的价格上，消费者是最直接的受益者。例如：统一配送超市里的莴笋每千克 9.6 元，价格就比外面便宜很多。

资料来源：物流进城的"云"平台．(2015－03－12)．https://tv.cctv.com/2015/03/12/VIDE1426170238881808.shtml.

3. 评价和寻求进一步降低物流成本的途径和方法

企业的经营管理和物流活动总是处于动态变化之中，在对物流成本进行分析和评价的过程中，可以了解企业与上年度、与其他企业相比，物流总成本及具体物流成本的增减情况。对增幅较大的物流成本项目，往往需要做深层次的分析，从而明确较大增幅的物流成本是否带来了较多的物流收益或提供了较高水平的物流服务；如果没有，则应详细分析物流成本增长的原因，并对增幅较大的物流成本有针对性地采取降低物流成本的方法和措施。而负增长的物流成本项目，并不意味着物流成本没有下降的潜力，对于这部分项目，同样需要分析物流成本和物流收益以及物流服务水平之间的关系，如果物流成本的较小降幅带来了物流收益和物流服务水平较大幅度的下降，需要进一步分析物流成本是否有进一步下降的潜力，以及下降的具体措施和方法。增幅较大物流项目成本分析如图 3－4 所示。

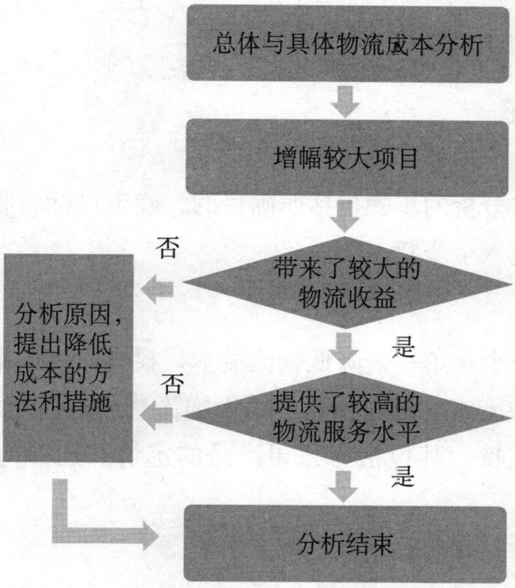


**图 3－4　增幅较大物流项目成本分析**

**拓展阅读**

## 2021 年如何降低社会物流成本

要降低社会物流成本，主要有以下路径：

一是发挥物流上游连接生产制造、下游连接消费者的连通作用，把物流作为生产制造、商贸流通的基础支撑，大力降低生产制造与商贸流通中与物流相关的间接物流成本。

二是推动物流标准化，尤其是物流运作网络货物交接接口与信息网络接口标准化，提升物流运作体系的接口衔接效率，通过推进物流全链路标准化，打通物流连接接口，降低物流成本；通过推进物流全链路信息化，实现资源优化，短链连接、高效协同，降低物流连通成本。

三是推动供给侧改革，调整和优化经济结构，实现经济高质量发展，降低社会物流相对成本，降低社会物流成本在 GDP 中的占比。

四是发挥物流连通作用，大力降低间接物流成本。党的十九大报告已经把物流列入基础设施范畴，首先要树立物流是基础设施思维；其次要认识到物流的本质是服务，要树立服务思维为客户降成本，降低与物流相关的物流综合成本，而不仅仅是物流直接成本。

资料来源：王继祥：2021 年如何降低社会物流成本．（2021－01－14）．https://www.163.com/dy/article/G09VUHHB0514DCU1.html.

## 四、物流成本分析步骤

一般来说，物流成本分析的步骤包括明确目的、确定目标、收集与汇总数据、正确分析、分析结论和改进措施六个步骤。

1. 明确目的

成本分析的目的有三个：第一，降低物流成本，找到物流成本降低点；第二，为业绩评价提供依据，企业的物流成本实施预算、销售物流费用预算达成率等都属于业绩评价；第三，为决策提供信息支持，其包括为公司产品的定价和选择何种物流渠道提供分析信息等。

2. 确定目标

确定目标是指对对象目标为材料成本、员工成本、销售费用、管理费用还是财务费用等进行分析，在这些目标下，明确具体的物流成本控制目标对象。

一般来说，分析的原则有两个：一是全面分析，二是重点分析，也即专项分析。需要注意的是，在分析过程中，最忌讳出现什么都想分析但都分析不到位的情况。因此，一个阶段的重点分析对象不可太多，时间精力有限，要用有限的时间去做最有价值的事情。

3. 收集与汇总数据

分析对象确定后，企业就要围绕对象收集数据，如果数据不全就会导致分析结果失去价值，因此数据的收集和汇总非常关键。

收集与汇总数据的标准主要有三个：

第一，及时。数据不及时会误导决策。例如，生产部领用 1 000 千克原材料，原材料已经到了生产现场，但是 ERP 系统没有开单或审核，系统没有扣账，账面上有 2 000 千克，实际上只有 1 000 千克。如果用 2 000 千克来分析，会误导企业的采购，导致库存呆滞。

第二，完整。数据完整非常关键，比如，做成本对比分析时，分析的结果是某月物流部门工资成本下降，实际上，在统计时有一项费用没有加进来，这样的分析结果会导致决策失误。

第三，正确。很多企业的相关部门不太重视数据，甚至连财务部都不清楚报表数据是否准确，得出的结果也就很难保证正确。

4. 正确分析

一个好的分析要实现三大目标：呈现事实，解释变化，调试未来。运用恰当的分析方法，比如可使用比较分析法和比率分析法等。在使用分析法时，首先要实际化，简单实用的方法才是好方法，好的分析方法要实用，容易得出结论且能让上司看懂。例如，财务分析中的杜邦分析法对上市公司很实用，但对民用企业不一定实用。其次，做到创新，不可照抄理论。企业现状分析方法要做到有创新，不可照抄理论。例如，很多中小民营企业习惯不分固定成本和变动成本，如果硬要将成本分成固定成本和变动成本，会让上司感到疑惑和不满。

5. 分析结论

无论结论是好是坏，都应当得出结论。分析中不能带有个人感情色彩，不能优柔寡断，分析要客观，结论观点要鲜明简练，此外，得出结论不是最终目的。

6. 改进措施

分析人员对信息掌握得最全面，对整个流程也最了解，因此得出优化和改进建议非常关键，这是整个分析的价值体现，也是真正使得企业业绩改善的精华部分。在整个步骤中，这个步骤的价值最大。

**练一练**

公司小李现在面临着对202×年的公司物流成本进行分析的任务，你觉得小李的以下做法哪些正确？请写出理由。

事项1：小李认为物流成本分析只需要收集与汇总数据，然后使用比较法进行分析，并给出结论就可以了。

事项2：公司经过初步的分析发现，采购部的差旅费支出很多，达到了人均2万元/月。公司希望以采购部的差旅费支出为突破口，进行成本降低分析，找到突破口。于是小李对公司所有部门的差旅费管理费用和销售费用进行了分析比较（全面分析）。

事项3：宁波科翔技术有限公司是一家大型上市公司，小李在对公司物流成本进行分析时，没有将固定成本、变动成本等进行分解，而是混为一谈。

事项4：经过分析后，小李发现该公司的成本花费实在不可言表，考虑到某部门的领导对自己很好，于是自己便人为地修改了数据，使得该部门的成本花费没有变得很难看。

答：

______________________________________________

______________________________________________

## 任务解决

通过上述必备知识学习，我们现在完成工作情境中的工作任务。

问题一，小李要想尽快进入自己的物流成本分析专员岗位角色，必须明确物流成本分析的内涵是什么。在必备知识中，我们能够看出，物流成本分析是利用成本核算及其他有关资料，运用一定的方法，分析物流成本水平与构成的变动情况，研究影响成本升降的各种因素及其变动原因，寻找降低成本的途径的分析方法。物流成本分析可以分为事前物流成本分析、事中物流成本分析和事后物流成本分析三种。物流成本分析的目的包括分析评价物流成本计划的执行情况、评价物流成本升降的原因以及评价和寻求进一步降低物流成本的途径和方法等。

问题二，一般来说，物流成本分析的步骤包括明确目的、确定目标、收集与汇总数据、正确分析、分析结论和改进措施六个步骤。小李需要根据这些步骤，结合自己的岗位职责，灵活制定出适合自己的岗位工作流程。

## 自我训练

已知，物流成本分析专员的岗位职责书部分内容如下：

第一，职位职责描述：

根据国家会计准则及公司财务处理流程，对公司物流相关成本进行审核、管控、预测和分析，包括月度结账和预测、年度预算、业务计划等，从而达到管控及优化物流成本的目的。

第二，主要工作内容：

(1) 设定成本费用控制目标，进行预算控制和追踪。

(2) 营运和物流相关费用定期对账。

(3) 月度滚动结账、预测、差异分析以及年度对比差异分析。

(4) 年度预算及五年业务计划的编制和 ITI、YOY、PTP 分析。

第三，面临的主要挑战：

公司物流分析涉及面广，涉及业务和项目较复杂，分析人员需要深入业务，了解各专业领域知识，并有较强的沟通能力，从而为管理层提供管理建议。

第四，内部客户：

公司管理层、物流、采购等各部门、财务会计团队、××市相关财务分析及业务团队、××大型公司集团相关财务分析和业务团队。

第五，外部客户：

海关、物流承运商等。

要求：请根据必备知识以及物流成本分析专员的岗位职责，制定出适合自己的岗位工作流程。

## 单元自测

### 一、单选题

1. 在物流成本分析步骤中，（　　）步骤没做好，会导致分析结果失去价值。

A. 收集与汇总数据　B. 确定目标　C. 正确分析　D. 改进措施

2. （　　）物流成本分析是对正在执行的物流成本计划的结果进行的分析。

A. 事中　B. 事前　C. 运营　D. 事后

3. 物流成本分析步骤中价值最大的步骤是（　　）。

A. 确定目标　B. 改进措施　C. 收集与汇总数据　D. 分析结论

### 二、多选题

1. 成本分析的原则包括（　　）。

A. 全面分析　B. 重点分析　C. 专项分析　D. 对比分析

2. 物流成本分析的目的包括（　　）。

A. 分析评价物流成本计划的执行情况

B. 找问题，提出解决对策

C. 评价物流成本升降的原因

D. 评价和寻求进一步降低物流成本的途径和方法

3. 收集与汇总数据的标准包括（　　）。

A. 独立　B. 完整　C. 及时　D. 正确

### 三、判断题

1. 通过物流成本分析，可以提出积极的建议，采取有效的措施，合理地控制物流成本。（　　）

2. 物流成本分析的主要目的是在实现既定的顾客服务水平的条件下降低企业的物流成本，提高企业的竞争能力。（　　）

3. 一个阶段的重点分析对象不可太多，时间、精力有限，要用有限的时间去做最有价值的事情。（　　）

# 任务 2
# 物流成本比较分析

## 【能力目标】

能够运用物流成本结构分析法、物流成本增减变动法与趋势法对物流成本变动进行合理的分析，并给出较为明确的结论。

## 【知识目标】

1. 了解常见的物流成本分析方法；
2. 理解物流成本结构分析的内涵；
3. 掌握共同比物流成本表和比较共同比物流成本表的结构和内涵；
4. 掌握物流成本结构分析法和增减变动分析法；
5. 理解物流成本趋势分析方法。

## 案例引入

### KLF 电子公司物流成本分析与服务水平提升

KLF 电子公司是一家美国电子设备制造商。公司有一个制造厂，位于加利福尼亚的圣何塞。KLF 电子公司将其产品 A 配送到五个地区的仓库，分别位于亚特兰大、波士顿、芝加哥、达拉斯和洛杉矶。在目前的配送系统中，将美国分成五个主要的市场，每个市场由相应的一个仓库负责供货。顾客一般是零售商，他们直接向本地区的地区仓库订货。这意味着，在目前的配送系统中，每个顾客被分配到单一的市场，并只向一个地区仓库订货。

仓库向制造厂订货。制造厂一般要花费两个星期的时间来满足任何一个地区仓库的订货。目前，KLF 电子公司向顾客提供的服务水平是 90%。

在最近几年中，KLF 电子公司注意到来自竞争对手的压力，市场占有率一再下滑。KLF 电子公司 CEO 坚持无论使用什么配送策略，都要扭转这种局势。

为进一步分析问题所在，公司调出了产品在过去 8 周里每个地区的周需求数据，发现一个订单（仓库发给制造厂）需要 5 550 美元的准备成本，库存持有成本为每单位每周 1.25 美元。在配送系统中，公司分别核算了从制造厂运输单位产品到仓库的平均成本、运输单位产品到地区市场各商店的平均成本和从现有仓库运输单位产品到其他地区市场的平均成本。

公司存在以下几个问题。第一，KLF 电子公司的顾客服务水平很低，仅为 90%，也就是说，每 100 个顾客中就有 10 个顾客得不到应有的服务。在当今这个快速运转的社会中，把握住顾客才能占据市场，而服务水平的高低很大程度上影响着顾客选择产品的倾向。因此，KLF 电子公司市场占有率下滑的很大一部分原因应归咎于低下的服务水平。第二，“制造厂一般要花费两个星期来满足任何一个地区仓库的订货”，而要满足五个配送仓库的订单，明显使得制造工厂对产品的市场需求的反应速度减缓，这也是导致服务水平低下的一个原因。

根据分析结果，库存持有成本只与需求状况有关，而总需求是确定的，所以库存持有成本也是确定的，与中央仓库的选择无关。无论选择哪个仓库作为中央仓库，其他成本都是确定的，都是 2.39 美元/单位。比较运输成本后发现洛杉矶的运输成本最低，所以最后选择洛杉矶为中央仓库。

资料来源：物流成本案例分析．(2020-05-30)．https://wenku.baidu.com/view/f51eb7d6bfd5b9f3f90f76c66137ee06eff94e8b.html#.

## 工作情境描述

宁波科翔技术有限公司管理层要求，物流管理部会同财务部人员对公司 2018—2019 年度的物流成本进行较为全面的比较分析，找出具体成本降低的趋势，明晰 2 年来物流成本结构的变动趋势和稳定程度，以便于公司 2020 年进行相应的物流成本管控工作的开展。

分配给你的任务是对公司的仓储和装卸成本进行比较分析，找出这两者的增减变动趋势及结构稳定程度，并给出明确的比较分析结果。

已知给你的资料如下：

2 份初步的物流成本信息（2018—2019 年），见表 3-1、表 3-2；1 份业内标杆企业的物流成本信息（2019 年），见表 3-3。

**表 3-1　2018 年宁波科翔技术有限公司物流成本信息表（部分）**

| | 成本项目 | 金额（万元） |
|---|---|---|
| 物流成本功能 | 仓储成本 | 17 |
| | 装卸搬运成本 | 7 |
| | 物流信息成本 | 6 |
| | 物流管理成本 | 10 |
| | 小计 | 40 |
| 存货相关成本 | 资金占用成本 | 7 |
| | 存货保险成本 | 3 |
| | 小计 | 10 |
| 物流成本合计 | | 50 |

表 3-2　2019 年宁波科翔技术有限公司物流成本信息表（部分）

| | 成本项目 | 金额（万元） |
|---|---|---|
| 物流成本功能 | 仓储成本 | 19 |
| | 装卸搬运成本 | 8 |
| | 物流信息成本 | 7 |
| | 物流管理成本 | 10 |
| | 小计 | 44 |
| 存货相关成本 | 资金占用成本 | 6 |
| | 存货保险成本 | 3 |
| | 小计 | 9 |
| 物流成本合计 | | 53 |

表 3-3　2019 年业内标杆企业物流成本信息表（部分）

| | 成本项目 | 金额（万元） |
|---|---|---|
| 物流成本功能 | 仓储成本 | 12 |
| | 装卸搬运成本 | 6 |
| | 物流信息成本 | 8 |
| | 物流管理成本 | 7 |
| | 小计 | 33 |
| 存货相关成本 | 资金占用成本 | 5 |
| | 存货保险成本 | 2 |
| | 小计 | 7 |
| 物流成本合计 | | 40 |

2 份装卸成本范围结构表（2018—2019 年），见表 3-4；业内标杆企业的装卸成本范围结构表，见表 3-5 和表 3-6。

表 3-4　宁波科翔技术有限公司 2018—2019 年装卸成本范围结构表（部分）

| 项目 | | 2019 年 | 2018 年 |
|---|---|---|---|
| | | 金额（万元） | 金额（万元） |
| 装卸成本 | 供应物流成本 | 3 | 4 |
| | 生产物流成本 | 2 | 1 |
| | 销售物流成本 | 1 | 1 |
| | 回收物流成本 | 2 | 1 |
| 小计 | | 8 | 7 |

**表 3-5　2019 年业内标杆企业装卸成本范围结构表（部分）**

| 项目 | | 2019 年标杆企业 |
|---|---|---|
| | | 金额 |
| 装卸成本 | 供应物流成本 | 4 |
| | 生产物流成本 | |
| | 销售物流成本 | 2 |
| | 回收物流成本 | |
| 小计 | | 6 |

**表 3-6　宁波科翔技术有限公司 2018—2019 年装卸成本支付形态结构表（部分）**

| 项目 | | 2019 年 | 2018 年 | 2019 年标杆企业 |
|---|---|---|---|---|
| | | 金额（万元） | 金额（万元） | 金额（万元） |
| 装卸成本 | 人工费 | 5 | 4 | 5 |
| | 维护费 | 2 | 2 | |
| | 一般经费 | 1 | 1 | 1 |
| 小计 | | 8 | 7 | 6 |

1 份全面的物流成本信息表（2015—2017 年），见表 3-7。

**表 3-7　2015—2017 年宁波科翔技术有限公司物流成本信息表节选**

| 成本项目 | | 2015 年 | 2016 年 | 2017 年 |
|---|---|---|---|---|
| | | 金额 | 金额 | 金额 |
| 物流功能成本 | 运输成本 | 21 | 18 | 20 |
| | 仓储成本 | 10 | 11 | 10 |
| | 包装成本 | 7 | 6 | 6 |
| | 装卸搬运成本 | 12 | 9 | 11 |
| | 物流信息成本 | 9 | 8 | 9 |
| | 流通加工成本 | 9 | 7 | 8 |
| | 物流管理成本 | 13 | 10 | 12 |
| | 小计 | 81 | 69 | 76 |
| 存货相关成本 | 资金占用成本 | 7 | 7 | 6 |
| | 存货风险成本 | 2 | 3 | 2 |
| | 存货保险成本 | 3 | 3 | 3 |
| | 小计 | 12 | 13 | 11 |
| 物流成本合计 | | 93 | 82 | 87 |

提示：物流成本信息分析表的格式来源请参考链接：《企业物流成本构成与计算》（GB/T 20523—2006）。

**工作情境问题分析**：面对上述工作情境，需要解决的问题主要有两个。第一，你拿到手的物流成本信息表如何改造成适合物流成本分析工作适用的表格？第二，采用何种方法使用相关表格能够完成工作任务？

## 必备知识

在具体的物流成本管理与控制活动中，物流成本分析的内容是非常重要的，对于降低企业的物流成本、提高企业竞争能力意义重大。

### 一、物流成本结构分析

物流成本结构分析是以共同比物流成本表和比较共同比物流成本表的形式，来反映不同物流成本项目以及范围物流成本和支付形态物流成本在物流总成本中所占的百分比，以及该百分比在企业不同时期的比较、与其他企业之间的比较，进而明确企业降低物流成本的趋向，了解物流成本结构的变化趋势，把握企业物流成本结构的合理性。

**拓展阅读**

**成本结构分析：你清楚地知道你的钱都花在哪里了吗？**

分析成本结构可以发现，成本一定要重点放在最容易创造现金流的地方。成本结构一定是要健康的，你的成本是一块钱进去，两块钱出来，否则就不能扔出这一块钱。你扔出这一块钱，可能就是浪费了，这是第一点。

不同行业的企业，成本结构相差甚远，有的是主营业务成本是原材料，有的是人工，有的是设备折旧。市场规律遵守价格均衡原理，你的产品卖得比同类贵就没有人买，你的原料比别人便宜太多你就买不到，根据这个规律，同行业企业的成本结构一定是相差不大的，如果出现大的偏离，一定要弄个水落石出。

资料来源：行业分析之成本结构．（2019－09－04）．https://zhuanlan.zhihu.com/p/81059241?from_voters_page=true.

只有百分比而没有金额的物流成本表称为共同比物流成本表，它是纵向分析的一种重要形式。共同比物流成本表也可用于几个会计期间的比较，为此而编制的物流成本表称为比较共同比物流成本表。二者的区别可以参考表 3－8 和表 3－9。

扫一扫

原来共同比物流成本表是这样做的

表 3-8 共同比物流成本表示意

| 成本项目 | | 2018 年 |
| --- | --- | --- |
| | | 比重（%） |
| 物流功能成本 | ××成本 | 15% |
| | ××成本 | 25% |
| | 小计 | 40% |
| 存货相关成本 | 资金占用成本 | 30% |
| | 存货保险成本 | 30% |
| | 小计 | 60% |
| 物流成本合计 | | 100.00% |

表 3-9 比较共同比物流成本表示意

| 成本项目 | | 2018 年 | 2019 年 |
| --- | --- | --- | --- |
| | | 比重（%） | 比重（%） |
| 物流功能成本 | ××成本 | 15% | 20% |
| | ××成本 | 25% | 30% |
| | 小计 | 30% | 50% |
| 物流成本合计 | | 100.00% | 100.00% |

拓展阅读

## 钱贬值的速度有多快 看完你就懂了！

按照国家统计局公布的 CPI 数据来估算：

1978 年的 1 万元，相当于 2017 年的 6.34 万元；

1988 年的 1 万元，相当于 2017 年的 3.58 万元；

1998 年的 1 万元，相当于 2017 年的 1.45 万元；

2008 年的 1 万元，相当于 2017 年的 1.22 万元；

2013 年的 1 万元，相当于 2017 年的 1.07 万元。

**思考：**能否拿不同年份的货币值来进行对比分析？

资料来源：1978 年的一万元，相当于 2017 年多少钱！按照国家统计局公布的 CPI 数据来估算.（2020-01-19）. https://guba.eastmoney.com/news,000625,899192394.html.

练一练

请将表 3-1～表 3-5 中的数据转换成比较共同比百分表，相关数据填写在表 3-10～表 3-12 中。

表 3-10 比较共同比物流成本信息表

| 成本项目 | | 2019 年 | | 2018 年 | | 2019 年标杆企业 | |
|---|---|---|---|---|---|---|---|
| | | 金额（万元） | 比重（%） | 金额（万元） | 比重（%） | 金额（万元） | 比重（%） |
| 物流功能成本 | 仓储成本 | 19 | | 17 | | 12 | |
| | 装卸搬运成本 | 8 | | 7 | | 6 | |
| | 小计 | 27 | | 24 | | 18 | |
| 存货相关成本 | 资金占用成本 | 6 | | 7 | | 5 | |
| | 存货保险成本 | 3 | | 3 | | 2 | |
| | 小计 | 9 | | 10 | | 7 | |
| 物流成本合计 | | 36 | | 34 | | 25 | |

表 3-11 比较共同比装卸物流成本范围结构表

| 项目 | | 2019 年 | | 2018 年 | | 2019 年标杆企业 | |
|---|---|---|---|---|---|---|---|
| | | 金额 | 比重（%） | 金额 | 比重（%） | 金额 | 比重（%） |
| 装卸成本 | 供应物流成本 | 3 | | 4 | | 4 | |
| | 生产物流成本 | 2 | | 1 | | | |
| | 销售物流成本 | 1 | | 1 | | 2 | |
| | 回收物流成本 | 2 | | 1 | | | |
| 小计 | | 8 | | 7 | | 6 | |

表 3-12 比较共同比装卸物流成本支付形态结构表

| 项目 | | 2019 年 | | 2018 年 | | 2019 年标杆企业 | |
|---|---|---|---|---|---|---|---|
| | | 金额 | 比重（%） | 金额 | 比重（%） | 金额 | 比重（%） |
| 装卸成本 | 人工费 | 5 | | 4 | | 5 | |
| | 维护费 | 2 | | 2 | | | |
| | 一般经费 | 1 | | 1 | | 1 | |
| 小计 | | 8 | | 7 | | 6 | |

1. 物流成本结构分析的步骤

第一，计算共同比物流成本表。

由于不同年度的金额进行比较没有意义，因此需要将以金额表示的相关绝对额转化成百分比的形式，也就是将企业某个会计年度的物流成本数据信息转换成共同比物流成本表的形式展现。

第二，转化成比较共同比物流成本表。

在计算出企业某期共同比物流成本表的基础上，根据物流成本分析的目的，分别计算出企业其他时期的共同比物流成本表以及行业内标杆企业相同维度的共同比物流成本表，并以比较共同比物流成本表的形式反映，便于与企业某期进行比较。

第三，根据计算结果进行分析评价。

一般来说，评价要从三个方面入手：一是根据共同比物流成本表的结果，分析在某期整个物流成本的构成中，哪个或哪几个具体的物流成本项目或范围物流成本或支付形态物流成本所占比重最大，明确物流成本改进方向，并针对这个或这几个具体的项目做进一步深入分析，找出问题所在；二是根据比较共同比物流成本表，比较企业当期和其他年度有关项目的结构百分比，从而分析不同年度企业各项目所占比重的变化，针对结构百分比差异比较大的项目作进一步分析，从中发现问题；三是根据比较共同比物流成本表，比较企业和行业内标杆企业各项目的结构百分比，明确企业当前物流成本的项目结构是否合理。如果相关项目结构百分比差异大，应分析相关原因，找出问题根源。

扫一扫

物流成本结构分析之我见

2. 物流成本项目结构分析

根据国标《企业物流成本构成与计算》（GB/T 20523—2006），企业物流成本构成包括企业物流成本项目构成、企业物流成本范围构成和企业物流成本支付形态构成三种类型，如图 3－5 所示。物流成本项目结构分析就是要分析各具体成本项目在物流总成本中所占的比重，以便对物流成本管理工作作出评价。

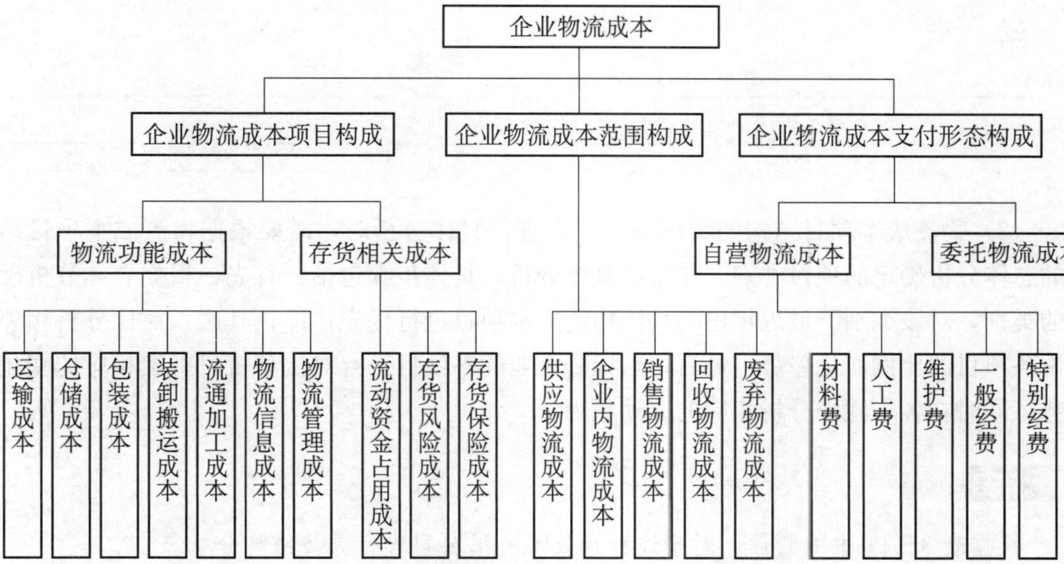


**图 3－5　物流成本构成示意图**

（1）物流成本项目结构的总体分析。结构分析的目的在于寻求降低企业物流成本的切入点，通过与企业前期和标杆企业的比较，分析结构的稳定性和合理性。

在进行总体分析时，首先根据物流成本分析的步骤，在形成比较共同比物流成本表的基础上，可以从当年的结构分析找出降成本的主要方向；然后依据这些方向依据的项目结构，对比分析相邻年份的项目结构变化状况，判断增减状况，分析原因；最后与标杆企业比较，判断企业当前物流成本项目结构的合理性，同时给出较为明确的降成本方向。

**练一练**

根据表 3-13 中的数据，对宁波科翔技术有限公司进行总体结构分析。

**表 3-13 比较共同比物流成本信息表**

| 成本项目 | | 2019 年 | | 2018 年 | | 2019 年标杆企业 | |
|---|---|---|---|---|---|---|---|
| | | 金额（万元） | 比重（%） | 金额（万元） | 比重（%） | 金额（万元） | 比重（%） |
| 物流功能成本 | 仓储成本 | 19 | 52.78% | 17 | 50.00% | 12 | 48.00% |
| | 装卸搬运成本 | 8 | 22.22% | 7 | 20.59% | 6 | 24.00% |
| | 小计 | 27 | 75.00% | 24 | 70.59% | 18 | 72.00% |
| 存货相关成本 | 资金占用成本 | 6 | 16.67% | 7 | 20.59% | 5 | 20.00% |
| | 存货保险成本 | 3 | 8.33% | 3 | 8.82% | 2 | 8.00% |
| | 小计 | 9 | 25.00% | 10 | 29.41% | 7 | 28.00% |
| 物流成本合计 | | 36 | 100% | 34 | 100% | 25 | 100% |

答：

______________________________

______________________________

（2）物流成本项目结构的具体分析。在进行具体分析时，需要根据物流成本项目结构的总体分析确定的项目类别，作后续具体分析。具体步骤包括：首先，根据总体分析确定的类别，对该类别下最近年份的具体物流成本项目进行优先排序；其次，对比分析相邻年份各项目的比例变化趋势；最后，与标杆企业的各项目进行对比分析，确定相应的变化趋势。同时在各步骤中分析相应的变动原因。

**练一练**

根据表 3-11 中的数据，对宁波科翔技术有限公司进行具体结构分析。

答：

______________________________

______________________________

（3）物流范围结构与支付形态结构分析。在进行范围结构和支付形态结构分析时，需要根据物流成本项目结构总体和具体分析确定的项目类别，作相应的分析。进行物流范围结构与支付形态结构分析时的具体步骤包括：首先，根据比较共同比物流成本表核算结果，对当期具体项目按从大到小顺序排列，按顺序将项目加成后，以和超过80%为限制，在80%以内的项目为降低成本的重点；其次，与相邻年份对应项目比较，确定差异，同时确定相关原因；最后，与标杆企业对应项目比较，确定差异，分析相关原因。

扫一扫

物流成本范围结构分析实例

**练一练**

根据表3-14中的数据，对宁波科翔技术有限公司装卸成本进行物流范围结构分析。

**表3-14　比较共同比装卸成本范围结构表**

| 项目 | | 2019年 | | 2018年 | | 2019年标杆企业 | |
|---|---|---|---|---|---|---|---|
| | | 金额 | 比重（%） | 金额 | 比重（%） | 金额 | 比重（%） |
| 装卸成本 | 供应物流成本 | 3 | 37.50% | 4 | 57.14% | 4 | 66.67% |
| | 生产物流成本 | 2 | 25.00% | 1 | 14.29% | | |
| | 销售物流成本 | 1 | 12.50% | 1 | 14.29% | 2 | 33.33% |
| | 回收物流成本 | 2 | 25.00% | 1 | 14.29% | | |
| 小计 | | 8 | 100.00% | 7 | 100.00% | 6 | 100.00% |

答：

**练一练**

根据表3-15中的数据，对宁波科翔技术有限公司装卸成本进行支付形态结构分析。

**表3-15　比较共同比装卸成本支付形态结构表**

| 项目 | | 2019年 | | 2018年 | | 2019年标杆企业 | |
|---|---|---|---|---|---|---|---|
| | | 金额 | 比重（%） | 金额 | 比重（%） | 金额 | 比重（%） |
| 装卸成本 | 人工费 | 5 | 62.50% | 4 | 57.14% | 5 | 83.33% |
| | 维护费 | 2 | 25.00% | 2 | 28.57% | | |
| | 一般经费 | 1 | 12.50% | 1 | 14.29% | 1 | 16.67% |
| 小计 | | 8 | 100.00% | 7 | 100.00% | 6 | 100.00% |

答：

## 二、物流成本增减变动与趋势分析

结构分析是单项物流成本占总物流成本百分比的分析，增减变动与趋势分析是企业在不同期间、实际与计划、企业与对比企业之间的差异分析和企业在若干期内发展趋势的分析。

1. 物流成本增减变动与趋势分析的思路

物流成本增减变动与趋势分析遵循以下思路：计算物流成本增减变动绝对额和相对额，以及若干期内物流成本的趋势百分比。无论是计算增减变动额还是趋势百分比，都需要根据企业实际和物流成本分析的目的，在物流成本项目、物流范围和支付形态等不同维度中选择一个维度为分析起点，根据分析需求，层层展开。

注意，趋势分析所选期间应在三期以上，计算方法有定基和环比两种。定基方法是选取一个年度，以该年度的数据为基数，以后年度的成本项目与基期的相同项目进行比较得到百分比。相关核算可以参考表 3－16。该方法有以下优点：首先，可以看到现象发展的时间趋势；其次，便于多期的公平对比；最后，可以把握现象发展的长期趋势和宏观状态。

**表 3－16　定基法核算表**

| 成本项目 | | 2017 年 | 2018 年 | 2019 年 | 定基趋势分析（%） | | |
|---|---|---|---|---|---|---|---|
| | | 金额（万元） | 金额（万元） | 金额（万元） | 2017 年 | 2018 年 | 2019 年 |
| 物流功能成本 | 运输成本 | 21 | 18 | 20 | 100% | 85.71% | 95.24% |

注意：以 2017 年作为基期，则 2017 年的 21 万元作为基数，2018 年的 85.71%为 2018 年的 18 万元除以 2017 年的基数，然后乘以 100%得到。

扫一扫

终于搞定定基和环比方法了

环比方法是各年以上一年度为基数，分别计算出各年的百分比。相关核算可以参考表 3－17。该方法的评价可以从以下角度入手：第一，如果各年间成本变化量不大，说明企业物流成本控制较好；第二，如果呈现下降趋势，可以认定该企业物流成本控制水平良好；第三，如果出现波动，则需要进行相应的深入分析。

**表 3－17　环比法核算表**

| 成本项目 | | 2017 年 | 2018 年 | 2019 年 | 环比趋势分析（%） | | |
|---|---|---|---|---|---|---|---|
| | | 金额（万元） | 金额（万元） | 金额（万元） | 2017 年 | 2018 年 | 2019 年 |
| 物流功能成本 | 运输成本 | 21 | 18 | 20 | 100% | 85.71% | 111.11% |

注意：以 2017 年作为基期，则 2017 年的 21 万元作为基数，2018 年的 85.71%为 2018 年的 18 万元除以 2017 年的基数，然后乘以 100%得到。2019 年的 111.11%为 2019 年的 20 万元除以 2018 年的 18 万元，然后乘以 100%得到。

2. 物流成本增减变动分析

与物流成本结构分析的思路一致，可以选择物流成本项目作为第一层，然后从物流范围或支付形态展开详细的分析，从而找到真正的根源或者降低成本的抓手。

(1) 物流成本增减变动的总体分析。在进行物流成本增减变动总体分析时，可以按照以下步骤展开：首先，进行定基计算，确定相关比例；其次，先进行总成本分析，再分项目进行总成本比例分析；最后，各分项目进行比例大小排列，确定分析重点。

(2) 物流成本增减变动的具体分析。在进行物流成本增减变动具体分析时，步骤如下：首先，对物流范围进行比较，重点在于增加幅度大的项目；其次，对支付形态进行比较，重点在于增加幅度大的项目。

扫一扫

物流成本增减变动总体分析实例

扫一扫

物流成本增减变动具体分析实例

练一练

根据表 3-18 中的数据，对宁波科翔技术有限公司进行总体结构分析。

表 3-18 物流成本信息分析表 1

| 成本项目 | | 2019 年 | 2018 年 | 2019 年标杆企业 | 同家公司 2019 年比 2018 年增减 | | 2019 年两家企业增减 | |
|---|---|---|---|---|---|---|---|---|
| | | 金额（万元） | 金额（万元） | 金额（万元） | 金额（万元） | 比例（100%） | 金额（万元） | 比例（100%） |
| 物流功能成本 | 仓储成本 | 19 | 17 | 12 | ① | ② | 7 | 58.33% |
| | 装卸搬运成本 | 8 | 7 | 6 | 1 | 14.29% | ③ | ④ |
| | 小计 | 27 | 24 | 18 | 3 | 12.50% | 9 | 50.00% |
| 存货相关成本 | 资金占用成本 | 6 | 7 | 5 | −1 | −14.29% | 1 | 20.00% |
| | 存货保险成本 | 3 | 3 | 2 | 0 | 0.00% | 1 | 50.00% |
| | 小计 | 9 | 10 | 7 | −1 | −10.00% | 2 | 28.57% |
| 物流成本合计 | | 36 | 34 | 25 | 2 | 5.88% | 11 | 44.00% |

答：

---

---

练一练

根据表 3-19 中的数据，对宁波科翔技术有限公司进行具体结构分析。

**表 3-19　物流成本信息分析表 2**

| 成本项目 | | 2019 年 | 2018 年 | 2019 年标杆企业 | 同家公司 2019 年比 2018 年增减 | | 2019 年两家企业增减 | |
|---|---|---|---|---|---|---|---|---|
| | | 金额（万元） | 金额（万元） | 金额（万元） | 金额（万元） | 比例（100%） | 金额（万元） | 比例（100%） |
| 装卸成本 | 供应物流成本 | 3 | 4 | 4 | −1 | −25.00% | −1 | −25.00% |
| | 生产物流成本 | 2 | 1 | 0 | 1 | 100.00% | 2 | |
| | 销售物流成本 | 1 | 1 | 2 | 0 | 0.00% | −1 | −50.00% |
| | 回收物流成本 | 2 | 1 | 0 | 1 | 100.00% | 2 | |
| | 小计 | 8 | 7 | 6 | 1 | 14.29% | 2 | 33.33% |
| 装卸成本 | 人工费 | 5 | 4 | 5 | 1 | 25.00% | 0 | 0.00% |
| | 维护费 | 2 | 2 | 0 | 0 | 0.00% | 2 | |
| | 一般经费 | 1 | 1 | 1 | 0 | 0.00% | 0 | 0.00% |
| | 小计 | 8 | 7 | 6 | 1 | 14.29% | 2 | 33.33% |

答：

---

---

3. 物流成本趋势分析

与物流成本结构分析的思路一致，物流成本趋势分析也需要按照物流成本计算对象的不同维度展开，具体分析过程可以参考下面的示例。

练一练

根据表 3-20 中的数据，对宁波科翔技术有限公司进行趋势分析。

**表 3-20　物流成本趋势分析表**

| 成本项目 | | 2015 年 | 2016 年 | 2017 年 | 定基趋势分析（%） | | | 环比趋势分析（%） | | |
|---|---|---|---|---|---|---|---|---|---|---|
| | | 金额（万元） | 金额（万元） | 金额（万元） | 2015 年 | 2016 年 | 2017 年 | 2015 年 | 2016 年 | 2017 年 |
| 物流功能成本 | 运输成本 | 21 | 18 | 20 | 100% | 85.71% | 95.24% | 100% | 85.71% | 111.11% |
| | 仓储成本 | 10 | 11 | 10 | 100% | 110.00% | 100.00% | 100% | 110.00% | 90.91% |
| | 包装成本 | 7 | 6 | 6 | 100% | 85.71% | 85.71% | 100% | 85.71% | 100.00% |
| | 装卸搬运成本 | 12 | 9 | 11 | 100% | 75.00% | 91.67% | 100% | 75.00% | 122.22% |
| | 物流信息成本 | 9 | 8 | 9 | 100% | 88.89% | 100.00% | 100% | 88.89% | 112.50% |
| | 流通加工成本 | 9 | 7 | 8 | 100% | 77.78% | 88.89% | 100% | 77.78% | 114.29% |
| | 物流管理成本 | 13 | 10 | 12 | 100% | 76.92% | 92.31% | 100% | 76.92% | 120.00% |
| | 小计 | 81 | 69 | 76 | 100% | 85.19% | 93.83% | 100% | 85.19% | 110.14% |
| 存货相关成本 | 资金占用成本 | 7 | 7 | 6 | 100% | 100.00% | 85.71% | 100% | 100.00% | 85.71% |
| | 存货风险成本 | 2 | 3 | 2 | 100% | 150.00% | 100.00% | 100% | 150.00% | 66.67% |
| | 存货保险成本 | 3 | 3 | 3 | 100% | 100.00% | 100.00% | 100% | 100.00% | 100.00% |
| | 小计 | 12 | 13 | 11 | 100% | 108.33% | 91.67% | 100% | 108.33% | 84.62% |
| 物流成本合计 | | 93 | 82 | 87 | 100% | 88.17% | 93.55% | 100% | 88.17% | 106.10% |

答：

______________________________________________

______________________________________________

解析：根据表 3-20 中的数据，宁波科翔技术有限公司三年来的物流成本呈现先下降后上升的趋势。从定基百分比来看，三年分别为 100%、88.17%和 93.55%；从环比百分比来看，三年分别为 100%、88.17%和 106.10%。因为出现了波动，所以需要进行相应的深入分析。

物流功能成本变动趋势与物流总成本的变动趋势一致，呈现先下降后上升的趋势。从定基百分比来看，三年分别为 100%、85.19%和 93.83%；从环比百分比来看，三年分别为 100%、85.19%和 110.14%。因为出现了波动，所以需要进行相应的深入分析。在物流功能成本的诸多子项目中，从定基百分比来看，包装成本呈现下降趋势，而从环比百分比来看，则呈现先下降后上升的趋势。2017 年上升到 2015 年的水平。仓储成本呈现先增后降的趋势，认定该企业对仓储成本的控制水平良好。而其他子项目的变动趋势与物流功能成本变动趋势一致，需要深入分析。

公司的存货相关成本趋势呈现先上升后下降的趋势。从定基百分比来看，三年分别为 100%、108.33%和 91.67%；从环比百分比来看，三年分别为 100%、108.33%和 84.62%。该项目包含的子项目趋势与存货相关成本趋势基本一致，说明该企业对存货相关成本的控制水平良好。

## 任务解决

通过上述必备知识的学习，可以从以下角度思考如何完成工作情境中的任务。

问题一，给定的表格比较凌乱，在进行分析时，需要结合物流信息分析的目的，按照《企业物流成本构成与计算》（GB/T 20523—2006）给的物流成本分析表，采用比较共同比物流成本表的方式，对表格中的绝对值进行处理，具体训练可以在表 3－18、表 3－19 和表 3－20中进行。

问题二，任务是对公司的仓储成本和装卸成本进行比较分析，找出这两者的增减变动趋势及结构稳定程度，并给出明确的比较分析结果。我们在必备知识的示例中已经对装卸成本进行了训练，仓储成本的分析可以在“自我训练”环节，仿造示例内容来完成。相信通过这些训练，你应该可以很快地完成物流成本比较分析任务。

## 自我训练

已知表 3－21 和表 3－22 等数据信息，请对宁波科翔技术有限公司的仓储成本进行比较分析，找出这两者的增减变动趋势及结构稳定程度，并给出明确的比较分析结果。

**表 3－21　比较共同比仓储成本范围结构表**

| 项目 | | 2019 年 | | 2018 年 | | 2019 年标杆企业 | |
|---|---|---|---|---|---|---|---|
| | | 金额 | 比重（%） | 金额 | 比重（%） | 金额 | 比重（%） |
| 装卸成本 | 供应物流成本 | 7 | | 5 | | 3 | |
| | 生产物流成本 | 4 | | 6 | | 3 | |
| | 销售物流成本 | 2 | | 3 | | 3 | |
| | 回收物流成本 | 6 | | 3 | | 3 | |
| 小计 | | 19 | | 17 | | 12 | |

**表 3－22　比较共同比装卸成本支付形态结构表**

| 项目 | | 2019 年 | | 2018 年 | | 2019 年标杆企业 | |
|---|---|---|---|---|---|---|---|
| | | 金额 | 比重（%） | 金额 | 比重（%） | 金额 | 比重（%） |
| 装卸成本 | 人工费 | 7 | | 6 | | 3 | |
| | 维护费 | 4 | | 7 | | 2 | |
| | 一般经费 | 8 | | 4 | | 6 | |
| 小计 | | 19 | | 17 | | 11 | |

答：

## 单元自测

### 一、单选题

1. 物流成本结构分析是（　　）物流成本占总物流成本百分比的分析。

A. 单项　　B. 计划　　C. 综合　　D. 多项

2. 物流成本结构分析的目的在于寻求降低企业物流成本的（　　）。

A. 思路　　B. 趋势　　C. 切入点　　D. 结构

3. 只有百分比而没有金额的物流成本表称为（　　）。

A. 物流核算表　　B. 共同比物流成本表

C. 比较共同比物流成本表　　D. 物流控制表

### 二、多选题

1. 趋势分析的计算方法包括（　　）。

A. 期间核算　　B. 成本计算　　C. 定基方法　　D. 环比方法

2. 物流成本项目结构分析的步骤包括（　　）。

A. 物流范围结构分析　　B. 物流成本项目结构总体分析

C. 物流支付形态结构分析　　D. 物流成本项目结构具体分析

3. 通过物流成本结构分析，可以做到（　　）。

A. 明确企业降低物流成本的趋向

B. 了解物流成本结构的变化趋势

C. 把握企业物流成本结构的合理性

D. 反映不同物流成本项目在物流总成本中所占的百分比

### 三、判断题

1. 在进行物流成本增减变动与趋势分析时，比较标准必须是企业上期的成本。（　　）

2. 结构分析的主要目的在于寻找降低企业物流成本的切入点，通过与企业前期和标杆企业的比较，分析结构的稳定性和合理性。（　　）

3. “基期”是一个基础期、起始期的概念，是一开始的时候，是一个作为基准的时期。（　　）

任务3

# 物流成本性态分析

## 【能力目标】

能够根据物流成本性态划分，运用高低点法对物流成本进行合理分析。

## 【知识目标】

1. 理解物流成本性态；
2. 掌握高低点法；
3. 了解历史成本法及定性分析法。

## 案例引入

### 某公司基于成本习性分析的应用研究

某公司隶属于中国航空工业集团公司，主要从事航空发动机的修理业务。公司承修的某款发动机，国内有三家企业负责修理，公司在实际修理过程中，得到的信息是修理难度较大，换件多，不合算。公司财务部门提供的财务数据也显示，该型发动机修理的单台制造成本达到了17.34万元，而目前的销售价格仅为14.7万元，公司面临着是否应停产的决策。按传统财务会计完全成本法计算，销售毛利为负数，该产品应该停产。公司决定运用管理会计中的边际成本法进行分析。

财务部门通过分析成本数据发现，该款发动机修理的制造成本是由直接材料、直接燃料、直接人工、制造费用和动力费（由于行业特点，动力费作为生产成本的明细科目单列）等部分组成。由于公司制造费用中已将直接燃料（发动机修理完成进行试车发生的油料消耗）和动力费单独核算，因此可视为变动成本，其余的制造费用视同为固定成本。这样产品变动成本由直接材料、直接燃料、直接人工、动力费等项目构成。通过财务数据计算得出，单台成本中直接材料8.2万元、直接燃料2.14万元、直接人工2.42万元、动力费2.54万元，变动成本合计15.3万元，仍高于14.7万元的价格水平，即边际利润仍为－0.6万元，方案不可行，该产品应该停止生产。

对公司产品生产成本和非生产成本按成本习性进行分析和界定后，公司边际成本应包括变动生产成本和变动期间费用。公司真正的变动成本应该是直接材料 8.2 万元、直接燃料 2.14 万元、人工绩效 2.08 万元、变动性的动力费 1.27 万元、其他制造费用 0.41 万元、运输装卸费 0.3 万元、外场售后人员差旅费 0.07 万元，合计 14.47 万元，这样计算出来的边际利润约为 0.23 万元。因此公司在目前的状况下，仍应考虑继续生产该产品，甚至可以扩大生产规模，产生的边际利润还可以部分弥补公司的固定成本。

**思考：**公司对企业产品按成本习性划分前后，为什么得出的结论不同？如何对所有成本费用的构成进行分解，科学区分变动成本和固定成本？

资料来源：易青．基于成本习性分析的边际成本法应用研究——某公司亏损产品应否停产案例分析[J]．财会月刊，2015（10）．

## 工作情境描述

部门经理看到你上次对 2018—2019 年的物流成本比较分析结果后，感觉你很有发展潜力，因此，这次在进行物流成本预测时，专门邀请你一起进行 2020 年度 5—7 月仓储成本预测，并依据预测值管控仓储成本。其中，5 月份仓储作业数量 7 台，6 月份仓储作业数量 4 台，7 月份仓储作业数量 5 台。公司仓储预测表见表 3-23。

**表 3-23　公司仓储预测表**

| 月份 | 仓储作业数量（台） | 仓储成本（百元） |
|---|---|---|
| 10 | 2 | 10 |
| 11 | 3 | 15 |
| 12 | 4 | 20 |
| 1 | 8 | 40 |
| 2 | 5 | 25 |
| 3 | 4 | 20 |
| 4 | 6 | 30 |

**工作情境问题分析：**面对上述工作情境，需要解决的问题主要有两个：第一，成本和业务量之间到底有什么关系？如果有关系的话，是否可以直接利用二者之间的关联性进行核算？如果没有关系的话，又应该如何着手呢？第二，采用什么方法能够合理而有效地预测出公司的仓储成本呢？

## 必备知识

成本性态又称成本特点、成本特征、成本行为、成本习性等，主要是指成本总额与特定业务量之间的数量依存关系，如图 3-6 所示。成本总额主要是指为取得营业收入而发生的营业成本费用，包括全部生产成本和销售费用、管理费用及财务费用等非生产成本；特定的业务量可以指产量，也可以指销售量，比如在物流具体部门，可以为装卸次数，也可以为仓储量等。

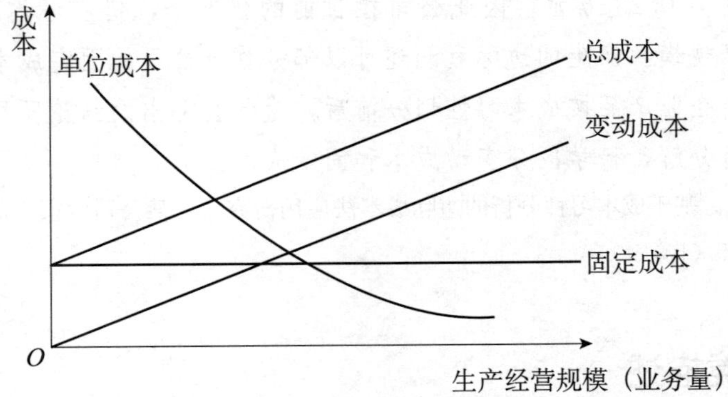


图 3-6 成本与业务量之间的关系图

## 一、物流成本性态分类

扫一扫

掐指一算，部门的物流成本这么多

在企业总成本当中，不同的成本有着不同的特点，有的成本随着业务量的增多而增大，而有的成本随着业务量的增多而降低，有的成本与管理者直接相关，而有的成本与管理者没有直接的关系。因此，要想提高经济效益，就必须区分不同成本的不同性态，分别对待，最大限度地降低成本。

学习讨论

员工 A、B 两人在聊天。

员工 A 说："这段时间公司的成本控制要求可严格了，整天都是成本、成本，头昏脑涨的。"

员工 B 说："不管怎么说，我们都比别的企业幸运，据说，周围很多企业都倒闭了，咱们公司还能坚持下去，能够给我们发工资，已经算很好的了。"

员工 A 说："也是，有利有弊。"

员工 B 说："你们物流成本部门管得真厉害，上个月给我们部门的指标控制是 5 万元，刚开始我们部门所有员工都觉得不可能完成这个指标，以前我们部门不是 10 万元，就是 9 万元，都没有下来 8 万元的，结果你们部门非得下指标 5 万元，当时把我们部门所有员工都吓坏了，记得当时部门主管说，谁完不成任务，谁下岗。你不知道啊，上个月我们忙死了，不知道该怎么办了。谁知道，按照你们的要求做下来，竟然完成了，难道你们部门在我们部门有内奸？"

员工 A 说："胡扯吧你，这年头谁当内奸谁倒霉，关键是我们部门主管让我们详细调研了你们部门的业务量、固定成本和变动成本之类的东西，经过多年的数据分析，将你们部门的成本习性分析出来了，然后经过合理推算，才给你们部门下达了成本控制指标。”

员工B说：“这么神奇，给讲讲吧。”

员工A说：“保密，领导不让随便讲的。”

员工B：……

请根据上述案例内容，回答下列问题：

问题1，员工B为什么觉得物流成本管理部门厉害？

问题2，员工A所在的部门做了什么，才使得员二B所在的部门的成本降到了5万元？你觉得其中的关键是什么？

答：

按照物流成本的性态，物流成本可划分为变动成本和固定成本，部分成本的特征介于变动成本和固定成本之间，可称为混合成本。通过分类，其有助于科学地预测、规划、决策和控制，特别是对于控制成本和寻求降低成本的途径具有重要作用。

扫一扫

固定成本，你知道多少？

1. 固定成本

固定成本是指在相关范围内，其总额与业务量的变动无关的成本。或者说，固定成本总额基本固定，不随业务量的变动而变动。

固定成本的固定性是有条件的，固定成本总额只有在一定时期和一定业务量范围内才是固定的。这里所说的一定范围叫做相关范围。如果业务量的变动超过这个范围，固定成本就会发生变动，如图3－7所示（$a$为常数值）。

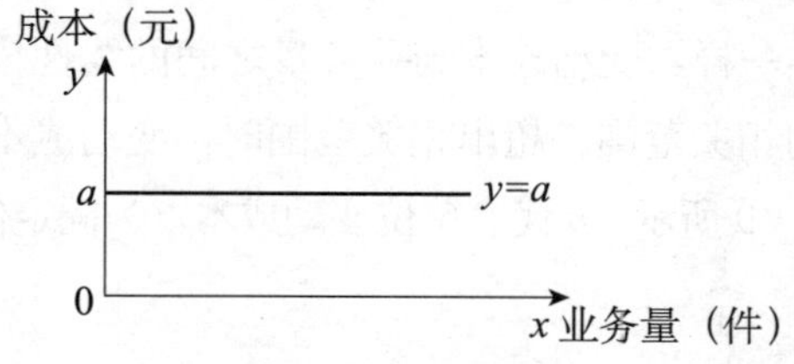


**图3－7　固定成本**

正常情况下，单位固定成本将随着业务量的增加而减少，如图3－8所示。其计算公式为：

单位固定成本＝固定成本/产量

固定成本一般包括下列内容：企业管理费用、销售费用以及车间生产管理人员工资、职工福利费、办公费、房屋设备租赁费、保险费、广告费、不动产税、行政管理人员薪金和按直线法计提的固定资产折旧费、修理费等。具体来说，比如装卸部门购买了一台2万元的叉车，又如一年内仓储部门的职工福利费等。

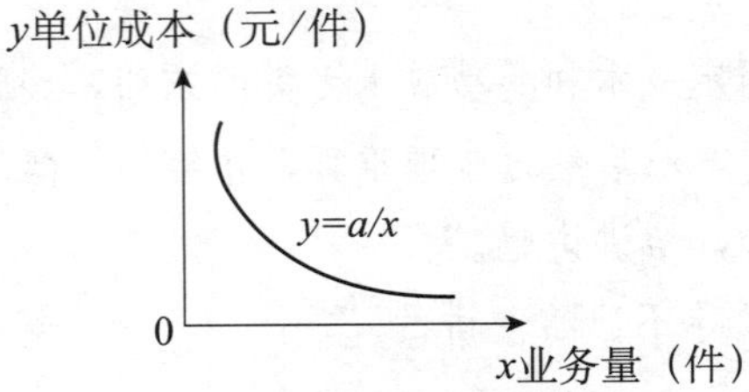


**图 3-8 单位固定成本**

在固定成本项目中，按其是否受管理当局短期决策行为的影响，固定成本又可划分为约束性固定成本和酌量性固定成本两类。

约束性固定成本（经营能力成本）是指不受企业管理当局短期决策行为影响的那部分固定成本。例如，厂房及机器设备按直线法计提的折旧费、房屋及设备租金、不动产税、财产保险费、照明费、行政管理人员的薪金等，均属于约束性固定成本。约束性固定成本虽然与短期决策行为无关，但是它的形成是企业长期投资决策的结果。降低约束性固定成本的基本途径，只能是合理利用企业现有的生产能力，提高生产效率，以取得更大的经济效益。

酌量性固定成本是指受管理当局短期决策行为影响，可以在不同时期改变其数额的那部分固定成本，如新产品开发费、广告费、职工培训费等。由于这类成本的预算数只在预算期内有效，企业领导可以根据具体情况的变化，确定不同预算期的预算数，因此酌量性固定成本也称为自定性固定成本。这类成本的数额不具有约束性，可以斟酌不同的情况加以确定。要想降低酌量性固定成本，对这部分成本可以从降低其绝对额的角度予以考虑，即运用零基预算的思维方法重新审视各项费用开支的必要性和可行性，在保证不影响生产经营的前提下尽量减少它们的支出总额，一般可采用固定预算的形式加以控制，关键是作出正确的短期经营决策。

2. 变动成本

扫一扫

变动成本，你知道多少？

变动成本是指在相关范围内，其总额随业务量的变动呈正比例变动的成本。变动成本随产量的变化而变化，常常在实际生产过程开始后才需要支付。变动成本与固定成本一样，变动成本与业务量之间的线性依存关系也是有条件的，即有一定的相关范围。超出相关范围时，变动成本发生额可能呈非线性变动。如图 3-9 所示，$b$ 代表单位变动成本，为固定值。

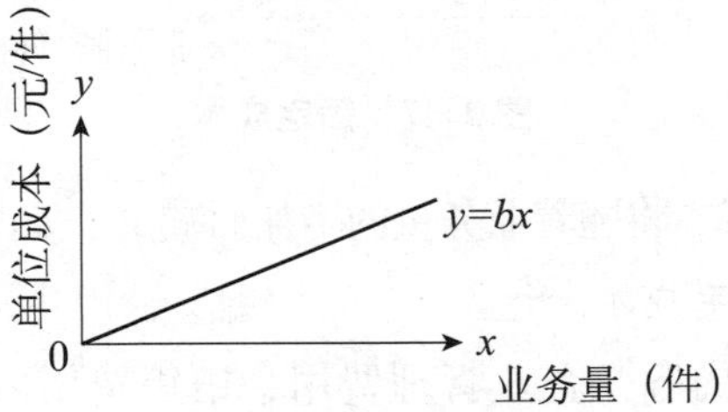


**图 3-9 变动成本**

单位变动成本是指单位商品所包含的变动成本平均分摊额，即总变动成本与销量之比。正常情况下，单位变动成本基本固定，不随业务量的变动而变动，如图 3-10 所示。

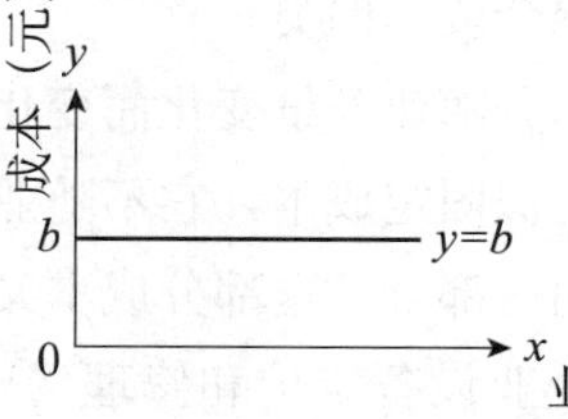


**图 3-10　单位变动成本**

在变动成本项目中，可根据其发生的原因进一步分为技术性变动成本和酌量性变动成本两类。

技术性变动成本是指其单位成本受客观因素影响或消耗量由技术工艺因素决定的那部分变动成本。要想降低这类成本，应通过改革工艺技术，提高材料综合利用率、劳动生产率和产出率，以及避免浪费、降低单耗来实现。

酌量性变动成本是指其单位成本主要受企业管理部门决策影响的那部分变动成本。要想降低这类成本，应当通过合理决策，如降低材料采购成本、优化劳动组合、严格控制费用开支、改善成本与效益的关系来实现。

**拓展阅读**

### 中粮我买网物流成本二次分类

中粮我买网是由世界 500 强企业中粮集团有限公司于 2009 年投资创办的食品类 B2C 电子商务网站。作为一家网络零售企业，对物流成本进行功能细分，可以大致细分为仓储成本、运输成本、配送成本、人工成本和管理成本，再通过固定成本方法与变动成本方法进行二次分类。所谓二次分类，主要是将上述物流成本项与固定成本、变动成本联系，确定是否会被订单量影响。例如，在各类参数确定后，不与订单量发生关联的就是固定成本，比如说仓库面积 4 万平方米，那么无论每天的订单量是 10 万单还是 1 万单，这 4 万平方米的仓库租金都要支付。一般而言，与仓库相关的成本基本上都是固定成本，包括库房租金、各类设备的购置分摊与折旧等。但是包装成本则与订单量具有直接关系，比如每天 10 万个订单就要支付 10 万个包装箱的成本，而每天 1 万个订单就要支付 1 万个包装箱的成本，这就是变动成本。

资料来源：白光利．中粮我买网物流运营的成本控制和外包管理［J］．物流技术与应用，2020，25（3）．

3. 混合成本

混合成本是指全部成本中介于变动成本和固定成本之间，既随业务量变动又不随其成正比例变动的那部分成本。

扫一扫

混合成本，你知道多少？

针对混合成本的特有性质，管理会计把混合成本分为半变动成本、延期变动成本、半固定成本和曲线式混合成本四类。

半变动成本是指成本总额内的一部分随业务量变化而变化。半变动成本的特点是：其成本有一个初始量，形成一个基数，类似固定成本，它不随业务量增减而变动；在此基础上，每生产一件产品，成本也随着增加一部分，这部分成本又类似于变动成本。半变动成本是混合成本中最普遍的形式，包含企业设备维护和修理费以及公用事业服务费中的水、电、气、电话及其他服务费。如图 3-11 所示，当业务量=0 时，半变动成本已有一定的基本成本；当业务量≠0 时，成本总额正比于业务量。比如企业的固定电话费用，固定电话费用每个月有一定的月租，就算不打电话（没有发生业务量）也要付此月租，当有通话时长发生时，固定电话费用随着通话时长成正比例变化。

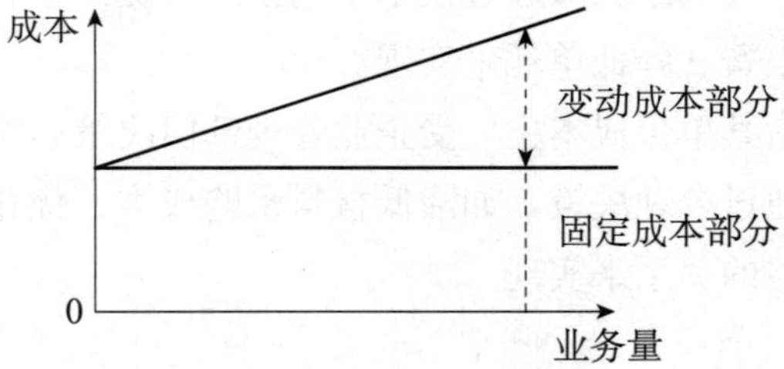


**图 3-11　半变动成本**

延期变动成本是指在一定业务量范围内，成本有一定且保持不变的基本值。如果超过这个业务量范围，超额的成本正比于业务量，如图 3-12 所示。比如仓库管理人员的工资，这种工资制度是仓库管理人员在完成正常工作定额之前，只能取得基本工资，该基本工资保持固定不变，一旦仓库管理人员突破正常工作定额，其超额部分的工资就会与导购人员的业务量成正比例关系。

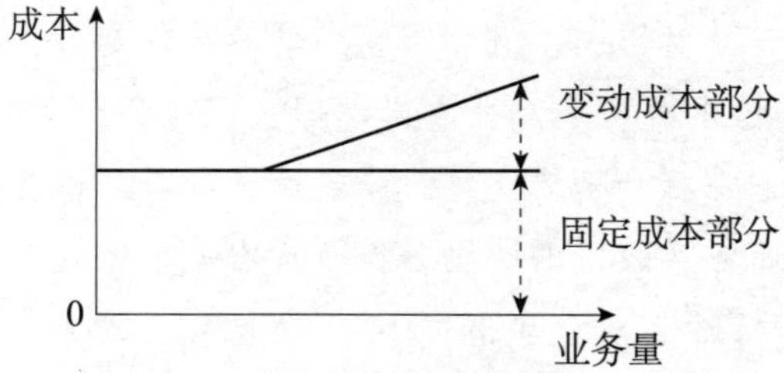


**图 3-12　延期变动成本**

半固定成本是指，成本在各个范围内，成本总额内的一部分不随业务量变化而变化，超出范围，成本总额呈现跳跃变化。特点是：当业务量在一定范围内增减变动时，其成本发生额固定在一定的水平上保持不变；当业务量增减超过一定范围的限额时，其成本发生额就突然跳跃到一个新的水平，然后又在业务量增减的一定限度内保持不变，直到业务量增减再突破到新的限度时，才又开始下一次跳跃式的升降。半固定成本如图 3-13 所示。比如叉车装卸搬运人员的工资费用。装卸搬运人员装卸一定数量范围内的产品时，其工资是固定不变的；当装卸超过前面数量的产品时，在新的业务量范围内，其工资增加到上一层阶梯后又保持固定不变。以此类推。

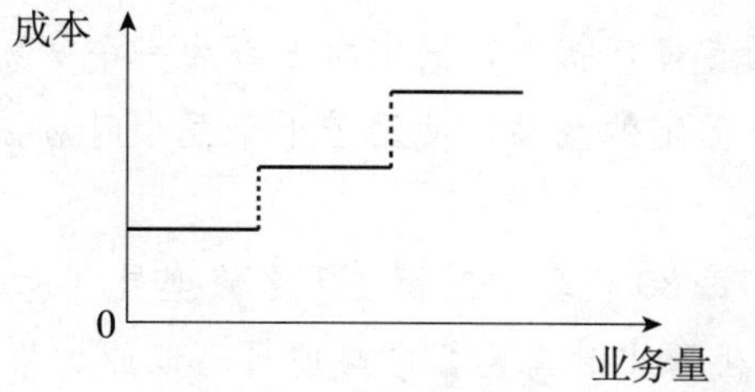


**图 3-13　半固定成本**

曲线式混合成本是指成本总额与业务量之间是非线性关系的成本。曲线式混合成本通常有一个初始量，一般不变，相当于固定成本；在这个初始量的基础上，成本随业务量变动但并不存在线性关系，在坐标图上表现为一条抛物线。

按照曲线斜率的不同变动趋势，曲线式混合成本可进一步分为递减型混合成本和递增型混合成本。

（1）递减型混合成本：业务量增长，成本也增长，但成本增长的速度比业务量的增长的速度慢，其成本曲线是一条凸型曲线。如图 3-14 所示。

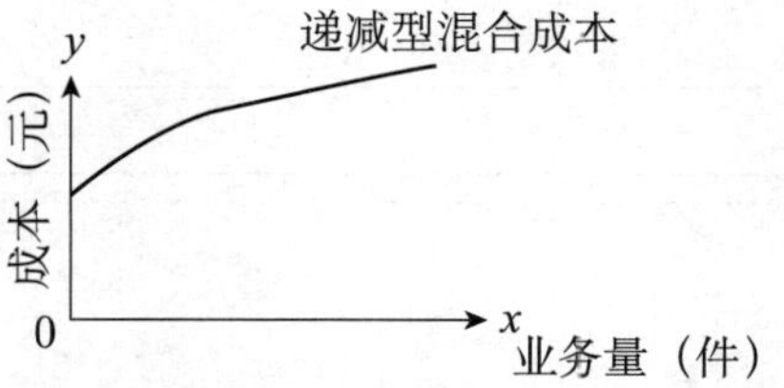


**图 3-14　递减型混合成本**

（2）递增型混合成本：业务量增长，成本也增长，但成本增长的速度比业务量增长的速度快，其成本曲线是一条凹型曲线。如图 3-15 所示。

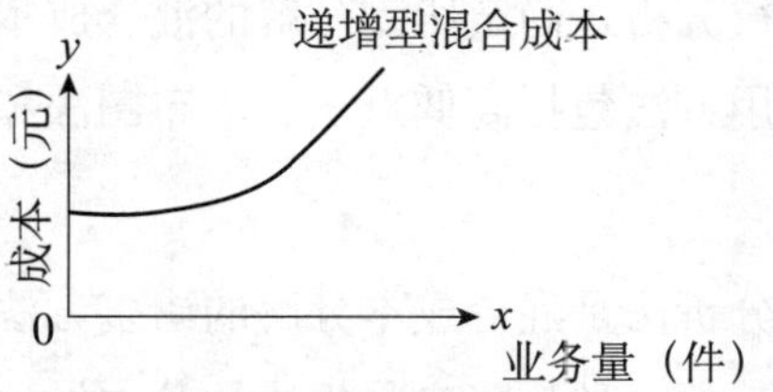


**图 3-15　递增型混合成本**

无论哪一类混合成本，都可以直接或间接地用一条直线方程 $y=a+bx$ 去模拟，这就为成本性态分析中采用一定方法进行混合成本分解提供了数学依据。短期变动成本应当适用与数量相关的成本动因，长期变动成本应当适用与作业相关的成本动因。

练一练

某企业发生的有关成本如下：

- 以直线法计提的固定资产折旧，假定折旧费为一个常数值。
- 电费。每月为一个固定的金额，使用若干千瓦小时后按实际使用度数计费。
- 耗用原材料的成本。
- 叉车修理员工资，每80机器小时需要1名修理员（也就是说，0～80机器小时需要1名修理员，80～160机器小时需要2名修理员，以此类推）。
- 厂房租金。合同规定租金为固定金额，只有工作时间少于2 000人工小时时，才不需要支付租金。
- 机器的润滑油成本。单位成本会随着每耗用1千克的润滑油而递减（例如，使用1千克，单位成本为50元，使用2千克，单位成本为49.5元，使用3千克，单位成本为49元），最低成本为每千克46.25元。

请根据上述材料，回答下列问题：

问题1，辨识以上各项成本的性态（是属于变动成本、固定成本还是混合成本）；

问题2，将上述各项成本用图形进行反映。

答：

______________________________

______________________________

## 二、混合成本的分解

常见的用于分解混合成本的方法包括：一是侧重于定性分析的方法，如账户分析法、合同认定法、技术测定法等；二是历史成本分析法，即利用一定期间的业务量与成本数据，采用适当的数学方法进行分析，确定所需分解的混合成本的函数方程，从而将其分解为固定成本和变动成本，常用方法包括高低点法、散布图法和回归直线法等。

1. 定性分析法

（1）账户分析法。账户分析法是混合成本分解的诸多方法中最简便的一种，同时也是相关决策分析中使用比较广泛的一种。账户分析法的基本做法是根据各个成本、费用账户的具体内容，判断其特征是更接近于固定成本还是更接近于变动成本，进而直接将其确定为固定成本或变动成本。例如，“制造费用”账户中的车间管理部门办公费、按折旧年限计算的折旧费等，虽与产量的关系比管理费用密切一些，但基本特征仍属于“固定”，所以也应视为固定费用；而“制造费用”账户内的燃料动力费、维修费等，虽然不像直接材料那样与产量成正比例变动，但其发生额的大小与产量变动的关系很明显，因而可将其视为变动成本。

（2）合同认定法。合同认定法是根据企业与供应单位签订的各种合同、契约，以及企业内部既定的各种管理和核算制度中所明确规定的计费方法，分别确认哪些费用属于固定成本，哪些费用属于变动成本。

合同认定法特别适用于有明确计算方法的各种初始量变动成本．如电费、水费、煤气费、电话费等各项公用事业费。其账单上的基数即为固定成本，而按耗用量多少计价的部分则属于变动成本。

（3）技术测定法。技术测定法又称工业工程法，是根据生产过程中各种材料和人工成本消耗量的技术测定和计算来划分成本的变动部分和固定部分的混合成本分解方法。技术测定法只适用于投入成本与产出数量之间有规律性联系的成本分解，通常适用于没有历史数据可供参考的企业，或者企业已制定了成本定额，有现成的消耗定额资料可作为测定的依据。

2. 历史成本分析法

历史成本分析法是对半变动成本进行分解的一种常用方法。基本原理是通过对历史成本数据进行分析，依据以前各期实际成本与产量间的依存关系，来推算一定期间固定成本和单位变动成本的平均值，并以此来确定所估算的未来成本。

（1）高低点法。高低点法是按照成本习性原理和直线方程式 $y=a+bx$（$a$ 为混合成本中的固定成本，$b$ 为混合成本中的单位变动成本，$x$ 表示业务量，$y$ 表示成本总额），以某一期间内最高业务量（即高点）的混合成本与最低业务量（即低点）的混合成本的差数，除以最高与最低业务量的差数，以确定业务量的成本变量（即单位业务量的变动成本额），进而确定混合成本中的变动成本部分和固定成本部分。

用高低点法分解半变动成本简便易算，只要有两个不同时期的业务量和成本，就可求解，使用较为广泛。但这种方法只根据最高、最低两点资料，而不考虑两点之间业务量和成本的变化，计算结果往往不够精确。该种方法受偶然因素影响大，因此，主要适用于成本变动趋势较为稳定的企业。

扫一扫

高低点法给我指明了方向

计算步骤为：

①确定单位变动成本（变动成本率）$b$：

$$b=\frac{\text{高低点成本之差}}{\text{高低点业务量之差}}=\frac{y_{\text{高}}-y_{\text{低}}}{x_{\text{高}}-x_{\text{低}}}$$

②确定固定成本 $a$：

$$a=\text{最高点混合成本}-b\times\text{最高点业务量}$$

或

$$a=\text{最低点混合成本}-b\times\text{最低点业务量}$$

③确定成本趋势预测模型：

$$y=a+bx$$

**练一练**

已知宁波科翔技术有限公司上半年的运输量和运输成本见表 3－24，假设 7 月份运输量为 500 件，则公司的运输成本为多少？

**表 3－24　运输量和运输成本表**

| 月份 $n$ | 1 | 2 | 3 | 4 | 5 | 6 |
| --- | --- | --- | --- | --- | --- | --- |
| 运输量（件） | 450 | 300 | 370 | 530 | 420 | 650 |
| 运输成本（元） | 5 000 | 3 000 | 3 700 | 6 800 | 5 200 | 6 500 |

解法 1：设运输量为 $x$，运输成本为 $y$，单位变动成本为 $b$，固定成本为 $a$。

运输成本的高点为 6 800 元，低点为 3 000 元，则：

$$b=\frac{6\,800-3\,000}{530-300}=16.52\text{（元/件）}$$

$$a=6\,800-16.52\times530=-1\,955.6\text{（元）}$$

$a$ 是固定值，不可能是负值。

解法 2：设运输量为 $x$，运输成本为 $y$，单位变动成本为 $b$，固定成本为 $a$。

运输量的高点为 650 件，低点为 300 件，则：

$$b=\frac{6\,500-3\,000}{650-300}=10\text{（元/件）}$$

$$a=6\,500-10\times650=3\,000-10\times300=0\text{（元）}$$

$$y=10x$$

$$y_7=10x=10\times500=5\,000\text{（元）}$$

从上面两种解法来看，你认为哪种方法正确，为什么？

答：

________________________________________

________________________________________

**练一练**

已知宁波科翔技术有限公司的装卸量以直接人工小时为计量单位，维修业务量在 7 万～14 万小时范围内变化，该公司 2020 年全年叉车维修成本的历史资料见表 3－25。利用高低点法计算 2020 年 7 月维修成本，发现什么问题？假设 2021 年 1 月装卸量为 11 540小时，则该月的维修成本预计为多少？

**表 3-25　2020 年宁波科翔技术有限公司叉车维修费和直接人工表**

| 月份 | 直接人工（小时） | 实际成本（元） | 月份 | 直接人工（小时） | 实际成本（元） |
|---|---|---|---|---|---|
| 1 | 11 800 | 10 500 | 7 | 7 200 | 7 693 |
| 2 | 12 800 | 9 790 | 8 | 14 800 | 14 200 |
| 3 | 12 300 | 9 300 | 9 | 9 500 | 9 300 |
| 4 | 9 500 | 8 650 | 10 | 9 000 | 8 700 |
| 5 | 8 900 | 8 400 | 11 | 12 500 | 11 300 |
| 6 | 6 800 | 7 000 | 12 | 11 500 | 10 000 |

答：

（2）散布图法。散布图法是指根据若干时期的历史资料，将其业务量和成本数据逐一在坐标图上标注形成若干个散布点，再通过目测的方法尽可能画出一条接近所有坐标点的直线，并据以推算出固定成本总额和单位变动成本的一种成本习性方法。

散布图法以全部成本资料为依据，具有简单和形象化的优点，准确程度比高低点法高。但由于混合成本趋势线是目测而来的，带有明显的主观因素，因此测得的数据不够准确。

散布图法值得看看

散布图法的工作步骤为：

①收集历史数据。收集以前各期产量与总成本的历史数据。

②画出散布图。将各期总成本数据标入直角坐标系，画出散布图。

③确定固定成本平均值。根据离散的历史成本点目测成本随产量变动的趋势，画出一条能反映成本平均变动趋势的直线，直线与纵轴的交点即固定成本平均值 $a$。

④计算单位变动成本。在直线上任取一点，根据 $b=\frac{y-a}{x}$ 计算公式，计算出单位变动成本。

⑤计算总成本。按照计算出的固定成本平均值 $a$、单位变动成本 $b$，预测未来某期产量下的总成本，预测公式为：

$$y=a+bx$$

式中，$y$ 为未来预测期的总成本，$x$ 为产量。

**练一练**

宁波科翔技术有限公司 2020 年上半年的仓储打包设备维修费与打包机器运转小时数见表 3-26，采用散布图法计算单位变动成本和固定成本，并构建出预测模型。

**表 3-26　公司仓储打包设备维修费与打包机器运转小时数**

| 月份 | 1 | 2 | 3 | 4 | 5 | 6 |
|---|---|---|---|---|---|---|
| 业务量（千机器小时） | 7 | 8 | 5 | 9 | 10 | 6 |
| 维修费（元） | 210 | 215 | 200 | 220 | 230 | 205 |

答：

(3) 回归直线法。回归直线法是根据一系列历史成本资料，用数学上的最小平方法原理，计算能代表平均成本水平的直线截距和斜率，以其作为固定成本和单位变动成本的一种成本分解方法。

回归直线法的基本原理是将各历史混合成本数据在直角坐标系中逐一描点，形成散布图。在图中，人为配合一条最合理的近似直线 $y=a+bx$，使 $y$ 上各点的数据与实际的混合成本资料 $y_i$ 形成的误差先平方后再加总，使之达到最小值，满足这个条件下的直线是一条唯一的直线。故此，这种方法又称为“最小二乘法”或“最小平方法”。这条最合理的直线 $y=a+bx$，其中，$a$、$b$ 称为回归参数，它们是根据已知资料 $(x_i, y_i)$ 按误差平方和为最小值的条件计算出来的参数。

扫一扫

回归直线法，也可以看看

公式为：

$$\sum y=na+b\sum x$$

$$\sum xy=a\sum x+b\sum x^2$$

$a$、$b$ 的公式为：

$$b=\frac{n\sum xy-\sum x\sum y}{n\sum x^2-(\sum x)^2}$$

$$a=\frac{\sum x^2\sum y-\sum x\sum xy}{n\sum x^2-(\sum x)^2}$$

另外，求出 $b$ 后，$a$ 还可以这样求解：

$$a=\frac{\sum y}{n}-b\frac{\sum x}{n}=\bar{y}-b\bar{x}$$

与高低点法相比，回归直线法由于选择了包括高、低两点在内的全部观测数据，因此避免了高低点法中高、低两点的选取带来的偶然性，比较科学，精确度高，但比较麻烦，计算复杂，公式不易记忆。回归直线法相对散布图法而言，结果更为精确，但计算过程比较烦琐，适用于计算机操作。

练一练

公司为甲产品 7—12 月提供的物流服务量与成本资料见表 3－27，请用回归直线法推测回归方程。

**表 3－27　物流服务量与成本资料**

| 月份 | 7 | 8 | 9 | 10 | 11 | 12 |
|---|---|---|---|---|---|---|
| 服务量 $x$（小时） | 40 | 42 | 45 | 43 | 46 | 50 |
| 混合成本 $y$（元） | 8 800 | 9 100 | 9 600 | 9 300 | 9 800 | 10 500 |

答：

______________________________

______________________________

**解析：**

步骤 1：将任务中的数据信息转化成 Excel 表中的格式内容，见表 3－28。在表中，我们把服务量用 $x$ 表示，混合成本用 $y$ 表示，则增加 $xy$ 列和 $x^2$ 列。

**表 3－28　回归直线法步骤 1**

| 月份 | 服务量 $x$（小时） | 混合成本 $y$（元） | $xy$ | $x^2$ |
|---|---|---|---|---|
| 7 | 40 | 8 800 | | |
| 8 | 42 | 9 100 | | |
| 9 | 45 | 9 600 | | |
| 10 | 43 | 9 300 | | |
| 11 | 46 | 9 800 | | |
| 12 | 50 | 10 500 | | |
| 合计 $n$= | $\sum x$ | $\sum y$ | $\sum xy$ | $\sum x^2$ |

步骤 2：根据列提示，分别计算不同月份 $xy$ 列和 $x^2$ 列的数值。

如 7 月份，$xy$ 列应该是服务量 $x$ 对应的单元格与混合成本 $y$ 对应的单元格相乘，前面加上“＝”；$x^2$ 列的设置公式为“＝(服务量 $x$ 对应的单元格）^2”，比如＝P7^2，其中 P7 为 7 月份服务量 $x$ 为 40 对应的单元格。见表 3－29。

**表 3-29 步骤 2**

| 月份 | 服务量 $x$（小时） | 混合成本 $y$（元） | $xy$ | $x^2$ |
|---|---|---|---|---|
| 7 | 40 | 8 800 | 352 000 | =P7^2 |
| 8 | 42 | 9 100 | | |
| 9 | 45 | 9 600 | | |
| 10 | 43 | 9 300 | | |
| 11 | 46 | 9 800 | | |
| 12 | 50 | 10 500 | | |

步骤 3：选中 $xy$ 列和 $x^2$ 列的值，见表 3-30，在右下角处按着鼠标左键，一直拖动到 12 月份，然后释放鼠标，结果见表 3-31。

**表 3-30 $x^2$ 值**

| 月份 | 服务量 $x$（小时） | 混合成本 $y$（元） | $xy$ | $x^2$ |
|---|---|---|---|---|
| 7 | 40 | 8 800 | 352 000 | 1 600 |
| 8 | 42 | 9 100 | | |
| 9 | 45 | 9 600 | | |
| 10 | 43 | 9 300 | | |
| 11 | 46 | 9 800 | | |
| 12 | 50 | 10 500 | | |

**表 3-31 步骤 3 结果**

| 月份 | 服务量 $x$（小时） | 混合成本 $y$（元） | $xy$ | $x^2$ |
|---|---|---|---|---|
| 7 | 40 | 8 800 | 352 000 | 1 600 |
| 8 | 42 | 9 100 | 382 200 | 1 764 |
| 9 | 45 | 9 600 | 432 000 | 2 025 |
| 10 | 43 | 9 300 | 399 900 | 1 849 |
| 11 | 46 | 9 800 | 450 800 | 2 116 |
| 12 | 50 | 10 500 | 525 000 | 2 500 |

步骤 4：对不同的列求和。如月份求和，7—12 月份，合计为 6，因此 $\sum n$ 下的数值为 6。

对于服务量 $x$ 而言，$\sum x$ 相当于对 7—12 月份的服务量求和，可以使用公式“=sum ()”来求解。由于混合成本 $y$ 列、$xy$ 列和 $x^2$ 列的求和值，与服务量 $x$ 列的计算过程一致，因此，可以直接拖动服务量 $x$ 求和值填充所有的列，从而获得如表 3-32 所示的结果。

**表 3-32　步骤 4**

| 月份 | 服务量 $x$（小时） | 混合成本 $y$（元） | $xy$ | $x^2$ |
|---|---|---|---|---|
| 7 | 40 | 8 800 | 352 000 | 1 600 |
| 8 | 42 | 9 100 | 382 200 | 1 764 |
| 9 | 45 | 9 600 | 432 000 | 2 025 |
| 10 | 43 | 9 300 | 399 900 | 1 849 |
| 11 | 46 | 9 800 | 450 800 | 2 116 |
| 12 | 50 | 10 500 | 525 000 | 2 500 |
| $\sum n$ | $\sum x$ | $\sum y$ | $\sum xy$ | $\sum x^2$ |
| 6 | 266 | 57 100 | 2 541 900 | 11 854 |

步骤 5：按照回归系数 $b$ 和截距 $a$ 的公式，分别求解 $b$ 和 $a$。

$b=(n\sum xy-\sum x\sum y)$ / $[n\sum x^2-(\sum x)^2]=170.652\ 2$

$a=(\sum y-b\sum x)/n=1\ 951.087$

则直线回归方程为：

$y=1\ 951.09+170.65x$

需要注意的是，自变量 $x$ 与因变量 $y$ 必须存在线性相关关系，否则，所建的模型没有意义。为此，采用回归直线法建立模型前，要检验已知资料中变量间是否存在线性相关关系。

## 任务解决

通过上述必备知识学习，我们现在完成工作情境中的工作任务。

问题一，通过必备知识的学习，我们充分了解了成本和业务量之间有一定的函数关系，也就是存在成本习性，但是这种成本习性需要在一定时期和一定业务量范围内才成立。

问题二，我们可以采用高低点法来解决公司 5—7 月份的成本。

从前文表 3-23 中可以看出，高点为 8 台仓储设备，仓储成本为 40 百元；低点为 2 台仓储设备，仓储成本为 10 百元。

设仓储作业数量为 $x$，仓储成本为 $y$，变动成本为 $b$，固定成本为 $a$，则：

$b=\dfrac{40-10}{8-2}=5$（元/件）

$a=40-5\times 8=0$（元）

$y=5x$

$y_5=5x=5\times 7=35$（百元）

$y_6=5x=5\times 4=20$（百元）

$y_7=5x=5\times 5=25$（百元）

## 自我训练

已知，公司装卸设备修理费与装卸设备的工作小时相关，1—6 月份的有关资料见表3-33。

**表 3-33 公司装卸设备修理费与工作小时表**

| 月份 $n$ | 1 | 2 | 3 | 4 | 5 | 6 |
|---|---|---|---|---|---|---|
| 装卸设备工作小时数 $x$（小时） | 180 | 200 | 280 | 240 | 220 | 260 |
| 装卸设备修理费 $y$（千元） | 930 | 1 040 | 1 150 | 1 070 | 1 060 | 1 200 |

用高低点法进行混合成本分解，若预测 7 月份的装卸设备的工作小时数为 300 小时，则预测 7 月份的装卸设备修理费应为多少？你能否使用 Excel 工具，用散布图和回归直线法获得的预测公式进行预测，然后比较三者的预测结果？你发现了什么？

## 单元自测

### 一、单选题

1. 各个范围内，总额不变；超出范围，跳跃变化。这种特征的混合成本是（　　）。

A. 半变动成本　　B. 半固定成本　　C. 延期变动成本　　D. 固定成本

2. （　　）是指企业的全部生产成本加上所有的非生产费用。

A. 成本总额　　B. 收入　　C. 利润　　D. 广义费用

3. （　　）是指在相关范围内，其总额与业务量的变动无关的成本。

A. 固定成本　　B. 变动成本　　C. 混合成本　　D. 单位固定成本

### 二、多选题

1. 混合成本包括以下（　　）等类型。

A. 半变动成本　　B. 延期变动成本　　C. 半固定成本　　D. 全固定成本

2. 一般情况下，下面（　　）可以看作固定成本。

A. 房屋设备租赁费　B. 保险费　　C. 广告费　　D. 不动产税

3. 在一定范围内，随着业务量的变动不会发生改变的是（　　）。

A. 固定成本　　B. 单位固定成本　　C. 单位变动成本　　D. 变动成本

### 三、判断题

1. 无论什么状况下，单位变动成本都是固定不变的，不随业务量的变动而变动。（　　）

2. 相关范围内总额不变，超出则随业务量变化的混合成本是延期变动成本。（　　）

3. 成本习性主要是指成本总额与特定业务量之间的数量依存关系。（　　）

# 任务 4 物流本量利分析

## 【能力目标】

能够综合运用本量利分析法、边际贡献法、盈亏临界点分析法和安全边际指标判断法对相关部门进行初步的物流成本分析和评价。

## 【知识目标】

1. 掌握本量利分析法；
2. 理解边际贡献法；
3. 掌握盈亏临界点分析法；
4. 理解安全边际指标判断法。

## 案例引入

### 本量利模型在冷链仓储定价中的应用

A 冷链仓储企业的主要业务是为客户提供冻品寄存服务，其主要收入来源为向客户收取复冻费（元/吨）、装卸费（元/吨）、寄存费（元/吨/天）。企业的固定成本主要包括冷库折旧（包括设备折旧）、货架和托盘成本、房产税和土地使用税、固定水电费、固定的管库人工成本、维护维修费；变动成本主要包括单位装卸费、单位耗材。影响冷链仓储总收入和总成本的还包括业务量（理论存储总吨数×仓储利用率）和货品周转率（即全年周转次数）等两个重要变量。

本量利模型的定价决策流程如下：

（1）调查目标客户经营情况、货品规格、货量和周转情况，测算目标客户入库之后冷链仓储利用率。根据目标客户货量占比计算目标客户应承担的固定成本，与目标客户初步协商复冻单价、装卸单价（一般变化幅度较小），预测全年周转次数。将这些数据输入本量利模型，测算目标客户盈亏平衡下的每吨寄存单价。

（2）随着仓储利用率的上升（更多客户分摊固定成本），目标客户盈亏平衡单价将逐渐下降，因此盈亏平衡单价仅作为定价的参考依据。定价还需要充分了解调查竞争对手的价格信息。

(3) 综合竞争对手价格，以及与客户的谈判结果，拟定最终价格。

(4) 根据目标客户的最终定价测算其年利润，综合考虑仓储利用率、成本摊销等因素，明确是否引进客户。例如，某目标客户每吨寄存单价的最终定价低于盈亏平衡单价，引入后将年亏损 33.26 万元，但考虑整个冷库库容利用率仅为 59%，引入该目标客户后，即使不能创造利润，仍可以为冷库分摊年固定成本 381.15 万元，因此建议引进客户。

(5) 对客户进行敏感性分析。通过对比分析，可以看出寄存单价对客户收入较敏感(客户寄存单价上涨 5%，收入增长 3.97%；寄存单价上涨 10%，收入增长 7.94%)，而周转次数对收入敏感性一般。因此建议在不断优化客户服务的前提下，与客户谈判，争取寄存单价按一定比例逐年上涨，实现目标客户盈利；同时加强仓储库存管理，密切关注客户货品保质期，做到先进先出，提高全年周转次数，从而提高收入，为目标客户盈利做贡献。

**思考：**本量利模型与成本性态的关联性如何？本量利模型如何根据企业实际应用情况转化应用？

资料来源：谭宗琼．本量利模型在冷链仓储定价中的应用探析 [J]．中国乡镇企业会计，2020 (7)．

## 工作情境描述

202×年 5 月，部门经理召开工作精神传达会，在会上传达了上年度公司的经营状况指标，其中安全边际率为 18.7%，说明公司经营出了问题，需要各部门引起重视。总经理会上要求公司各部门中的各个成员都要负起自己应尽的工作职责，强化成本管控意识。

会后你被部门经理要求，对公司自营运输部和仓储部进行一个综合分析，找出这些部门的盈亏平衡点，同时计算出相应的安全边际等指标，在这些指标的帮助下，实时监控和管理这些部门的物流成本控制工作。

**工作情境问题分析：**面对上述工作情境，需要解决的问题主要有两个：第一，部门领导要求你对公司的仓储部和运输部进行分析，得出的结果是预测性的，还是实际发生的？有什么作用？第二，这些分析方法，到底应该如何使用呢？

## 必备知识

本量利分析模型起源于 20 世纪 20 年代，它能够确切地揭示成本、业务量和利润之间的数量关系，为企业经营者（或管理者）在产销计划、产品结构、成本管控和客户定价等方面的决策行为提供理论依据和数据支撑，使决策方案尽可能实现企业利润最大化。

## 一、本量利分析内涵

扫一扫

本量利是个好工具

本量利分析（Cost-Volume-Profit Analysis），全称“成本-业务量-利润分析”，是指在成本性态分析的基础上，运用数量化的模型揭示对成本-业务量-利润之间相互制约关系的一种定量分析方法。本量利分析是管理会计的重要基础，它是建立在“相关范围”和“完全线性关系”的基本假设之上的一种定量方法。

**学习讨论**

物流成本管理主管正在召开本部门工作协调会。

在会上，主管反复强调了要充分认识目前企业的经营状况。目前企业的安全边际率为16%，说明经营状况不善。同时主管强调了要借用一切科学的数学方法，做好相关的计划预测工作，为相关的物流成本控制打好基础。

会后，你拿到了部分分配任务（见表3-34），但是当你看到自己的任务后，觉得手足无措，于是你找到部门主管，询问相应的方法。

**表3-34　分配任务表**

| 成本项目 | 实际金额 | 计划金额 | 增减变动 |
|---|---|---|---|
| 成本A | | | |
| 成本B | | | |
| …… | | | |

你说：“领导，你是让我做这张表3-27中的哪个呢？还是全做？”

部门主管没有好气地跟你说：“去给我做计划金额。”

你说：“那计划金额又该怎么做呢？”

部门主管被你逼得火冒三丈，告诉你说：“你给我好好看看本量利分析的内容，然后再来找我。”

请根据上述资料，回答下列问题：

问题1，从什么角度上，公司主管得出了公司经营状况不善的结论？

问题2，你觉得本量利应该如何做？依据本量利法得到的结果是实际发生的，还是一种预测结果？说出你的结论。

答：

1. 本量利分析

本量利分析是以成本性态分析和变动成本法为基础的，其基本公式如下：

税前利润＝销售（服务）收入－总成本

＝单位价格×业务量－（变动成本＋固定成本）

**练一练**

假定公司的自营运输部要实现60万元的利润，该年度的固定成本和变动成本之和为60万元，那么该运输部应该在该年度取得多少收入呢？假定每个月平分收入，那么各月应该完成多少收入呢？

答：

______________________________

______________________________

**练一练**

假定自营运输部要实现120万元的利润，其中每个月完成20万元的收入，那么每个月该部门的成本总额（即计划成本）应该为多少？

答：

______________________________

______________________________

利润 ＝ 销售收入 －（变动成本＋固定成本）

＝ 单价×销量－单位变动成本×销量－固定成本

＝(单价－单位变动成本）×销量 － 固定成本

即：

$$P = px - bx - a = (p-b)x - a$$

式中：

$P$—税前利润；

$p$—单位运价；

$b$—单位变动成本；

$a$—固定成本；

$x$—业务量。

练一练

公司自营运输部为其他公司的A产品提供物流运输服务，单位运价为10元/吨公里，单位变动成本为6元/吨公里，固定成本为4 000 000元，运输量为1 250 000吨公里，假定不需要缴纳增值税，求自营运输部的利润。

答：

拓展阅读

## “营改增”释疑

营业税改增值税，简称“营改增”，是指以前缴纳营业税的应税项目改成缴纳增值税。

年应税销售额超过500万元（含）的为一般纳税人，小于500万元的为小规模纳税人。一般纳税人可以抵扣进项税额，小规模纳税人不能抵扣进项税额；一般纳税人可以开具增值税专用发票，小规模纳税人只能开具增值税普通发票。

一般纳税人必须取得增值税扣税凭证后才能抵扣进项税额。增值税扣税凭证是指增值税专用发票、海关进口增值税专用缴款书、农产品收购发票、农产品销售发票和完税凭证。

《关于将铁路运输和邮政业纳入营业税改征增值税试点的通知》（财税〔2013〕106号）附件1第8条规定，应税服务，是指陆路运输服务、水路运输服务、航空运输服务、管道运输服务、邮政普遍服务、邮政特殊服务、其他邮政服务、研发和技术服务、信息技术服务、文化创意服务、物流辅助服务、有形动产租赁服务、鉴证咨询服务、广播影视服务。

陆路（含铁路）运输、水路运输、航空运输和管道运输服务，一般纳税人营业税改增值税税率为11%，小规模纳税人营业税改增值税税率为3%。

仓储、配送及货运代理、装卸搬运等物流辅助服务，一般纳税人营业税改增值税税率为6%，小规模纳税人营业税改增值税税率为3%。

按照《财政部　国家税务总局关于全面推开营业税改征增值税试点的通知》（财税〔2016〕36号）的规定，无运输工具承运业务，按照交通运输服务缴纳增值税。无运输工具承运业务，是指经营者以承运人身份与托运人签订运输服务合同，收取运费并承担承运人责任，然后委托实际承运人完成运输服务的经营活动。

资料来源：16个问题，让您分分钟搞懂“营改增”．(2019-08-07)．https://cs.zbj.com/taxschool/wzgl—gszc?id=11745.

进货含税指的是含增值税，销货含税也是指含增值税，增值税是价外税，与含税利润没有关系。含税利润一般叫税前利润，税前利润=利润总额，即在所得税完税前的利润。假定所缴纳的所得税为0，且企业无法获得进项税抵扣，此时公式推导如下：

因为：

销售额=含税销售额/（1+增值税）

则：

不含税单价=含税单价÷（1+增值税）

利润 =（不含税单价－单位变动成本）×销量 － 固定成本

**练一练**

经查，公司自营运输部适用增值税税率为11%，企业无法获得进项税抵扣，且无须缴纳所得税。当年为其他公司的A产品提供物流运输服务，单位含税运价为11.1元/吨公里，单位变动成本为6元/吨公里，固定成本为2 000 000元，运输量为2 500 000吨公里，求自营运输部的利润。

答：

**练一练**

经查，公司自营仓储部适用增值税税率为6%，企业无法获得进项税抵扣，且无须缴纳所得税。为其他公司的A产品提供物流仓储服务，仓储含税单位收费为12.72元/吨·天，单位变动成本为6元/吨·天，固定成本为200 000元，存储量为3 000吨，共计存储了20天，求自营仓储部的利润。

答：

2. 非线性条件下的本量利分析

基本的本量利分析模型将实际经营过程中内部各种复杂情况和外部宏观经济环境等一系列因素均排除在外，实际上企业的销售收入和成本与业务量之间往往不会呈现完全的线性关系。例如，企业采取薄利多销策略、批量采购政策、新产品上线等，均将打破本量利分析模型的假设条件，此时总收入或总成本随业务量可能呈现非线性增长趋势，不同企业需要根据实际情况确定。

扫一扫

边际贡献法测定了盈利订单

## 二、边际贡献分析

边际分析被广泛应用于企业营运管理，为生产经营决策提供支持。边际分析的作用在于能够在成本性态分析的基础上，界定变动成本和固定成本后，帮助企业明确业务的成本、利润之间的关系，判断盈利水平（当产品单价大于单位变动成本时，企业才能产生正的边际贡献，弥补固定成本，产生利润），从而能够发现问题的症结，明确各类营运决策的方向，使得营运管理决策的程序科学且有效。图 3-16 为边际分析法指标体系图。

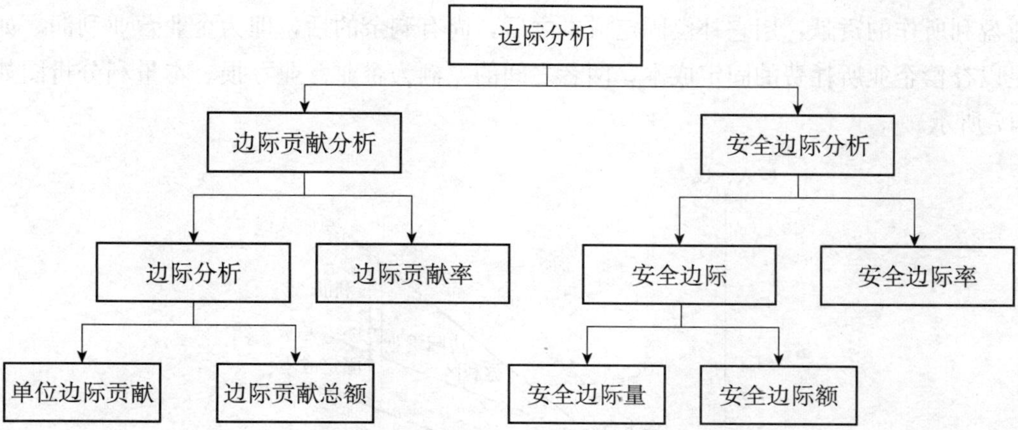


**图 3-16 边际分析法指标本系图**

边际效应，有时也称为边际贡献、贡献毛益，是指其他投入固定不变时，连续地增加某一种投入，所新增的产出或收益反而会逐渐减少。也就是说，当增加的投入超过某一水平之后，新增的每一个单位投入换来的产出量会下降。

边际贡献是指产品的实际销售收入扣除变动成本后的余额。它有两种表现形式：一是单位边际贡献（或单位贡献毛益），也就是每种产品或服务的销售单价减去各该产品或服务的单位变动成本。该指标反映每销售一件产品或提供一件服务所带来的贡献毛益，能够反映单位产品的盈利水平。单位边际贡献的计算公式为：

单位边际贡献＝单价－单位变动成本＝贡献毛益总额÷销售量

二是边际贡献总额（或贡献毛益总额），是全部产品的销售价格超过变动成本总额的差值，在数值上也等于产品的经营利润和固定成本总额之和。它是反映各种产品盈利能力的一个重要指标，是管理人员进行决策分析的一项重要信息。边际贡献的计算公式为：

边际贡献＝销售收入－变动成本＝（单价－单位变动成本）×销量

＝利润＋固定成本总额

边际贡献率是指边际贡献在销售收入中所占的百分比。通常，边际贡献率是指产品（或服务）边际贡献率，可以理解为每一元销售收入时边际贡献所占的比重，它反映产品（或服务）给企业作出贡献的能力，可用于多品种产品或服务之间的比较。

边际贡献率＝边际贡献/销售收入×100％＝单位边际贡献/单价×100％

变动成本率＝变动成本/销售收入×100％＝单位变动成本/单价×100％

变动成本率＋边际贡献率＝1

税前利润＝边际贡献－固定成本＝销售量×单位边际贡献－固定成本

＝销售收入×边际贡献率－固定成本

变动成本率与边际贡献率是互补的：企业变动成本率越高，边际贡献率越低，创利能力越小；企业变动成本率越低，边际贡献率越高，创利能力越大。

边际贡献是产品或服务实际销售收入或销售净收入在扣除其自身的变动成本之后，对企业盈利所作的贡献，用它补偿固定成本之后，尚有剩余的话，即为企业营业利润。如果不足以补偿企业所耗费的固定成本，两者之间的差额为企业营业亏损。本量利分析图如图3－17所示。

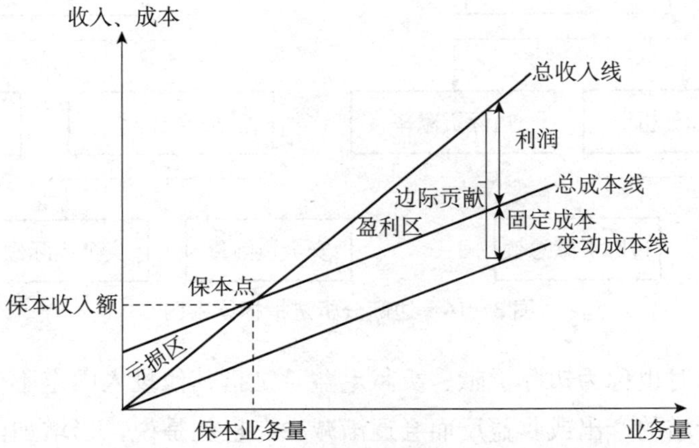


**图3－17 本量利分析图**

**练一练**

经查，公司自营运输部为其他公司的B产品提供物流运输服务，不含税单位运价为10元/吨公里，单位变动成本为6元/吨公里，运量为5 000吨，固定成本为10 000元。计算：(1) 边际贡献指标；(2) 变动成本率；(3) 本期利润。

答：

边际贡献分析法，是指在固定成本总额不变的情况下，通过对比各个备选方案所提供的边际贡献的大小进行择优的方法。择优标准是产品的边际贡献总额，不是单位边际贡献。边际贡献率越高，说明该服务对公司的贡献能力越强。

练一练

宁波科翔技术有限公司物流管理部门为了更好地服务本公司产品生产，在2019年设计并投产了现代化的配送设施设备，其中生产性服务能力达到年零部件和成品配送量为28 000件，内部配送服务单价为1 100元，单位成本资料见表3-35。

**表3-35　单位成本资料表**　　单位：元

| | |
|---|---|
| 直接材料 | 330 |
| 直接人工 | 250 |
| 制造费用 | — |
| 固定制造费用 | 190 |
| 变动制造费用 | 130 |
| 合计 | 900 |

公司当年设计能力有30%尚未被利用，现在有一客户与公司洽谈，希望公司的物流管理部能够为其提供第三方物流配送服务，希望提供5 000件原材料的配送，但客户给出的配送服务单价为870元。请采用边际贡献分析法，分析公司能否接受客户的订单。

答：

______________________________

______________________________

**解析：**

从传统观点来看，客户的第三方配送服务订单不能接受。因为公司内部配送服务单位成本为900元，但是客户给出的配送服务单价为870元，每件损失30元，按5 000件计算，共损失150 000元，不可接受。

采用边际贡献法核算，公司的剩余配送服务能力为28 000×30%＝8 400件，客户要求的配送服务量为5 000件，处于企业剩余配送服务能力范围之内，没有改变相应的固定成本，因此，可以编制边际贡献计算分析表进行计算分析，结果见表3-36。

**表3-36　边际贡献计算分析表**

| 项目 | 数额 |
|---|---|
| 订单数量 | 5 000件 |
| 单位配送服务价格 | 870元 |
| 单位变动成本 | 710元 |
| 单位贡献毛益 | 160元 |
| 贡献毛益总额 | 800 000元 |

计算结果表明，接受客户给定的订单，可获得边际贡献总额800 000元。这是因为不需要增加固定成本，该订单提供的贡献毛益全部转化为利润，使企业的营业利润增加800 000元。

练一练

已知公司有三种物流服务，边际贡献率见表3-37，请利用边际贡献率指标判断哪种物流服务应该重点发展。

**表3-37 边际贡献率表**

| 物流服务 | 单价（元） | 业务量（台时） | 服务收入（元） | 销售比重 | 边际贡献率 |
|---|---|---|---|---|---|
| A | 52 | 678 | 35 256 | 32.11% | 57.75% |
| B | 84 | 420 | 35 280 | 32.13% | 48.36% |
| C | 71 | 553 | 39 263 | 35.76% | 51.43% |

答：

______________________________

______________________________

## 三、盈亏临界点分析

扫一扫

盈亏临界点——以量定输赢

盈亏临界点分析是本量利分析的核心内容，盈亏临界点又称为“保本点”“盈亏平衡点”，是企业经营处于不盈不亏的状态，通常用一定的业务量来表示这种状态，即实际销售收入等于总成本、利润为零的销售量或销售额。盈亏临界点示意图如图3-18所示。

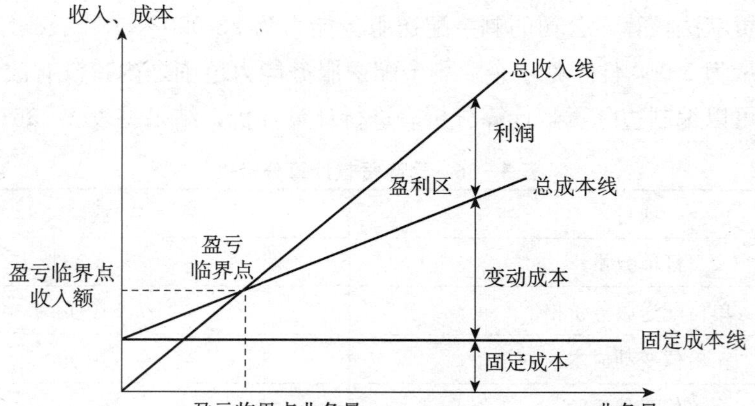


**图3-18 盈亏临界点示意图**

以盈亏临界点作为界限，当实际销售收入高于盈亏临界点时，企业盈利，反之，企业就亏损。盈亏临界点可以用业务量来表示，即盈亏临界点的业务量；也可以用实际销售（或服务收入）额来表示，即盈亏临界点的销售（或服务收入）额。如果盈亏平衡点高，则企业的盈利能力弱；如果盈亏平衡点低，则企业的盈利能力强。

$$盈亏临界点业务量（保本量）=\frac{固定成本}{不含税单价-单位变动成本}=\frac{固定成本}{单位边际贡献}$$

盈亏临界点销售额（保本额）＝保本量×不含税单价

**练一练**

公司的自营运输部门，单位变动成本为210元/千吨公里，固定成本总额为14万元，增值税税率为11%。假定本月预计货物周转量为3 000千吨公里，不含税单位运价为280元/千吨公里。请计算该运输部门当月的保本点指标，且判断该部门当月是否盈利。

答：

______________________________________________

______________________________________________

**解析：**

$$保本量=\frac{固定成本}{不含税单价-单位变动成本}$$

＝140 000/（280－210）＝2 000（千吨公里）

保本额＝2 000×280＝560 000（元）

因为预定目标是3 000千吨公里＞保本量＝2 000千吨公里，所以可以确定当月该部门盈利。

**练一练**

经查，公司的自营仓储部为其他公司的相关产品提供物流仓储服务，仓储单位收费为12元/吨，单位变动成本为7元/吨，固定成本为20 000元。假定本月预计存储量为5 000吨，请计算该仓储部门当月的保本点指标，且判断该部门当月是否盈利。

答：

______________________________________________

______________________________________________

**拓展阅读**

**物流领域电动化可行吗？深圳经验表明，要越过150公里盈亏平衡点！**

深圳在城市物流领域新能源汽车的推广现在已经走在世界前列，新能源汽车的比例达到了30%，这一数字让国外惊讶不已。

从实际运营来看，有几组数据值得关注：深圳市绿色货运新能源车辆监控服务平台显示，超过51%的新能源物流车月出勤天数在26天以上，出勤天数少于21天的车辆有近35%，说明车辆总体闲置率较高；单车平均每天行驶里程为79公里，近80%的车辆每天行驶里程在120公里以内，根据统计数据可以判断，60%以上的新能源物流车不能在1年内行驶达到3万公里，这就意味着80%的车辆用户总体持有成本（TCO）可能比燃油货车更高。

从深圳的实践以及暴露的问题可以看出，必须找出纯电动物流车可替代燃油车最经济的区间，也就是提高纯电动物流车的替代性，才能实现物流领域电动化的可持续发展。

经过测算，在充电设施不完善、充电等待时间非常长的情况下，行驶里程在150～400公里以内的货车置换为纯电动货车是合适的，小于150公里或者大于400公里，使用纯电动物流车都会导致成本的增加。

目前，单车平均行驶里程在79公里的深圳纯电动物流车远远没有达到150公里这个临界点，这就导致了上述亏损情况的出现。

资料来源：聚焦｜物流领域电动化可行吗？深圳经验表明，要越过150公里盈亏平衡点．(2018-08-28)．https://www.sohu.com/a/250554183_372603.

## 四、安全边际分析

扫一扫

我们的物流企业经营安全吗？

安全边际，是指盈亏临界点以上的销售量，也是现有或预期销售量超过盈亏临界点销售量的差额。它标志着从现有销售量或预计可达到的销售量到盈亏临界点，还有多大的差距。安全边际可以用绝对数和相对数两种形式来表现，其计算公式为：

安全边际量＝实际或现有销售量－盈亏临界点销售量

安全边际额＝实际或预计销售额－盈亏临界点销售额

＝安全边际量×不含税单价

安全边际率＝安全边际量/现有销售量

＝安全边际额/现有销售额

安全边际率数值越大，企业发生亏损的可能性越小，说明企业的业务经营也就越安全。安全边际率是相对指标，便于不同企业和不同行业之间的比较；安全边际量或安全边际额指标属于绝对数指标，不便于不同企业和不同行业之间的比较。

西方企业评价安全程度的经验标准，见表3-38。此判断标准并不能一概而论，行业本身的稳定性会影响企业安全性，高新技术企业即使有40%的安全边际率也不一定安全。例如，2011年汉王科技因智能手机的发展，销售收入下降了56.9%，而刚需产品即使只有20%的安全边际也可能很安全，所以公司业务本身的波动性会影响安全边际高低的判断。

安全边际率大，只是说明企业盈利能力和抗风险能力较强。并不能说，相同安全边际率的业务，管理重点也相同。应该重点考察安全边际率指标大小的背后因素，设定不同的企业管理工作重点，方能使得管理有效。

**表3-38　安全边际率与企业安全性判断对照表**

| 安全边际率 | 10%以下 | 10%～20% | 20%～30% | 30%～40% | 40%以上 |
|---|---|---|---|---|---|
| 安全程度 | 危险 | 值得注意 | 一般安全 | 比较安全 | 非常安全 |

**练一练**

公司的自营运输部门，固定成本总额为35 000元。假定货物周转量为500千吨公里，不含税单位运价为250元/千吨公里，盈亏临界点货物周转量为350千吨公里。请计算该运输部门的安全边际指标，且判断该部门的经营状况。

答：

______________________________

______________________________

**解析：**

安全边际量＝现有销售量－盈亏临界点销售量＝500－350＝150（千吨公里）

安全边际额＝现有销售额－盈亏临界点销售额

＝安全边际量×不含税单价

＝150×250＝37 500（元）

安全边际率＝安全边际量/现有销售量×100%

＝150/500×100%＝30%

查表得，该部门处于安全状态。

**练一练**

经查，公司自营仓储部为其他公司的相关产品提供物流仓储服务，仓储单位收费为14元/吨，盈亏临界点货物存储量为2 800吨，固定成本为20 000元。假定本月存储量为3 000吨，请计算该仓储部门的安全边际指标，且判断该部门的经营状况。

答：

______________________________

______________________________

## 五、敏感性分析

敏感性分析是本量利分析的重要组成部分，可以用于揭示企业实现目标利润涉及的每个因素的影响程度，从而引导企业的决策者关注这些因素的影响程度，合理制定企业利润目标、开展成本管理、设定业务量规模等。

1. 确定因素临界值

敏感性分析的目的是确定能引起这种质变的各因素变化的临界值，简单地说，就是求达到临界点的销售量和单价的最小允许值以及单位变动成本和固定成本的最大允许值。

由实现目标利润的模型：利润＝(单价－单位变动成本）×销量 － 固定成本，可以推导出当利润为零时有关因素最大值、最小值的相关公式：

最小销量值＝固定成本/（单价－单位变动成本）

最小单价＝固定成本/销量＋单位变动成本

最大单位变动成本＝单价－固定成本/销量

最大固定成本＝（单价－单位变动成本）×销量

**练一练**

公司准备推出自营的装卸服务，拟服务于区域内所有企业的某产品。计划年度内预计有关数据如下：装卸服务量为 5 000 件，单价为 50 元，单位变动成本为 20 元，固定成本为 60 000 元。请计算当利润为零时，该公司的最小销量值、最小服务单价、最大单位变动成本和最大固定成本值。

答：

________________________________________

________________________________________

2. 因素变化对利润变化的影响程度

销售量、单价、单位变动成本和固定成本诸因素的变化，都会对利润产生影响，但在影响程度上存在着差别。有的因素虽然只发生了较小的变动，却导致利润发生了较大的变化；换言之，利润对这些因素的变化十分敏感，这些因素也称为敏感因素。与此相反，有的因素变化虽然并不算小，但利润的变化却不大，这些因素称为非敏感因素。企业的决策人员需要知道利润对哪些因素的变化比较敏感，对哪些因素的变化不太敏感，以便分清主次，抓住重点，确保目标利润的实现。

反映敏感程度的指标称为敏感系数，其计算公式为：

敏感系数＝目标值变动百分比/因素值变动百分比

式中，敏感系数若为正值，表明它与利润呈同向变动关系；敏感系数若为负值，表明它与利润呈反向变动关系。

如果利润对这些参数的敏感系数绝对值大于1，则这类参数为敏感因素；如果利润对这些参数的敏感系数绝对值小于1，则这些参数为不敏感因素。敏感程度排序是以绝对值的大小比较的。

练一练

公司准备推出自营的装卸服务。计划年度内预计有关数据如下：装卸服务量为5 000件，单价为50元，单位变动成本为20元，固定成本为60 000元，则目标利润为90 000元。假设销售量（装卸服务量）、单价、单位变动成本和固定成本均分别增长20%，计算各因素的敏感系数。

答：

______________________________

______________________________

## 六、本量利分析流程及基本假设

1. 本量利分析的基本流程

本量利分析的基本流程包括：

首先，按成本性态将企业所有成本分解为固定成本和变动成本两部分。其中固定成本 $a$，是指总额在一定期间和一定业务量范围内，不受业务量变动的影响而保持固定不变的成本；变动成本 $bx$，是指总额在一定期间和一定业务量范围内，其成本总额随着业务量的变动而呈正比例变动的成本。

其次，对企业进行保本分析。通过上述成本分解的结果，按公式求解出企业的保本点。保本点是指企业的经营规模（业务量）刚好使企业达到不盈不亏的状态。通过计算保本点，对企业进行保本分析，对企业目前的经营安全程度进行评价。

最后，对企业进行利润敏感性分析。通过敏感性分析，对与利润相关的因素按其敏感系数排序，找出对利润影响较大的项目，对其进行重点监控。

2. 本量利模型的基本假设

在构建本量利模型过程中，分析人员要根据复杂的关系，做好假设前提，做好线性关系假设、品种结构稳定假设以及产销平衡假设，明确假设的基本范围。

（1）相关范围假设。由于本量利分析是在成本性态分析基础上发展起来的，因此成本性态分析的基本假设也就成为本量利分析的基本假设。也就是在相关范围内，固定成本总额保持不变，变动成本总额随业务量变化成正比例变化，相关范围包括期间范围和业务量范围。

无论是固定成本还是变动成本，固定性和变动性均体现在特定期间内。随着时间的推移，固定成本及其内容会发生变化，单位变动成本及其内容也会发生变化。

（2）模型线性假设。模型线性假设包括固定成本不变假设、单位变动成本不变假设、变动成本与业务量呈完全线性关系假设和销售收入与销售数量呈完全线性关系假设。

由于有了相关范围和线性关系这种假设，因此就把在相关范围之外，成本和销售收入分别与业务量呈非线性关系的实际情况排除在外了。但在实际经济活动中，成本、销售收入和业务量之间却存在非线性关系这种现象。

（3）产销平衡假设。所谓产销平衡，就是企业生产出来的产品总是可以销售出去，能够实现生产量等于销售量。在这一假设下，本量利分析中的量是指销售量而不是生产量，进一步讲，在销售价格不变时，这个量就是指销售收入。但在实际经济生活中，生产量可能会不等于销售量，这时产量因素就会对本期利润产生影响。

（4）品种结构不变假设。在一个多品种生产和销售的企业中，各种产品的销售收入在总成本中的比重不会发生变化。

上述假设之间的关系是：相关范围假设是最基本的假设，是本量利分析的出发点；模型线性假设由相关范围假设派生而来，是相关范围假设的延伸和具体化；产销平衡假设与品种结构不变假设是对模型线性假设的进一步补充；同时，品种结构不变假设又是多品种条件下产销平衡假设的前提条件。

一般来说，物流系统提供的物流服务不止一项，由于每项物流服务的计量单位不同，因此会给本量利分析带来一定的困难。如果在物流成本核算中可以按照不同的服务分别进行固定成本和变动成本的核算，那么就可以分别按照单项物流服务的本量利分析原理进行分析。

## 任务解决

通过上述必备知识学习，我们现在一起来完成工作情境中的工作任务。

问题一，通过必备知识的学习，我们可以看出，本量利分析法得出的结果是一种预测性的结果，而不是实际发生的结果。通过本量利分析，我们可以得出需要控制的目标，从而方便后续业务经营需要。

问题二，通过必备知识的学习，我们发现，本任务单元的分析法包括本量利分析法、边际贡献法、盈亏临界点法和安全边际分析法等。只要符合本量利分析的基本假设，就可以应用各分析法的基本公式进行核算分析。

## 自我训练

经查，公司自营仓储部准备为其他公司的相关产品提供物流仓储服务，仓储单位收费为 8 元/吨，单位变动成本为 4 元/吨，固定成本为 35 200 元。假定本月预计存储量为

12 000吨，请计算该仓储部门当月的保本点和安全边际指标，且判断该部门当月是否盈利以及该部门的经营状况如何。

答：

## 单元自测

### 一、单选题

1.（　　）是指在成本性态分析的基础上，运用数量化的模型揭示成本-业务量-利润之间相互制约关系的一种定量分析方法。

A. 安全边际分析　B. 本量利分析　C. 盈亏分析　D. 边际贡献分析

2.（　　）是企业经营处于不盈不亏的状态，即销售收入等于成本、利润为零的销售量或销售额。

A. 本量利　B. 盈亏临界点　C. 贡献毛益　D. 保本量

3.（　）情况单独发生时会使保本点下降。

A. 增值税上升　B. 变动成本上升　C. 固定成本上升　D. 单价上涨

### 二、多选题

1. 下列描述中，正确的是（　　）。

A. 变动成本率与边际贡献率是一种互补关系

B. 产品变动成本率高，则边际贡献率低

C. 产品变动成本率高，则边际贡献率高

D. 产品变动成本率低，则边际贡献率高，创利能力高

2. 安全边际指标包括（　　）。

A. 盈亏临界点　B. 安全边际量　C. 本量利　D. 安全边际率

3. 物流本量利法的假设包括（　　）。

A. 相关范围　B. 模型线性　C. 产销平衡　D. 品种结构不变

### 三、判断题

1. 本量利分析法是一种定性分析法。（　　）

2. 产销平衡就是企业生产出来的产品总是可以销售出去，能够实现生产量等于销售量。（　　）

3. 贡献毛益是产品销售收入或销售净收入在扣除其自身的变动成本之后，对企业盈利所作的贡献。（　　）

# 技能实训

## 宁波科翔技术有限公司物流本量利训练

［实训目标］

通过本技能实训任务的学习，使大家：

1. 能够对成本进行成本习性的正确划分；

2. 能够综合运用本量利分析法、边际贡献法、盈亏临界点分析法和安全边际指标判断法对相关部门进行初步的物流成本分析和评价。

［情景资料］

宁波科翔技术有限公司（公司简介详见附录1）是位于宁波北仑保税区的一家以生产汽车配件为主的汽车配件制造有限公司，公司产品畅销海内外。随着中国制造业的转型升级，公司将原来海外业务逐渐向国内业务拓展，在此基础上，要求对物流成本进行合理管控，实现充分有效地利用各种资源、提高企业的综合效益的目标，从而更好地满足企业和社会需求。

### 情境一：初始创业不成功，错误使用本量利分析法，没有帮助自己解决破产困境

某位大三物流专业的小李同学最近很懊恼，因为他在毕业顶岗实习期间创办了一家小企业，主要经营与物流相关的业务，结果到2019年5月的时候宣告破产了。家里人资助他10万元开办公司（买了5万元的设备，租赁了一间门面房，租金为每月4 000元），创业期间聘请了3个人，每个人每月发1 500元。2018年7月开始运作，但是到了2018年12月的时候，会计师事务所（因为自己不会做账，所以把账务委托给了会计师事务所）警告他说，如果再不好好规划自己的业务经营的话，公司将会很快破产。

他说，当他第一次接收到这种警告的时候，他核计了一下自己的收入和支出，觉得没有什么问题，而且还盈利了。他的依据见表3-39。

**表3-39 2018年各月份的合同收入**

| 月份 | 合同收入（万元） |
|---|---|
| 7 | 0.6 |
| 8 | 0.5 |
| 9 | 1.1 |
| 10 | 0.5 |
| 11 | 1.2 |
| 12 | 0.5 |

4.4 万元－0.45×5 万元＝2.15 万元

第二次收到警告的时间是在 2019 年 3 月，这次他很重视，医为这三个月下来一个单子也没有，所以他觉得会计师事务所说的还是有一定道理的，因为确确实实是没有收入，提示他公司快要破产信息的时候，他也接受了。他认为需要好好地考虑下自己的收入、支出情况了。

小李在 2019 年 3 月底专门请教了一位资深财务人员，问他自己应该从什么地方入手，才能看清自己的财务情况。这位财务人员跟他说，因为你是一家创业小企业（投入期的企业），所以考虑很多大中型企业的问题为时太早，不过要想理顺自己的财务状况，关键是清楚自己的利润和边际贡献总额，其他先不要考虑。

于是小李根据取来的真经，决定对后面的经营情况（见表 3－40）围绕这两个指标进行分析。

**表 3－40　4 月份的合同收入**

| 月份 | 合同收入（万元） |
|---|---|
| 4 | 0.3 |

4 月份利润＝0.3－0.45－0.4－5＝－3.85（万元）

边际贡献总额＝0.3－0.4＝－0.1（万元）

小李试着计算了 2019 年 4 月的指标值，结果很难看。他回过头来对 2018 年 7—12 月的情况围绕这两个指标进行了核算，数据结果更是不尽如人意，于是果断地于 2019 年 4 月底将公司关停了。

**工作准备：**

（1）阅读情境一的资料，知晓本量利分析法中的利润和边际贡献的相关概念，明确基本本量利分析公式和边际贡献分析法公式。

（2）根据情境一的资料，准备完成任务的电子文档或者纸质文档，找到并仔细阅读完成任务的评价表。

**工作实施：**

引导问题 1：本量利分析是什么？可以帮助企业管理者做什么？

________________________________________

________________________________________

引导问题 2：边际分析法由什么构成？边际贡献指标包括什么，各有什么作用？

________________________________________

________________________________________

任务 1：小李为什么收到第一次警告时，会觉得财务人员不专业呢？你觉得他的理由正确吗？

任务 2：第二次收到警告时，小李觉得有必要考虑自己的收支情况了，请你为他核算 2019 年 1—3 月的利润情况。

任务 3：小李围绕利润和边际贡献指标的计算是否正确？有无差错？如果出错了，错在哪里？

任务 4：小李将企业关停是否正确？请围绕上述两个指标，为他将 2018 年 7 月到 2019 年 4 月关停时，公司亏损情况和盈利情况做一个简单的核算。

**评价反馈：**

每两个同学为一组，每个同学需要相互展示作品，介绍任务的完成情况。作品展示前准备阐述材料，填写阐述项目表，并完成评价表表 3 - 41 和表 3 - 42 的填写。

**表 3 - 41 学生自评表**

| 序号 | 任务 | 完成情况记录 |
|---|---|---|
| 1 | 是否按计划时间完成 | |
| 2 | 技能训练情况 | |
| 3 | 相关理论完成情况 | |
| 4 | 任务完成情况 | |
| 5 | 任务创新情况 | |
| 6 | 材料上交情况 | |
| 7 | 收获 | |

注：评价档次统一采用 A（优秀）、B（良好）、C（合格）、D（努力）四个档次。

表 3－42　学生互评表

| 序号 | 任务 | 小组互评 | 教师评价 |
|---|---|---|---|
| 1 | 是否按计划时间完成 | | |
| 2 | 作品完成上交情况 | | |
| 3 | 作品质量 | | |
| 4 | 语言表达能力 | | |
| 5 | 创新点（或收获） | | |

注：评价档次统一采用 A（优秀）、B（良好）、C（合格）、D（努力）四个档次。

## 情境二：进入宁波科翔技术有限公司物流管理部门，真正学会使用物流本量利分析法进行物流成本分析

小李痛定思痛，决定到当地比较出名的宁波科翔技术有限公司学习物流成本管理运作，好为自己将来再次创业奠定基础。面试时，对方总经理问了他是否有关于物流方面的经验，他告诉了对方自己创业的经历，对方很感兴趣，问他如何处理自己的成本问题时，他告诉对方经理说，只要处理好企业的利润和贡献毛益总额，企业就可以运作下来。公司总经理对他的回答很满意，于是告诉他说可以来担任公司物流部专门负责成本分析的副经理一职，希望其能帮助公司分析和控制成本。

小李上班的第一天就深受打击，因为他看到了与自己公司完全不一样的成本分析方式。企业里都是凭证、账簿之类的，很多东西都需要找凭证和发票之类的东西，将物流成本的资料给核算出来。表 3－43 和表 3－44 为企业不同时期的记账凭证。

表 3－43　记账凭证 1

单位名称：宁波科翔技术有限公司　　　　2019 年 1 月 28 日　　　　编号：53

| 摘要 | 总账科目 | 明细科目 | 借方金额 | 贷方金额 | √ |
|---|---|---|---|---|---|
| 销售商品（为 D 公司提供 1 000 件货物运输） | 应收账款 | 广州市友好公司 | 117 000.00 | | √ |
| | 主营业务收入 | 电冰箱 | | 100 000.00 | √ |
| | 应交税费 | 应交增值税（销项税额） | | 13 000.00 | √ |
| | | | | | |
| | | | | | |
| | | | | | |
| 合计 | | | 113 000.00 | 113 000.00 | |

会计　　　　记账　　　　出纳　　　　复核　　　　制表

**表 3-44 记账凭证 2**

单位名称：宁波科翔技术有限公司　　　　2019 年 2 月 23 日　　　　编号：56

| 摘要 | 总账科目 | 明细科目 | 借方金额 | 贷方金额 | √ |
|---|---|---|---|---|---|
| 支付并分配水电费 | 生产成本 | 运输部 | 8 295.00 | | √ |
| | | 仓储部 | 11 470.00 | | √ |
| | 制造费用 | 水电费 | 5 245.00 | | √ |
| | 管理费用 | 水电费 | 1 435.00 | | √ |
| | 销售费用 | 水电费 | 2 230.00 | | √ |
| | 银行存款 | | | 28 675.00 | √ |
| 合计 | | | 28 675.00 | 28 675.00 | |

会计　　　　记账　　　　出纳　　　　复核　　　　制表

正如他事后说的那样，“那段时间自己不停地翻书，请教其他企业的人，总之能够请教的朋友、同学等全请教了”。

经过一段黑暗的日子的磨炼，小李总算上路了。回过头来看看，他发出感慨：“原来很多知识都需要提前积累啊，不过呢，只要学会把不同凭证里面的内容移植到单价、单位变动成本、固定成本等之类的变量中去，其实很多成本分析的问题也就迎刃而解了。”

例如，从表 3-45 中可以看出，如果公司物流管理部门的业务能力足够，那么小李就大胆地选择 B、C 业务经营；如果公司业务能力不足，那么小李根据边际贡献率就可以大胆地选择 B 业务开展经营运作。

**表 3-45 物流管理部门成本数据**

| 业务 | 利润 | 单价 | 业务量 | 单位变动成本 | 固定成本总额 | 边际贡献率 |
|---|---|---|---|---|---|---|
| A | | 10 | 100 | 5 | 1 000 | |
| B | | 8 | 150 | 2 | 600 | |
| C | | 20 | 80 | 8 | 800 | |

如果物流管理部门的业务能力最多只有 150 个单位，那么小李根据表 3-46 的核算，可以大胆地选择其中的业务，来保证自己公司不亏。对于任何一个公司来说，只有先不亏，才能考虑后续的经营问题。

**表 3-46 公司保本量核算数据**

| 业务 | 保本量 | 保本额 | 固定成本 | 单价 | 单位变动成本 |
|---|---|---|---|---|---|
| D | | | 4 000 | 120 | 80 |
| E | | | 3 000 | 80 | 70 |
| F | | | 2 000 | 50 | 10 |

如果物流管理部门打算从表 3-47 三种业务中分别赚 1 000 元，那么小李可以给自己的业务部门下达指令，那就是每个业务至少完成多少量才能进行，而且可以根据公司业务

能力，推算出保留何种业务，或者去除哪些业务。

**表 3-47　物流管理部门保利量核算数据**

| 业务 | 保利量 | 固定成本 | 单价 | 单位变动成本 | 目标净利润 |
|---|---|---|---|---|---|
| D | | 4 000 | 120 | 80 | 1 000 |
| E | | 3 000 | 80 | 70 | 1 000 |
| F | | 2 000 | 50 | 10 | 1 000 |

注：保利量=（固定成本+目标利润）/（单价−单位变动成本）；保利额=单价×保利量。

同样，根据相关数据资料，见表 3-48，可以很快对每个月的企业经营状况作出预警，不仅可以对某个月只开展一个业务作出预警，也可以对某个月份里多项业务作出预警，这样一来，就可以及时安排对策，解决企业的问题。

**表 3-48　物流管理部门安全边际数据**

| 月份 | 保本量 | 保本额 | 实际业务量 | 实际营业收入 | 安全边际率 |
|---|---|---|---|---|---|
| 1 | 100 | 12 000 | 130 | | |
| 2 | 300 | 24 000 | 310 | | |
| 3 月 1 日 | | 2 500 | | 2 700 | |
| 3 月 15 日 | 50 | 3 500 | | 4 000 | |
| 3 月 17 日 | | 4 200 | | 5 100 | |

**工作准备：**

（1）阅读情境二的资料，识别本量利分析法、边际贡献法、盈亏临界点分析法和安全边际指标等公式，明确相应的判断规则。

（2）根据情境二的资料，准备完成任务的电子文档或者纸质文档，找到并仔细阅读完成任务的评价表。

**工作实施：**

引导问题 1：选择不同业务时，遵循的边际贡献率选择标准是什么？

______________________________

______________________________

引导问题 2：盈亏临界点公式有哪些？盈亏平衡点高代表了什么？

______________________________

______________________________

引导问题 3：安全边际率的判断指标是什么？如何正确认知这种判断指标？

______________________________

______________________________

引导问题4：本量利分析法的基本流程是什么？

假设下列任务中的求解都不需要考虑增值税税率。

任务5：计算表3-49中的利润及边际贡献率。

**表3-49 物流管理部门成本数据**

| 业务 | 利润 | 单价 | 业务量 | 单位变动成本 | 固定成本总额 | 边际贡献率 |
|---|---|---|---|---|---|---|
| A | | 10 | 100 | 5 | 1 000 | |
| B | | 8 | 150 | 2 | 600 | |
| C | | 20 | 80 | 8 | 800 | |

任务6：根据任务5的计算结果，为什么在业务能力不足的时候选择B业务？请说出理由。

任务7：计算表3-50中的保本量和保本额。

**表3-50 公司保本量核算数据**

| 业务 | 保本量 | 保本额 | 固定成本 | 单价 | 单位变动成本 |
|---|---|---|---|---|---|
| D | | | 4 000 | 120 | 80 |
| E | | | 3 000 | 80 | 70 |
| F | | | 2 000 | 50 | 10 |

任务8：根据任务7的计算结果，假设只考虑保本，如果物流管理部门的业务能力最多有350个单位，那么你会选择哪些业务？如果有550个单位呢？

任务 9：计算表 3－51 中的保利量。

**表 3－51　物流管理部门保利量核算数据**

| 业务 | 保利量 | 固定成本 | 单价 | 单位变动成本 | 目标净利润 |
|---|---|---|---|---|---|
| D | | 4 000 | 120 | 80 | 1 000 |
| E | | 3 000 | 80 | 70 | 1 000 |
| F | | 2 000 | 50 | 10 | 1 000 |

注：保利量＝(固定成本＋目标利润) / (单价－单位变动成本)；保利额＝单价×保利量。

任务 10：根据表 3－38 和表 3－39 计算结果，如果物流管理部门业务能力有 200 个单位，那么你会选择何种业务经营？如果有 550 个单位，那么你又会选择哪些业务开展经营呢？

________________________________________

________________________________________

任务 11：计算表 3－52 中的安全边际率，同时指出相关月份物流管理部门的安全状况。

**表 3－52　物流管理部门安全边际数据**

| 月份 | 保本量 | 保本额 | 实际业务量 | 实际营业收入 | 安全边际率 |
|---|---|---|---|---|---|
| 1 | 100 | 12 000 | 130 | | |
| 2 | 300 | 24 000 | 310 | | |
| 3月1日 | | 2 500 | | 2 700 | |
| 3月15日 | 50 | 3 500 | | 4 000 | |
| 3月17日 | | 4 200 | | 5 100 | |

任务 12：根据上述实验信息，总结一下对物流本量利分析法的认知。

________________________________________

________________________________________

**评价反馈：**

每两个同学为一组，每个同学需要相互展示作品，介绍任务的完成情况。作品展示前准备阐述材料，填写阐述项目表，并完成评价表表 3－53 和表 3－54 的填写。

表 3-53　学生自评表

| 序号 | 任务 | 完成情况记录 |
|---|---|---|
| 1 | 是否按计划时间完成 | |
| 2 | 技能训练情况 | |
| 3 | 相关理论完成情况 | |
| 4 | 任务完成情况 | |
| 5 | 任务创新情况 | |
| 6 | 材料上交情况 | |
| 7 | 收获 | |

注：评价档次统一采用 A（优秀）、B（良好）、C（合格）、D（努力）四个档次。

表 3-54　学生互评表

| 序号 | 任务 | 小组互评 | 教师评价 |
|---|---|---|---|
| 1 | 是否按计划时间完成 | | |
| 2 | 作品完成上交情况 | | |
| 3 | 作品质量 | | |
| 4 | 语言表达能力 | | |
| 5 | 创新点（或收获） | | |

注：评价档次统一采用 A（优秀）、B（良好）、C（合格）、D（努力）四个档次。

## 综合评价：

每个同学在完成上述技能训练任务后，需要填写表 3-55 对应内容，参与互评的同学也需要填写表 3-55 对应内容。教师根据学生训练表现和作业质量，在表 3-55 中完成对学生技能训练的综合评价。

表 3-55　综合评价表

| 序号 | 评价项目 | 自我评价 | 互相评价 | 教师评价 | 综合评价 |
|---|---|---|---|---|---|
| 1 | 学习准备 | | | | |
| 2 | 引导问题填写 | | | | |
| 3 | 完成质量 | | | | |
| 4 | 完成速度 | | | | |
| 5 | 关键技能要领掌握 | | | | |
| 6 | 5S 管理 | | | | |
| 7 | 沟通协作 | | | | |
| 8 | 展示汇报 | | | | |
| 9 | 参与讨论积极主动性 | | | | |

注：评价档次统一采用 A（优秀）、B（良好）、C（合格）、D（努力）四个档次。

## 学思之窗

### 中国物流70年：砥砺奋进 跨越发展

物流业是融合运输、仓储、货代、信息等产业的复合型服务业，是支撑国民经济发展的基础性、战略性、先导性产业。新中国成立以来，我国物流业发展大致经历了四个历史时期。

酝酿萌芽期：从新中国成立到改革开放前。这一时期初步建立了以铁路和水运为骨干、其他运输方式为补充的运输体系，实行以城市为中心的物资储存与调拨，物流活动以传统的物资运输、保管、包装、装卸等为主，参与主体均为公有制企业，实行政府定价，专业化分工不强，物流运作具有“大而全”“小而全”的特点。

起步发展期：从改革开放到20世纪90年代。有关部门借鉴发达国家成功经验，积极推动国内物流业发展，开启了我国物流业理论探索与产业实践的新征程。物流业初具雏形，物流基础设施不断完善，物流企业更加多元，货物运输量从1978年的32亿吨增长至1999年的129亿吨，增长了3倍左右。

快速成长期：从2000年到党的十八大前。政府部门对物流重要性的认识不断提升，密集制定出台大量政策举措，成立“现代物流工作部际联席会议”，我国物流业发展开启“新纪元”。这一时期，我国社会物流总额年均增长15%以上，在资本和技术“双轮驱动”下，实现了从物流弱国到物流大国、从传统物流到现代物流的跨越式转变。

提质增效期：党的十八大以来。2014年，国务院发布《物流业发展中长期规划(2014—2020年)》，系统提出物流业的发展重点、主要任务和重点工程，明确了一段时期内物流业的发展方向和目标。按照党中央、国务院关于深化供给侧结构性改革、推进“三去一降一补”的决策部署，国家发改委等相关部门围绕推进物流降本增效促进实体经济发展，出台物流业降本增效实施方案，启动物流降本增效综合改革试点等。党的十九大提出加强“物流等基础设施网络建设”，进一步明确了物流的基础性和准公益性地位，为新时代物流业发展指明了方向。国务院常务会议审议通过《国家物流枢纽布局和建设规划》，在127个城市布局建设212个国家物流枢纽，打造“通道＋枢纽＋网络”的物流运行体系。这一时期，我国物流业发展环境显著改善，物流基础设施体系更加完善，大数据、云计算等先进信息技术广泛应用，物流新模式、新业态加快发展，物流业转型升级步伐明显加快，发展质量和效率显著提升。

新中国成立至今，我国物流业取得了举世瞩目的巨大发展成就，基础设施条件显著改善，物流服务水平大幅提升，行业发展环境不断优化，走出了一条中国特色的物流发展道路。

覆盖广泛、协同联动的物流基础设施网络初步建成。我国基本形成了覆盖国内、联通国际的物流基础设施和服务网络，有效地支撑了我国世界第二大经济体和第一大货物贸易国的地位。

供给多元、专业高效的现代物流服务体系基本建立。据行业协会统计，全国A级物流企业达5 000多家，5A物流企业超过300家，一批物流领军企业发展壮大。供应链物流、快递物流、冷链物流等专业物流发展迅速，物联网、大数据、云计算、人工智能等新兴技术在物流领域推广应用，无车承运、甩挂运输、多式联运等先进运输组织方式加快发展，社会化、专业化物流服务水平和质量显著提升。

资料来源：中国物流70年：砥砺奋进 跨越发展．（2019－08－15）．http://www.ciltchina.cn/index.php?case=archive&act=show&aid=123.

# 项目四
# 物流成本控制与绩效考核

## 【知识技能结构导图】

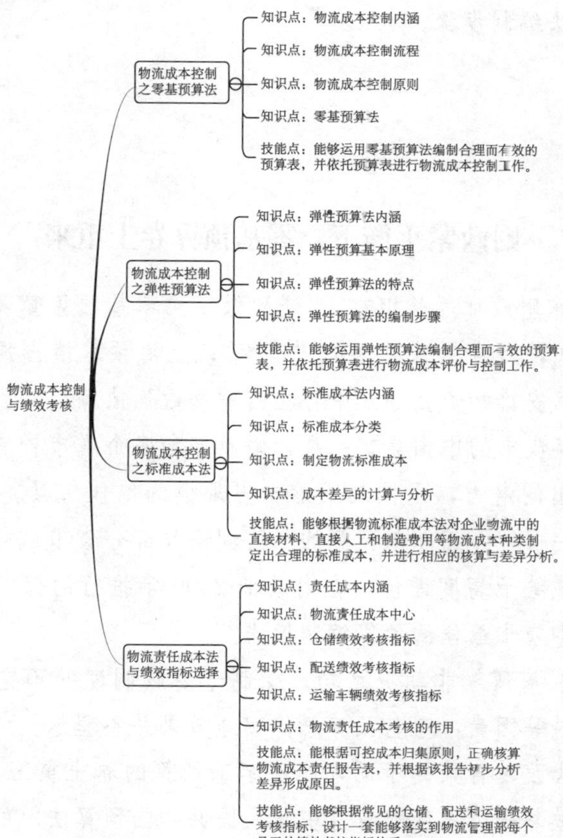

# 任务1
# 物流成本控制之零基预算法

## 【能力目标】

能够运用零基预算法编制合理而有效的预算表，并依托预算表进行物流成本控制工作。

## 【知识目标】

1. 理解物流成本控制内涵和物流成本控制流程；
2. 掌握物流成本控制原则；
3. 理解零基预算法内涵；
4. 掌握零基预算法编制步骤。

## 案例引入

### 财政紧平衡下，零基预算卷土重来

2020年年初，山东财政厅厅长坦言，“咬牙做了‘零基预算管理’”，将打破“基数+增长”的预算编制方式，对存量基数全部“清零”；上海预算报告强调要“落实‘零基预算’理念”，“打破预算安排和资金分配中存在的‘基数’依赖”。

曾在20世纪90年代末的中国昙花一现，财政部和多个省市皆有试点推行，零基预算被公认为具有削减支出的潜力，是控制压缩支出规模的绝佳工具。1997年，财政部组织编写了《零基预算》一书，介绍零基预算的相关理论和部分省市试行零基预算的做法，对零基预算在中国的实施给予高度评价。在财政部2000年推行的部门预算改革中，零基预算被学术界和实务界寄望于最佳的预算编制模式。

但从结果来看，零基预算非朝夕之功。受制于财政制度并不完善、政治权力体系掣肘、预算编制技术粗糙等因素，零基预算总体实施效果并不理想。

与20世纪90年代改革背景的不同，此次零基预算的卷土重来，有近20年来逐渐完善的分税制财政体制做基础，更伴随着《中华人民共和国预算法》的实施和新一轮财税体制改革的推行。

在这样高的起点上推行零基预算，财政部门要的不应是权宜之计，而是要借力推动一整套财政资金运转模式的改革优化，要将近些年改革的成果整合固化在预算编制环节，通过“零基预算”控制行政成本，促进行政体系高效运转。

**思考：** 零基预算的实践起始于何处？零基预算在中国的推行，对物流行业有什么借鉴意义？

资料来源：旧瓶与新酒：财政紧平衡下，零基预算的卷土重来（上）.（2020-09-16）. https://zhuanlan.zhihu.com/p/248193319?utm_source=wechat_session.

## 工作情境描述

按照事业部模式运作的物流管理部门根据宁波科翔技术有限公司年度利润目标、销售目标和成本目标，以及物流部门具体承担的物流经营任务要求，提出了计划期各项费用及其水平，2019 年编制的预算表见表 4-1。其中，总公司批准的 2020 年可供物流部门使用的资金为 730 000 元，而物流各下属部门提交上来的预算表与 2019 年数据相同。

物流管理部门经理要求，采用零基预算法编制物流管理部门的 2020 年度物流费用预算，编制完毕经过审核后，根据该预算实施物流部门的成本控制工作。

**表 4-1　2019 年公司物流部门编制预算表**

单位：万元

| | |
|---|---|
| 人员工资及福利 | 200 000 |
| 设施、设备折旧费 | 50 000 |
| 材料采购费 | 35 000 |
| 广告宣传费 | 350 000 |
| 仓库保管费 | 25 000 |
| 物流信息费 | 120 000 |
| 合计 | 780 000 |

**工作情境问题分析：** 面对上述工作情境，需要解决的问题主要有两个：第一，为什么物流成本控制需要编制预算表，不编制不行吗？物流成本控制到底应该如何操作才能更加有效率？第二，零基预算法编制步骤应该如何操作，才能保障制定出来的预算真实可靠？

## 必备知识

### 一、物流成本控制内涵

物流成本控制是企业在物流活动中依据物流成本标准，对实际发生的物流成本进行严格审核，发现浪费，采取降低物流成本的措施去实现预定物流成本目标的一种管理方法。物流成本控制可分为局部控制和综合控制两类内容，如图 4－1 所示。其中，局部控制主要包括对运输成本、装卸搬运费以及仓储成本费等具体物流成本内容的控制，而综合控制则主要包括对物流成本的预测、计划、分析、计算、决策等多个环节和步骤，更具系统性、战略性。

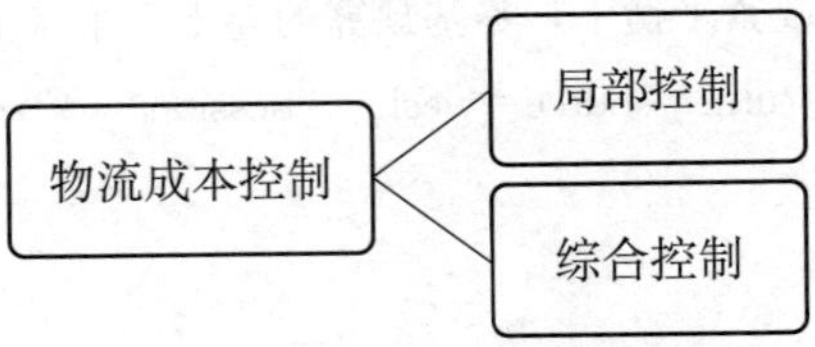


**图 4－1　物流成本控制分类图**

从内涵上可以看出，在进行物流成本控制时，首先需要制定物流成本标准，因此可以说，物流成本标准是一种事先拟定的标准，标准的制定要能够在执行时落实到每个岗位、每台设备以及每个人上。执行时，要根据标准分析并发现浪费，实际上是找出标准成本和实际成本之间的一种偏差。而控制时，要在考虑不影响产品质量的前提下进行制约或者控制，也可以说采用特定的理论、方法、制度等对物流各环节发生的费用进行有效的计划和管理。

**学习讨论**

这样制定物流成本标准可行吗？

老板说了，今年物流部门的成本控制要下降 5%，那好，把去年各部门花费的金额（支出）表拿出来，每个都扣减 5%，任务完成。2020 年物流部门成本控制表见表 4－2。

**表 4－2　某公司 2020 年物流部门成本控制表**

| 成本项目 | | 2019 年 | 2020 年 |
|---|---|---|---|
| | | 金额（万元） | 金额（万元） |
| 物流功能成本 | 仓储成本 | 19 | 18.05 |
| | 装卸搬运成本 | 8 | 7.6 |
| | 小计 | 27 | 25.65 |
| 存货相关成本 | 资金占用成本 | 6 | 5.7 |
| | 存货保险成本 | 3 | 2.85 |
| | 小计 | 9 | 8.55 |
| 物流成本合计 | | 36 | 34.2 |

答：

**解析：**

假定服务质量构成为：

仓储成本占40%，即（原有成本－17）×0.4为服务质量的贡献值。

装卸搬运成本占20%，即（原有成本－7）×0.2为贡献值。

资金占用成本占20%，即（原有成本－5）×0.2为贡献值。

存货保险成本占20%，即（原有成本－2.5）×0.2为贡献值。

所有值加到一起即为现有服务质量。以本年服务质量为客户满意标准，降低成本后会出现什么情况？服务质量计算表见表4-3。

**表4-3　服务质量计算表**

| 成本项目 | | 2019年 | 2020年 | 服务标准 | 2019年服务质量值 | 2020年服务质量值 |
|---|---|---|---|---|---|---|
| | | 金额（万元） | 金额（万元） | 比重 | | |
| 物流功能成本 | 仓储成本 | 19 | 18.05 | 0.4 | 0.8 | |
| | 装卸搬运成本 | 8 | 7.6 | 0.2 | 0.2 | |
| | 小计 | 27 | 25.65 | | 1 | |
| 存货相关成本 | 资金占用成本 | 6 | 5.7 | 0.2 | 0.2 | |
| | 存货保险成本 | 3 | 2.85 | 0.2 | 0.1 | |
| | 小计 | 9 | 8.55 | | 0.3 | |
| 物流成本合计 | | 36 | 34.2 | | 1.3 | |

2020年仓储成本服务质量值＝(18.05－17)×0.4＝0.42

2020年装卸搬运成本服务质量值＝(7.6－7)×0.2＝0.12

2020年资金占用成本服务质量值＝(5.7－5)×0.2＝0.14

2020年存货保险成本服务质量值＝(2.85－2.5)×0.2＝0.07

所有的项目服务质量值加到一起，为0.75，与2019年的所有项目服务质量值1.3相比，呈现下降趋势，说明物流成本控制时，将各项目进行平均下降的做法是行不通的。

成本控制就是指以成本作为控制的手段，通过制定成本总水平指标值、可比产品成本降低率以及成本中心控制成本的责任等，达到对经济活动实施有效控制的目的的一系列管理活动与过程。物流成本控制方法包括绝对成本控制法和相对成本控制法，如图4-2所示。

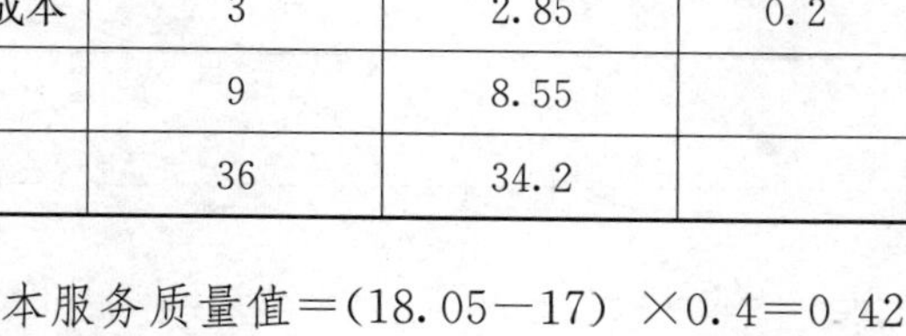


**图4-2　物流成本控制方法**

绝对成本控制法是把成本支出控制在一个绝对额以内的成本控制方法。绝对成本控制从节约各种费用支出、杜绝浪费的途径进行物流成本控制，要求把营运生产过程发生的一切费用支出都列入成本控制范围。标准成本和预算控制是绝对成本控制的主要方法。

相对成本控制法是通过成本与产值、利润、质量和功能等因素的对比分析，寻求在一定制约因素下取得最有经济效益的一种控制方法。相对成本控制需要从产量、成本和收入三者的关系来探索控制成本的方法。相对成本控制扩大了物流成本控制领域，要求人们充分关注与成本密切相关的因素，如产品结构、项目结构、服务质量水平和质量管理，以期提高成本效益。

**学习讨论**

已知有两种方案（见表 4－4)，你会选择哪种方案？说出你的理由。

**表 4－4　两种方案**

| 方案名称 | 收入 | 成本 | 利润 | 服务质量水平 |
|---|---|---|---|---|
| 方案 1 | 100 万元 | 80 万元 | 20 万元 | 高质量 |
| 方案 2 | 100 万元 | 75 万元 | 25 万元 | 与方案 1 相同 |

答：

______________________________

______________________________

**学习讨论**

洛克菲勒是美国的“石油大王”，他拥有的财富无人可比，但他深深懂得节约的重要性，他曾对他的下属说：“省钱就是挣钱。”

洛克菲勒经常到公司的几个单位悄悄查看，有时他会突然出现在年轻簿记员面前，熟练地翻阅他们经营的分类账，指出浪费的问题。又如在视察美孚的一个包装出口工厂后，确定用 39 滴焊料封 5 加仑油罐（而不是原先的 40 滴）的标准规格，也是很著名的事例。

美国钢铁大王卡内基就曾说过：“密切注意成本，你就不用担心利润。”在他的一生中，从未为利润担心过，因为他最注重的就是节约成本，省却每一笔不必要的开支。为了降低成本，卡内基可以说是不择手段，不放过任何一个可以节约的机会。卡内基的努力效果是明显的，正是由于他掌握了这一原则，才使他在钢铁业中超过众多同行，获得了“钢铁大王”的美称。

从这些知名企业家身上，你学到了什么？

答：

______________________________

______________________________

## 二、物流成本控制流程

从物流成本控制内涵可以得出物流成本控制流程包括四个基本步骤，分别是制定物流成本标准、监督物流成本形成、揭示并纠正不利偏差和评价与激励，如图 4－3 所示。

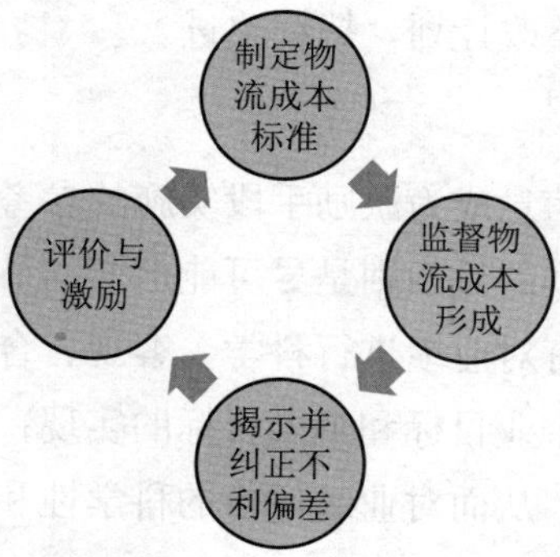


**图 4－3　物流成本控制流程图**

1. 制定物流成本标准

物流成本标准可以说是物流成本控制的准绳，在物流成本预测和决策的基础上，规定出计划期内各项物流成本开支和资源耗费的数量限度，要做到能满足具体控制的要求，并以此作为检查、衡量和评价实际物流成本水平的依据。在制定企业物流成本标准时，可以参考国家标准、行业标准和地方标准。

2. 监督物流成本形成

从产品成本形成过程来看，在监督物流成本的形成时，应该将焦点放在产品投产前、制造过程和流通过程等三个环节的成本控制上。产品投产前的控制内容主要包括：加工工艺成本、物资采购成本、生产组织方式、材料定额与劳动定额水平等。这些内容对成本的影响最大，可以说产品总成本的 60％取决于这个阶段的成本控制工作的质量。

制造过程是成本实际形成的主要阶段。绝大部分的成本支出在这里发生，包括原材料、人工、能源动力、各种辅料的消耗、工序间物料运输费用等。流通过程中的控制包括产品包装、厂外运输和售后服务等费用。

除了按照产品形成过程来监督物流成本的形成外，还需要根据物流成本控制标准，对实际发生的各项物流成本进行检查、对比和监督，不仅要检查指标本身的执行情况，而且要检查和监督影响指标的各项条件，如物流运作设备和装备水平、物流工作环境、物流从业人员技术水平等。同时，物流成本的日常控制要与生产作业控制结合起来，具体可以从物流相关直接费用的日常控制、物流相关工资费用的日常控制和物流相关间接费用的日常控制等入手。

3. 揭示并纠正不利偏差

企业物流在运行中，一定会不断地暴露出一些新问题，针对这些新问题及时分析，才能对症下药，及时纠偏。建立多层级的分析制度必不可少：班组要分析消耗的完成情况，部门要分析费用完成情况，企业要分析成本完成情况。分析不是只看数字高低，而是要查找背后的原因，哪些是正常的、哪些是特殊情况，然后找出影响因子最大的几个，安排专人负责，提出改进措施，制定整改计划，持续改进。

4. 评价与激励

业绩评价结果最终显示的信息成为激励手段实施的参考基础，其目的是获取一个更高的业绩水平而依附的手段。激励的目的则是尽可能地调动员工主动性，实现企业业绩的最大化。在企业管理实践中，只有对业绩进行科学、客观、合理的评价，才能保障激励手段的实施具有针对性，从而促进企业目标和个人目标的实现；而激励机制的实施结果也会在主客体的信息交流中进行传递，从而对业绩评价的科学性和有效性进行调整，促进业绩评价的进一步提升。

## 三、物流成本控制原则

扫一扫

物流成本控制原则

物流成本控制原则一般来说包括以下几个，如图 4－4 所示。

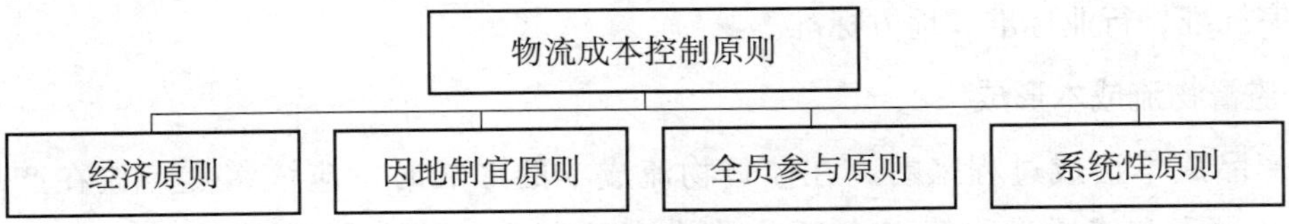


**图 4－4　物流成本控制的主要原则**

1. 经济原则

经济原则是指因推行成本控制而发生的成本，不应超过因缺少控制而丧失的收益。任何物流活动都要讲求经济效果，也都需要付出一定的代价，但这种代价不能太大，不应超过建立这项管理所能节约的成本。提高经济效益，不单是依靠降低成本的绝对数，更重要的是实现相对的节约，取得最佳的经济效益，以较少的消耗，取得更多的成果。

经济原则在很大程度上决定了我们只需要在重要领域中选择关键因素加以控制，不需要对所有成本进行同样周密的控制。经济原则要求在成本控制中贯彻“例外管理”原则，对正常成本费用支出可以从简控制，因为实际发生的费用往往与预算有上下，如果产生的差异不大，也就没有必要一一查明其原因。成本控制要将注意力集中在超乎常规的情况，及时进行信息反馈。同时，要把注意力集中于重要事项，即对物流活动及其经济效果有重要影响的项目或因素作为重点严加控制，对数额很小的费用和无关大局的事项可以节省控制精力。

学习讨论

某公司为了降低运输环节的成本，提出了购买价值100万元的新车辆，报废原有2辆车辆，结果出现了原来能够盈利100万元，现在因为不能及时运输，只能获利80万元。该成本控制方案违背了什么？

答：

学习讨论

小刘刚从学校毕业，进入了一家物流公司，其间看到公司浪费严重，感觉有必要且有义务用自己所学来回报公司，因此，小刘对公司的A、B、C三个业务进行了调研，经过3个月的分析，向公司提出了成本控制建议：

(1) 虽然A业务很重要，但是公司3个业务都必须花费同样精力进行成本控制；

(2) 采用全公司监控的方式，将惩罚措施落实到具体每个作业人员。

你觉得小刘的做法正确吗？为什么？

答：

2. 因地制宜原则

因地制宜原则是指成本控制系统必须个别设计，适合特定企业、部门、岗位和成本项目的实际情况，不可照搬其他企业的做法。

大企业和小企业、老企业和新企业、发展中的企业和相对稳定的企业、不同行业中的不同企业、同一企业的不同发展阶段的管理重点、管理架构、管理风格以及成本控制方法都会有所不同，因此想要找出一个适用于所有类型企业的物流成本控制方法是不可能的，必须根据不同企业的特点，以及不同部门的特定要求，制定出特有的物流成本控制模式，使之适合职务与岗位责任要求，同时适合成本项目的特点。

学习讨论

为了尽快拿出公司的成本控制方案，小李从网上摘抄了一篇别的公司的方案，将里面的内容套用了公司的资料，就上交执行了。这样的做法正确吗？为什么？

答：

3. 全员参与原则

企业的任何活动都会产生成本，都应在成本控制的范围之内。任何物流成本都是人参与物流作业的成本，只能由参与或者有权干预这些活动的人来管理。因此，每个职工都负有成本责任。同时要加强对物流成本形成部门的控制管理工作，只有加强了对专业部门的物流成本控制工作，才能对物流成本的形成过程进行连续、全面的控制。

4. 系统性原则

实施物流成本的系统管理可以有效地克服物流成本的“此消彼长”现象。这是因为系统管理是对物流活动的全过程进行统一管理，充分协调各部门、各环节的成本费用，以总成本降低为主要目的，最大限度地降低物流成本。实施全面成本管理可加快物流合理化过程。物流成本的系统管理认为物流作业质量、成本和时间经过协调，可以达到长期消减成本的目的。

学习讨论

公司由仓储和运输两个主业构成，因此降低成本时，应该两个主业同时降低，而不是其他。这样的做法正确吗？为什么？

答：

______________________________

______________________________

拓展阅读

**从两家“拼工厂”，我看到了成本控制到极致的秘密**

坐落于瑞昌的可心柔拥有近 20 年的代工厂历史，入驻拼多多仅两年时间，已经成为平台的“纸巾双雄”之一。不仅如此，为满足运力需求，两家还自建物流体系，迅速跻身行业二线龙头品牌。

**定制化产品＋压缩供应链，打造爆款让利成本**

在可心柔的工厂中，卖出 166 万单的爆款单品“竹浆本色”正在加紧生产，一包包纸巾乘坐过山车般的流水线后，直接进入隔壁物流车间，以 29.9 元的价格分发向全国各地。

这款爆款纸巾成本结构非常透明：按 28 包规格来算，平均每包售价仅为 1.067 元，相当于一张纸巾只要 1 分钱。

其中，每包纸巾快递物流费用为 0.125 元/包，生产成本为 0.91 元/包，净利润仅为 3.2 分钱一包。

也就是说，29.9 元 28 包的规格，每单仅有不到 9 角的利润。但这包纸巾的质量，与一线品牌并无差异。之所以能做到如此低的成本，诀窍在于定制化产品+压缩供应链。

可心柔的电商负责人吴立营说，他们发现许多拼多多用户在意性价比，“觉得大张纸巾浪费”。为此，工厂特地推出 180mm×122mm 的小规格竹浆本色抽纸，并将生产线迁移到原料供应商理文集团的园区内，运输成本从 300 元/吨直线下降到“8 元包邮”。

资料来源：https://xueqiu.com/6631421465/191608195.

## 四、零基预算法

常见的全面预算编制方法包括零基预算、增量预算，固定预算、弹性预算，定期预算、滚动预算，确定性预算、概率预算等方法。具体分类如图 4-5 所示。

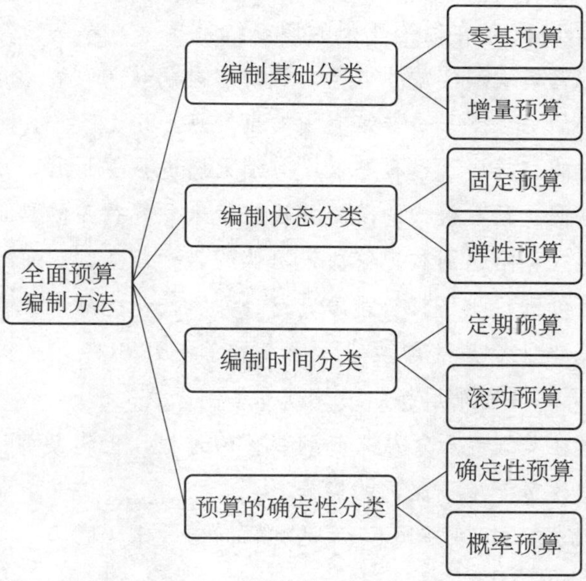


**图 4-5　全面预算编制方法**

1. 零基预算法的内涵

1995 年《中华人民共和国预算法实施条例》的颁布，正式将零基预算纳入法定的预算编制模式。零基预算法是指在编制预算时对于所有的预算支出，均以零为基底，不考虑以往的情况，从根本上研究分析每项预算支出的必要性和支出数额的大小。这种形式强调从头开始，从根本上分析研究所有项目（包括原有的和新的）和每一项目的全部支出（包括已支出的和未支出的）的成本和效益，并在此基础上确定其预算收支数。零基预算属于自下而上的参与式预算模式，它的核心是要求预算工作人员不要盲目接受过去的预算支出的结构和规模，一切都应按变化后的实际情况重新予以考虑。

## 拓展阅读

### 零基预算的起始

20 世纪 70 年代，美国经济呈现滞涨危机，政府收入锐减，支出压力陡增，财政改革的首要问题是如何缓解支出压力，维系预算平衡。而传统的增量预算方式过于依赖基数，支出调整能力存在较大局限，为人所诟病。在此背景下，被认为是削减支出规模利器的零基预算，翩翩登上历史舞台。

1971 年，美国得克萨斯仪器公司对零基预算的成功使用，引起美国公共预算部门的普遍关注。1973 年，时任佐治亚州州长的卡特将零基预算引入政府部门，并于 1978 年成为美国总统后，在联邦政府全面推广零基预算。上有联邦总统亲自示范，下有美国各州纷纷效法，零基预算一时名声大噪。

但根据劳斯教授 1977 年在佐治亚州的调查结果显示，零基预算在该州的实施并没有消灭传统的渐进预算模式。实施 4 年后，预算官员仍认为，在决定下一个年度的项目预算规模时，前一年的资金水平是非常有用的出发点。

零基预算所主张的“排序”过程不仅没有消灭渐进预算过程，反而为渐进预算过程的边际分析提供了方便。预算模式的改变并没有带来预算行为的真正变革。

美国零基预算模式包括识别和定位决策单位的目标任务、为每个决策单位建立支出项目决策包、对决策包进行排序、将排序进行合并、按优先顺序配置资金 5 个步骤。

1981 年，里根总统上台后随即废止了零基预算。1993 年，美国国会颁布了《政府绩效与结果法案》，开始全面采用新的绩效预算编制方法。

至此，零基预算在美国经历了从兴起到衰落的过程，但树欲静而风不止，其风波对许多国家的预算管理改革产生了深远的影响。

资料来源：旧瓶与新酒：财政紧平衡下，零基预算的卷土重来（上）.（2020-09-16）. https://zhuanlan.zhihu.com/p/248193319.

## 学习讨论

本任务工作情境中显示，总公司批准的 2020 年可供物流部门使用的资金为 730 000 元，而物流部门报上来的费用是 780 000 元，采用零基预算法进行预算控制，就是让物流部门报上来的计划成本 780 000 元和上级部门给予的可使用资金 730 000 元正好相等的方法。这样做正确吗？

答：______________________________

______________________________

2. 零基预算的基本思想

在每个预算年度开始时，把所有还在继续开展的活动都视为是从零开始重新编制预算的。预算人员以一切从头开始的思想为指导，根据各项活动的实际需要，安排各项活动及各个部门的资源分配和收支。

零基预算的“零基”并不是说一切都要推倒重来、从零开始，这在企业中是不现实的，也是不会受益的。它的意思是指在编制预算过程中要基于业务目标对各项业务活动重新进行评估，审视业务活动是否有必要存在以及投入的资金水平不同时的收益，形成各种备选方案，在成本-效益分析的基础上，重新排出各项管理活动的优先次序，按优先级排序，管理者根据可动用预算总包及对各种备选方案的优先排序来进行决策。

学习讨论

公司进行零基预算法管理时，也意味着每年公司都需要重新编制一次预算，这种说法正确吗？

答：

______________________________________________

______________________________________________

3. 零基预算的编制步骤

扫一扫

**一步步教你使用**
**零基预算法编制预算**

在编制零基预算前需要做好以下几方面的准备工作：一是掌握准确的物流成本信息资料，对物流管理涉及的人员编制、人员结构、薪酬水平，以及工作性质、设施设备所需资金规模等要了解清楚；二是确定各项开支定额，这也是编制零基预算的基本要求；三是根据业务需要和客观实际情况，对各个预算项目逐个分析，按照效益原则，确定预算支出项目和数额。零基预算法的编制步骤如图 4－6 所示。

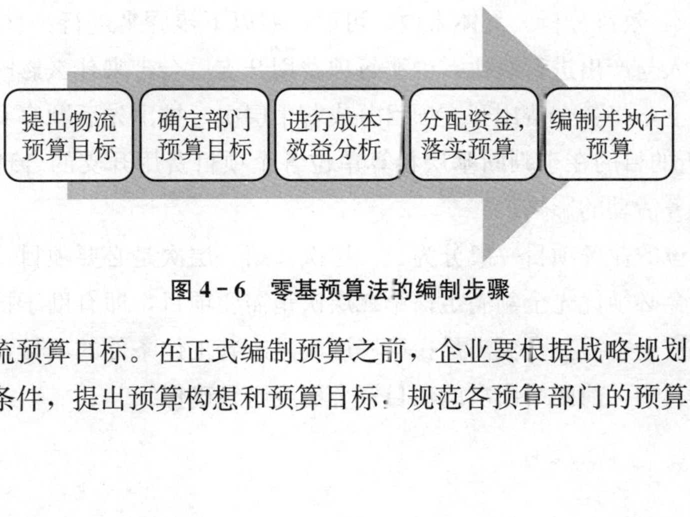


**图 4－6　零基预算法的编制步骤**

（1）提出物流预算目标。在正式编制预算之前，企业要根据战略规划和经营目标，综合考虑各种资源条件，提出预算构想和预算目标，规范各预算部门的预算行为，企业里各基层业务单位通常被视为能独立编制预算的基层单位。在编制程序上，经常性的预算，由基层单位提出，若属重大的预算项目，则由地位较高的部门提出。

学习讨论

本任务工作情境中显示，总公司批准的 2020 年可供物流部门使用的资金为 730 000 元，而物流部门报上来的费用是 780 000 元，那么公司的物流预算目标应该是多少？

答：

(2) 确定部门预算目标。各部门根据企业的总体目标和本部门的具体目标，以零为基础，提出本部门在预算期内为完成预算目标需要发生哪些预算项目，即计划期内需要发生哪些业务活动，对每一个费用项目编写一套方案，提出费用开支的性质、目的，以及需要开支的数额。

学习讨论

本任务工作情境中显示，总公司批准的 2020 年可供物流部门使用的资金为 730 000 元，而物流部门报上来的费用是 780 000 元，此时的方案属于哪种水平的预算目标方案？

答：

**解析**：各部门提交的数据与 2019 年预算时一样，如本任务工作情境中显示，物流部门提交的预算目标是 780 000 元，与公司的预算目标 730 000 元出现差异，可以说这种方案是一种维持水平的预算目标方案。

(3) 进行成本-效益分析。具体来说，可以按照以下步骤来进行：首先，进行成本-效益分析，将其投入与产出进行对比，说明每项费用开支后会带来什么影响；然后，在权衡轻重缓急的基础上，将各个费用开支项目分成若干层次，排出先后顺序和重要性程度。进行成本-效益分析的目的在于判断基层预算单位各个项目费用开支的合理程度、先后顺序以及对本单位业务活动的影响。

基层预算单位的业务项目一般分为三个层次：第一层次是必要项目，即非进行不可的项目，该层次资金必须优先全额满足；第二层次是需要项目，即有助于提高质量、效益的项目，该层次的资金也需要全额满足；第三层次是改善工作条件的项目，可根据成本效益比例进行调整。其中，前两个层次的项目资金额度必须确保。

零基预算最大的特点就是对每一项成本费用重新进行"成本-效益"评估。企业的预算编制人员大部分是财务管理人员，不可能了解企业经营管理活动的方方面面，如果没有全面的数据和强大的模板支撑，零基预算的效果将大打折扣。

**学习讨论**

本任务工作情境中，表 4-1 中的相关项目应该如何划分层次？

答：

______________________________________________

______________________________________________

**解析**：对各费用开支进行层次划分。其中，材料采购费用和仓库保管费用是与特定业务相联系，是完成计划规定物流业务活动必不可少的开支，是必须支出的项目，需要全额保证，列为第一个层次。

物流部门人员工资及福利和设施、设备折旧费属于约束性固定成本，是企业需要支付的开支项目，列为第二个层次。

广告宣传费和物流信息费可以作为改善项目，需要作进一步分析。

接下来，对广告费和物流信息费进行成本一效益分析：

根据以往有关的平均费用金额和相应的平均收益金额，见表 4-5，计算出成本效益比。

**表 4-5 成本效益比**

| 明细项目 | 平均费用（元） | 平均收益（元） | 成本效益比 |
|---|---|---|---|
| 广告宣传费 | 20 000 | 400 000 | 20 |
| 物流信息费 | 40 000 | 400 000 | 10 |

$$\text{广告宣传费的成本效益比}=\frac{\text{平均收益}}{\text{平均费用}}=\frac{400\ 000}{20\ 000}=20$$

$$\text{物流信息费的成本效益比}=\frac{\text{平均收益}}{\text{平均费用}}=\frac{400\ 000}{40\ 000}=10$$

（4）分配资金，落实预算。根据预算项目的排列顺序，对预算期内可动用资金进行合理安排，首先满足确保项目，剩余的资金再按成本收益率或缓急程度进行分配，做到保证重点、兼顾一般。分配的原则是首先满足排在前面的项目，直至全部资源分配完毕。使用资金的部门，应对其所耗用的成本和绩效负责。

**练一练**

根据前面内容显示，物流部门可使用的资金为 730 000 元，请为其正确分配资金，相关内容写到表 4-6 中。

表 4-6 2020年物流部门计划期费用

单位：元

| 费用项目 | 优先级 | 预算费用 |
|---|---|---|
| 材料采购费 | 第一层次 | 35 000 |
| 仓库保管费 | | 25 000 |
| 设施、设备折旧费 | 第二层次 | 50 000 |
| 人员工资及福利 | | 200 000 |
| 以上费用合计 | | ① |
| 广告宣传费 | 第三层次 | ② |
| 物流信息费 | 第四层次 | ③ |
| 合计 | | ④ |

**解析：**物流部门可使用的资金为730 000元，计算过程如下所示。

第一层次项目材料采购费和仓库保管费是必须支出的项目，需要全额保证，因此物流部门报上来的费用，需要全额列入，见表4-6，分别为35 000元和25 000元。设施、设备折旧费和人员工资及福利费为第二层次项目，属于约束性固定成本，是企业需要支付的开支项目，因此也需要全额列入，分别为50 000元和200 000元。因此以上费用合计①＝35 000＋25 000＋50 000＋200 000＝310 000（元）。广告宣传费和物流信息费作为可适当调减的改善项目，在保障第一层次和第二层次项目金额的前提下，以剩余金额为基础，按照成本效益比进行分配。因此，广告宣传费②＝(730 000－310 000)×20/30＝280 000(元)，其中，广告宣传费在成本效益比表中，总的成本收益比为(10＋20)，而广告宣传费为20，因此相对比例为20/30。物流信息费③＝(730 000－310 000)×10/30＝140 000(元)。合计④为所有项目合计值，因此加到一起为730 000元。

(5) 编制并执行预算。资金分配方案确定以后，企业要对各部门的预算草案进行审核、汇总，编制正式预算，经批准后下达执行。执行中遇有偏离预算的地方要及时纠正，遇有特殊情况要及时修正，遇有预算本身问题要找出原因，总结经验加以提高。

## 任务解决

通过上述必备知识的学习，我们现在一起来完成工作情境中的工作任务。

问题一，通过必备知识的学习，我们可以获悉，预算控制是物流成本控制方法的一种，零基预算只是预算控制中的一种方法，编制零基预算表进行控制，可以不考虑历史，只需要在年初重新审查每项活动对实现组织目标的意义和效果，并在成本-效益分析的基础上，重新排出各项管理活动的优先次序，并据此决定资金和其他资源的分配。有了预算表，可将其作为一种物流成本控制标准，在充分考虑物流成本控制原则的基础上，参照物流成本控制流程对公司的物流成本进行有效的管控。

问题二，零基预算法的编制步骤一共有 5 个，分别是：提出物流预算目标；确定部门预算目标；进行成本-效益分析；分配资金，落实预算；编制并执行预算。相应的实操步骤在这 5 个步骤的示例中进行了展示。

## 自我训练

如果物流部门可使用的资金为 700 000 元，2020 年编制的零基预算表又应该如何呢？数据见表 4 - 1，其中成本效益比见表 4 - 5。

答：

______________________________________________________________

______________________________________________________________

## 单元自测

### 一、单选题

1. 成本控制系统必须个别设计，适合特定企业、部门、岗位和成本项目的实际情况，不可照搬其他企业的做法，描述的是物流成本控制的（　　）。

A. 经济原则　　B. 因地制宜原则　　C. 全员参与原则　　D. 系统性原则

2.（　　）是企业在物流活动中依据物流成本标准，对实际发生的物流成本进行严格审核，发现浪费，采取降低物流成本的措施去实现预定的物流成本的目标。

A. 物流成本控制　　B. 物流成本核算　　C. 物流成本分析　　D. 物流成本考核

3. 企业的任何活动都会产生成本，都应在成本控制的范围之内，所以每个职工都负有成本责任，描述的是物流成本控制的（　　）。

A. 经济原则　　B. 因地制宜原则　　C. 全员参与原则　　D. 系统性原则

### 二、多选题

1. 零基预算方法在划分具体项目时，一般分为（　　）。

A. 必要项目　　B. 需要项目　　C. 零项目　　D. 改善项目

2. 物流成本控制方法包括（　　）。

A. 绝对成本控制　　B. 盈亏平衡点控制　　C. 相对成本控制　　D. 安全边际控制

3. 有关零基预算法，描述正确的有（　　）。

A. 预算编制依据科学，按照具体情况考虑预算大小，合理、有效地进行资源分配

B. 核心是预算工作人员不要盲目接受过去的预算支出的结构和规模，一切都应按变

化后的实际情况重新予以考虑

C. 在每个预算年度开始时，把所有还在继续开展的活动都视为是从零开始的

D. 在每个预算年度开始时，把所有还在继续开展的活动都看作基础，依据这些活动制定新的预算

### 三、判断题

1. 物流成本控制不是简单的数字堆砌问题，而是围绕着公司的情况，从上到下统一认知的成本节约问题。（　　）

2. 成本核算项目多种多样，物流成本控制就是将这些成本进行统一的，不考虑各自来源及特征的加以控制。（　　）

3. 零基预算法的优势在于不需要考虑以前年度各项目的花费，可以在成本-效益分析的基础上，分配资金到相关项目上。（　　）

# 任务2
# 物流成本控制之弹性预算法

## 【能力目标】

能够运用弹性预算法编制合理而有效的预算表，并依托预算表进行物流成本评价与控制工作。

## 【知识目标】

1. 掌握弹性预算的内涵；
2. 理解弹性预算的基本原理和特点；
3. 掌握弹性预算法的编制步骤。

## 案例引入

### 德铜：弹性预算释放降本空间

受疫情影响，世界经济低迷，公司面临严峻的生产经营形势，为层层传导生产经营压力，江铜集团股份有限公司德铜矿区严控全年成本总量，以精准预算为抓手，将以往的月度均摊预算变为现在的弹性预算模式，强化动态过程管控，激发各单位的降本主动性和员工的工作积极性，打开降本增效空间。

“制定弹性的财务月度预算，更有利于指导生产经营活动的开展和查找分析财务预算执行过程中产生差异的原因，并落实各层级考核，实现财务预算的精准落地和考核更加公平、公正。”该矿财务部部长余文杰如是说。

采矿场战线长、设备多，预算的精准是关键。“下基层、进工段、跑科室，全面了解掌握生产、设备运行情况，提前预判，科学精准编制月度预算计划……”虽然工作量大增，但在吴立新看来，弹性预算更加贴近基层实际。

如今，该场将预算指标分解到工段、班组（机台），并以预算为目标，倒排产量、作业量、物耗和能耗等业务预算指标，使之充分融合、匹配，人人肩上都有了成本指标。

“二、三季度雨水多，一、四季度枯水期，依据季节性气候变化及往年生产数据分析，制定合理的预算计划，不仅利于成本管控，还利于生产组织。”百泰公司副经理周广兴感受到弹性预算带来的变化。

**思考：**弹性预算给该公司带来了哪些方面的变化？

资料来源：德铜弹性预算释放降本空间．(2020-04-27)．https://www.sohu.com/a/391710195_695217.

## 工作情境描述

公司决定将原有装卸部门的甲组（该组拥有5台新买的液压电动叉车和5名员工）为周围制造业进行第三方物流运作，由于公司信誉良好且公司物流运作经验丰富，周围制造业都愿意采用本公司的第三方物流装卸作业服务。公司要求你负责管控这项业务，但是要求自负盈亏，当年实现装卸服务收入400 000元（调查后得知，周围企业可以保障这一收入，且可以提供更多收入，如果服务能跟上的话），利润达到94 000元。

你决定通过弹性预算法编制该装卸组预算表后，来实时追踪物流服务。目前甲组在公司只要完成每年14 400台时的装卸作业就可以了，相关数据信息见表4-7。

**表4-7　装卸部门费用表**

单位：元

| 项目 | 固定费用（元） | 变动费用（元/台时） |
|---|---|---|
| 1. 折旧费 | 18 000 | |
| 2. 保险费 | 12 000 | |
| 3. 充电电费 | | 2 |
| 4. 包装材料 | | 1 |
| 5. 装卸工人工资 | 180 000 | 3.5 |
| 6. 维修费 | 1 000 | 0.2 |
| 合计 | 211 000 | 6.7 |

**工作情境问题分析：**面对上述工作情境，需要解决的问题主要有两个：第一，弹性预算是什么？在编制弹性预算时，如何实现控制依据和评价标准这两个功能？第二，弹性预算法的编制步骤如何操作呢？

## 必备知识

预算管理是企业管理的基本工具之一，以财富500强为代表的国外大公司无一例外地把预算作为管理控制的工具和业绩评价的依据。预算的关键在于对企业的收支进行预测，以便为实际运行提供参考，保证运行的科学性与合理性。

学习讨论

这样的做法，实现弹性预算了吗？

如果说零基预算是一年调整一次，那么弹性预算就是让下面部门人员报上自己部门的成本费用，然后再根据实际情况，每个月对各部门费用进行调整。这样的做法就是弹性预算。

答：

______________________________

______________________________

## 一、弹性预算法内涵

弹性预算法又称为变动预算法、滑动预算法，是在变动成本法的基础上，以未来不同业务水平为基础编制预算的方法，是固定预算的对称。它是指以预算期间可能发生的多种业务量水平为基础，分别确定与之相应的费用数额而编制的、能适应多种业务量水平的费用预算，以便分别反映在各业务量的情况下所应开支（或取得）的费用（或利润）水平。它也可以说是企业在不能准确预测业务量的情况下，根据本量利之间有规律的数量关系，按照一系列业务水平编制的有伸缩性的预算。正是由于这种预算可以随着业务量的变化而反映各该业务量水平下的支出控制数，具有一定的伸缩性，因此称为"弹性预算"。

拓展阅读

### 弹性预算与本量利关联性

20 世纪初，在对以往有关成本计量问题研究的基础上，人们逐步对成本性态有了一定的认识，如 1903 年 H. 赫斯所发表的《制造业：资本成本、利润和胜利》、1911 年韦伯纳所发表的《工厂成本》、1916 年斯科维尔的《成本和制造费用的分配》、1921 年威廉斯的《工程师对成本会计的态度》和他在 1934 年出版的《弹性预算、费用控制和经理的活动》、1928 年梅纳德的《标准成本和弹性预算在降低生产部门的成本方面是怎样起作用的》，以及经济学家克拉克对若干成本概念的划分等，都对"本量利分析"方法的形成有着直接影响。同时，在对成本性态分析、认识的基础上，与"本量利分析"方法形成直接相关的成果也产生了，如 1909 年学者诺伯尔首创之利润坐标图与 1930 年工程师 H. 赫斯撰文对"盈亏临界图"所作的进一步研究，都十分清楚地揭示了成本-产量-利润之间的关系。1933 年，诺伯尔的《利润工程学——促使企业盈利的应用经济学》出版，又在"本量利"关系的阐述方面把理论研究与具体实践结合起来。正是在以上研究成果的基础上，“本量利分析”方法渐自融合于管理会计之中，成为20世纪前期管理会计内容中的一个重要方面。

资料来源：二十世纪管理会计的产生与演进．（2002－11－21）．https://www.chinaacc.com/new/287/288/300/2006/1/ad30815163517160026735.htm

控制间接费用是企业、政府及非营利组织管理者们一项主要的当务之急。弹性预算主要用于间接费用预算，有些企业也将之用于利润预算。由于间接费用通常由很多单项成本构成，因此，相对直接材料和直接人工而言，间接费用难以控制。又由于间接费用可能是变动的、固定的，或是固定性和变动性的混合，因此间接费用控制变得更为复杂。但是，运用弹性预算就可以大大克服这些复杂性。相比于其他几种预算方法，弹性预算法按一系列业务量水平编制，扩大了预算的适用范围，使得预算更加接近企业的真实情况，更好地发挥了预算的控制作用。

拓展阅读

### 间接费用是如何进入管理视野的

20世纪初期，大公司，尤其是工业中那些具有不同垄断组织特征的大公司，开始在经济发达国家中处于支配地位。在工业公司中，重型机器设备在资产中所占比重越来越大，产品制造程序亦日趋复杂，人们开始着手研究、解决产品成本形成过程中的间接费用分配问题。

一个被人们普遍接受的观念是企业发生的间接费用不能直接归属于某特定产品，应该通过科学合理的方法将其在各种产品之间进行分配和再分配，使其恰当地归属于各有关产品。通过成本信息辅助企业的经营控制和管理决策，在企业价值链得到优化的同时，企业的竞争优势也得到了提高。而要做到这一点，必须清晰地了解成本因何发生、如何发生。从理论上说，间接费用的分配其实就是描绘成本因何发生、如何发生的“一张战略地图”。

资料来源：二十世纪管理会计的产生与演进．（2002－11－21）．https://www.chinaacc.com/new/287/288/300/2006/1/ad30815163517160026735.htm.

学习讨论

当我们计算出每个月或者说每个预算期的业务量时，就可以针对这些业务量专门设置不同的预算，当把所有月份的预算合并到一起，就构成了所谓的弹性预算。请问：这是弹性预算吗？

答：

## 二、弹性预算基本原理

用弹性预算的方法来编制成本预算时，其关键在于，把所有的成本费用按成本习性划分为变动成本与固定成本两大部分。由于固定成本在其相关范围内，总额一般不随业务量的增减而变动，因此可按总额控制；在按照实际业务量对预算进行调整时，只需要调整或控制根据业务量变化的变动成本即可。

$$Y=a+bx$$

式中：

$Y$——费用预算总额；

$a$——固定费用总额；

$b$——单位变动成本；

$x$——计划业务量。

$$Y'=a+bx'$$

式中：

$Y'$——按实际业务量调整后的费用预算总额；

$a$——固定费用总额；

$b$——单位变动成本；

$x'$——实际业务量。

在一定程度上来说，弹性预算是建立在标准成本的基础上的。通常来说，标准成本被定义为一个期望的标准，如单位变动成本 $b$ 就是一个标准成本。典型的物流标准成本包括每小时的装箱数、每次订货的货品数、每公里运输的成本等。

弹性预算的编制需要建立业务量和单位预算金额之间的数量关系式，一旦确立这种关系式，通过调整业务量和单位产品预算金额，就可以调整弹性预算总额。如果单位产品预算金额确定，则变量只剩下业务量。所以弹性预算的管理难点不在于编制，而在于控制。

## 三、弹性预算法的特点

弹性预算法能够提供一系列生产经营业务量的预算数据，它是为一系列业务量水平而编制的，因此，当某一预算项目的实际业务量达到任何水平时（必须在选择的业务量范围之内），都有其适用的一套控制标准。

弹性预算的优点是：一方面能够适应不同经营活动情况的变化，扩大了预算的范围，更好地发挥预算的控制作用，避免了在实际情况发生变化时，对预算作频繁的修改；另一方面能够使预算对实际执行情况的评价与考核建立在更加客观可比的基础上，可以使得任何实际业务量都可以找到相同或相近的预算标准，使得预算能够更好地履行其在控制依据和评价标准两方面的职能。

相对固定预算法而言，弹性预算法的编制工作量较大。实行弹性预算需要分析哪些支出需要与业务量有数量依存关系，除了产品的直接成本项以外，其他因素不一定能找到业务量与支出之间的直接关联。

## 四、弹性预算法的编制步骤

扫一扫

弹性预算法编制物流预算

弹性预算法的编制方法有两种，分别是公式法和列表法。公式法是运用总成本性态模型，测算预算期的成本费用数额，并编制成本费用预算的方法。根据成本性态，成本与业务量之间的数量关系可用公式表示为：

$$y=a+bx$$

其中，$y$ 表示某项预算成本总额，$a$ 表示该项成本中的预算固定成本额，$b$ 表示该项成本中的预算单位变动成本额，$x$ 表示预计业务量。

公式法的优点是便于计算任何业务量的预算成本。但是，阶梯成本和曲线成本只能用数学方法修正为直线，才能应用公式法。必要时，还需要在“备注”中说明适用不同业务量范围的固定费用和单位变动费用。

列表法是在预计的业务量范围内将业务量分为若干个水平，然后按不同的业务量水平编制预算。应用列表法编制预算，首先要在确定的业务量范围内，划分出若干个不同水平，然后分别计算各项预算值，汇总列入一个预算表格。

列表法的优点是：不管实际业务量多少，不必经过计算即可找到与业务量相近的预算成本；混合成本中的阶梯成本和曲线成本，可按总成本性态模型计算填列，不必用数学方法修正为近似的直线成本。但是，运用列表法编制预算，在评价和考核实际成本时，往往需要使用插补法来计算“实际业务量的预算成本”，比较麻烦。

编制弹性预算的具体步骤如下：

步骤一，选择和确定各种经营活动的计量单位消耗量、人工小时、机器工时等。要选择一个最能代表本部门生产经营活动水平的业务量计量单位，例如：以手工操作为主的生产车间，就应该选择直接人工工时作为业务量计量单位；生产制造多种产品的部门，可以选择直接人工工时或机器工时作为业务量计量单位；修理部门可以选择直接修理工时作为业务量计量单位等。

在选择间接费用弹性预算的作业基准时，至少应考虑三个重要因素：

首先，作业基准与变动性间接费用应该有因果关系。作业基准的变化应该引起（或至少高度相关于）弹性预算中的变动性间接费用的变化。在理想状态下，弹性预算中的变动性间接费用应该随作业基准的变化而成比例变化。

其次，作业基准不应用美元或其他货币表达。一般来说，在弹性预算的作业计量中最好使用实物度量而非财务度量。

最后，作业基准应简单且易于理解。若此基准不便于理解，则可能给人带来困惑和误解。若人们不理解报告或不认为其有效，就很难控制成本。

步骤二，预测和确定可能达到的各种经营活动业务量。相关业务量范围是指预算期间内业务活动的变动范围，在确定经济活动业务量时，要与各业务部门共同协调，一般可按正常经营活动水平的70%～120%范围确定（其中间隔一般以6%或8%为宜），也可按过去历史资料中的最低业务量和最高业务量为上下限，然后再在其中划分若干等级。业务活动水平间距越小，预算就越容易起到约束和控制的良好效果，这样编出的弹性预算较为实用。

在现行的弹性预算中，随着业务量由70%～120%不断地发生变化，固定成本始终保持不变（在相关业务量范围内）。而在变动成本中，仅考虑了直接材料、直接人工等单位变动费用，没有考虑资金的价值。需要清楚的是，在实际业务活动中，70%的业务量所占用的资金与110%的业务量所占用的资金是不同的，因此在实施弹性预算时，需要结合实际情况进行相应的业务改进。

步骤三，根据成本性态和业务量之间的依存关系，将企业生产成本划分为变动成本和固定成本两个类别，并逐项确定各项费用与业务量之间的关系。固定成本是指其总额在一定相关范围内不随业务量的变动而变动的成本，变动成本是指在其总额在一定相关范围内随业务量成正比例变动的成本，混合成本可以按照高低点法等方法分解成固定成本和变动成本。

步骤四，计算各种业务量水平下的预测数据，并用一定的方式表示，形成某一项弹性预算。

**练一练**

使用公式法对某公司的仓储部门物流费用编制弹性预算，其中工时变动范围在3 000至5 000之间，给出不同工时变动范围下的预算费用，见表4-8。

**表4-8　公式法下的仓储部门物流费用信息表**　　单位：万元

| 项目 | $a$ | $b$ |
|---|---|---|
| 固定部分 | | |
| 维护费用 | 1 200 | — |
| 折旧费用 | 892 | — |
| 管理费用 | 788 | — |
| 保险费用 | 1 100 | — |
| 变动部分 | | |
| 间接人工 | — | 0.7 |
| 间接材料 | — | 0.5 |
| 维护费用 | — | 0.3 |
| 水电费用 | — | 0.2 |
| 合计 | 3 980 | 1.7 |

答：

______________________________

______________________________

练一练

物流公司为某企业的某产品提供了物流服务，相关服务成本统计如下：预计每件变动成本为410元，其中直接材料成本为310元，直接人工成本为60元，每件变动制造（服务）成本为40元，预计固定制造（服务）成本总额为116 000元，公司最低产量为800件，最高产量为1 100件。采用列表法编制出公司在不同业务量水平下的成本预算。

答：________________________________________

______________________________________________

**解析：**

步骤一，选择和确定各种经营活动的计量单位。

本示例中，可以选择产量作为计量单位。

步骤二，预测和确定可能达到的各种经营活动业务量。

题目中已经确定最低产量为800件，最高产量为1 100件，因此可以选择800、900、1 000和1 100四个分段进行计算。

步骤三，划分变动成本和固定成本两个类别，并逐项确定各项费用与业务量之间的关系，见表4-9。

**表4-9 费用与业务量关系表**

| 费用项目 | | 单位变动费用（件/元） | 生产量 | | | |
|---|---|---|---|---|---|---|
| | | | 800 | 900 | 1 000 | 1 100 |
| 单位产品变动费用 | 直接材料 | | | | | |
| | 直接人工 | | | | | |
| | 变动制造（服务）成本 | | | | | |
| 固定成本 | | | | | | |
| 预算总成本 | | | | | | |

步骤四，计算各种业务量水平下的预测数据，见表4-10。

以800件为例：

直接材料变动费用 = 310 × 800 = 24 800（元）

直接人工变动费用 = 60 × 800 = 48 000（元）

变动制造（服务）成本 = 40 × 800 = 32 000（元）

固定成本不变，为116 000元，其他产量下的固定成本都一样，都是116 000元。

预算总成本=变动成本之和+固定成本

=24 800+48 000+32 000+116 000=444 000（元）

**表 4-10　费用与业务量关系计算表**

| 费用项目 | | 单位变动费用（件/元） | 生产量 | | | |
|---|---|---|---|---|---|---|
| | | | 800 | 900 | 1 000 | 1 100 |
| 单位产品变动费用 | 直接材料 | 310 | 248 000 | 279 000 | 310 000 | 341 000 |
| | 直接人工 | 60 | 48 000 | 54 000 | 60 000 | 66 000 |
| | 变动制造（服务）成本 | 40 | 32 000 | 36 000 | 40 000 | 44 000 |
| 固定成本 | | | 116 000 | 116 000 | 116 000 | 116 000 |
| 预算总成本 | | | 444 000 | 485 000 | 526 000 | 567 000 |

## 任务解决

通过上述必备知识学习，我们现在一起来完成工作情境中的工作任务。

问题一，通过必备知识的学习，我们可以获悉，弹性预算是在变动成本法的基础上，以未来不同业务水平为基础编制预算的方法，是固定预算的对称。弹性预算的编制需要建立业务量和单位预算金额之间的数量关系式，一旦确立这种关系式，通过调整业务量和单位产品预算金额就可以调整弹性预算总额，如果单位产品预算金额确定，则变量只剩下业务量。依托编制好的弹性预算表，可以结合自己的控制目标，选择实际的业务量进行控制和评价。

问题二，弹性预算法的编制步骤一共分为四个，下面使用列表法来解决工作情境中的任务。

如工作情境所示，依托表 4-7 所示的装卸部门费用表信息来编制弹性预算表。

步骤一，选择和确定各种经营活动的计量单位。

根据工作情境中的描述，可以选择服务作业水平作为计量单位，可以设定为对外提供装卸服务能力 100%时，为 14 400 台时。

步骤二，预测和确定可能达到的各种经营活动业务量。

假定 1：装卸台时为步骤一设定的装卸服务计准的 90%～105%，则相关表格见表 4-11。

**表 4-11　装卸台时和服务能力利用率关系表**

| 装卸台时 | 12 960 | 13 680 | 14 400 | 15 120 |
|---|---|---|---|---|
| 服务能力利用率（%） | 90 | 95 | 100 | 105 |

当服务能力利用率为 95%时，装卸台时＝14 400×95%＝13 680。

假定 2：装卸台时为步骤一设定的装卸服务计准的 60%～150%，则相关表格见表 4-12。

表 4-12 费用与业务量关系表 1

| 装卸台时 | 8 640 | 11 520 | 14 400 | 21 600 |
|---|---|---|---|---|
| 服务能力利用率（%） | 60 | 80 | 100 | 150 |

学习讨论

你会选择假定 1 还是假定 2？给出你的理由。

答：

______________________________

______________________________

步骤三，划分变动费用和固定费用两个类别，并逐项确定各项费用与业务量之间的关系。

如表 4-7 所示，折旧和保险费为固定费用，充电电费、包装材料为变动费用。按照分类，项目可以分为固定费用项目和变动费用项目，变动费用项目包括充电电费、包装材料、装卸工人工资和维修费，它们为混合成本。依据步骤二中的假定 1，采用列表法编制，见表 4-13。

表 4-13 装卸台时和服务能力利用率弹性预算表结构　　单位：元

| 装卸台时 | 12 960 | 13 680 | 14 400 | 15 120 |
|---|---|---|---|---|
| 服务能力利用率（%） | 90 | 95 | 100 | 105 |
| 1. 变动费用项目合计 | | | | |
| 充电电费 | | | | |
| 包装材料 | | | | |
| 装卸工人工资 | | | | |
| 维修费 | | | | |
| 2. 固定费用项目合计 | | | | |
| 折旧费 | | | | |
| 保险费 | | | | |
| 装卸制造费用预算数（元） | | | | |

步骤四，计算各种业务量水平下的预测数据，见表 4-14。

表 4-14 装卸台时和服务能力利用率弹性预算表　　单位：元

| 装卸台时 | 12 960 | 13 680 | 14 400 | 15 120 |
|---|---|---|---|---|
| 服务能力利用率（%） | 90 | 95 | 100 | 105 |
| 1. 变动费用项目合计 | 267 832 | 272 656 | 277 480 | 282 304 |
| 充电电费 | 25 920 | 27 360 | 28 800 | 30 240 |
| 包装材料 | 12 960 | 13 680 | 14 400 | 15 120 |

| | | | | |
|---|---|---|---|---|
| 装卸工人工资 | 225 360 | 227 880 | 230 400 | 232 920 |
| 维修费 | 3 592 | 3 736 | 3 880 | 4 024 |
| 2. 固定费用项目合计 | 30 000 | 30 000 | 30 000 | 30 000 |
| 折旧费 | 18 000 | 18 000 | 18 000 | 18 000 |
| 保险费 | 12 000 | 12 000 | 12 000 | 12 000 |
| 装卸制造费用预算数（元） | 297 832 | 302 656 | 307 480 | 312 304 |

相关数据计算过程如下，以服务能力利用率为90%为例。

变动费用项目：

充电电费＝2×12 960＝25 920（元）

包装材料＝1×12 960＝12 960（元）

装卸工人工资＝180 000＋3.5×12 960＝225 360（元）

维修费＝1 000＋0.2×12 960＝3 592（元）

则

变动费用项目合计＝25 920＋12 960＋225 360＋3 592＝267 832（元）

固定费用项目：

折旧费＝18 000（元）

保险费＝12 000（元）

固定费用项目合计＝18 000＋12 000＝30 000（元）

装卸制造费用预算数＝变动费用项目合计＋固定费用项目合计

＝267 832＋30 000＝297 832（元）

计算不同服务水平下的利润弹性表，见表4－15。

**表4－15　不同服务水平下的利润弹性预算表**　　单位：元

| 销售收入百分比（1） | 90% | 95% | 100% | 105% |
|---|---|---|---|---|
| 销售收入（2）＝400 000×（1） | 360 000 | 380 000 | 400 000 | 420 000 |
| 变动成本（3） | 267 832 | 272 656 | 277 480 | 282 304 |
| 边际贡献（4）＝(2)－(3) | 92 168 | 107 344 | 122 520 | 137 696 |
| 固定成本（5） | 30 000 | 30 000 | 30 000 | 30 000 |
| 毛利润总额（6）＝(4)－(5) | 62 168 | 77 344 | 92 520 | 107 696 |

控制方式：

要想达到100%服务方式，必须将装卸制造费用（间接费用）控制在307 480元以内。

评价方式：

从计算结果可以看出：原有100%作业方式，只能达到利润92 520元，要想保证94 000元利润，必须提高原有作业效率，达到100%～105%。这就意味着，有关月份必须加班加点，只有总的装卸服务能力超过 14 400 台工时，才能保障盈利目标的实现。

## 自我训练

请用弹性预算法完成表 4－16（间接费用）的计算，并思考要想完成 100%的业务量，成本控制在 2 100 元内是否可以实现。

**表 4－16　弹性预算法训练表**

| 业务量（直接人工工时） | 420 | 480 | 540 | 600 | 660 |
|---|---|---|---|---|---|
| 占正常生产能力百分比 | 70% | 80% | 90% | 100% | 110% |
| 变动成本 | | | | | |
| 运输费（$b$=0.2） | | | | | |
| 电力（$b$=1.0） | | | | | |
| 消耗材料（$b$=0.1） | | | | | |
| 合计 | | | | | |
| 混合成本 | | | | | |
| 修理费 | 440 | 490 | 544 | 600 | 746 |
| 油料 | 180 | 220 | 220 | 220 | 240 |
| 合计 | | | | | |
| 固定成本 | | | | | |
| 折旧费 | 300 | | | | |
| 管理人员工资 | 100 | | | | |
| 合计 | | | | | |
| 总计 | | | | | |

## 单元自测

### 一、单选题

1. （　　）是在变动成本法的基础上，以未来不同业务水平为基础编制预算的方法。

A. 零基预算　　B. 滚动预算　　C. 弹性预算　　D. 现金预算

2. 预测和确定可能达到的各种经营活动业务量，一般可按正常经营活动水平的（　　）之间范围确定。

A. 40%～100%　　B. 60%～120%　　C. 70%～120%　　D. 80%～130%

3. 有关弹性预算原理，描述正确的有（　　）。

A. 关键在于把所有的成本划分为变动成本与固定成本两大部分

B. 变动成本主要根据总额来控制

C. 固定成本主要根据单位业务量来控制

D. 可以随时根据业务量进行调整，但不具有伸缩性

## 二、多选题

1. 用弹性预算的方法来编制成本预算时，其关键在于把所有的成本划分为（　　）部分。

A. 固定成本　　B. 变动成本　　C. 混合成本　　D. 本量利

2. 下列关于弹性预算描述正确的包括（　　）。

A. 弹性预算在核算业务量时，没有上下限制

B. 弹性预算是按成本性态分类列示的

C. 弹性预算是按一系列业务量水平编制的，从而扩大了预算的适用范围

D. 弹性预算法可以随意根据业务量进行预算控制

3. 选择间接费用弹性预算的作业基准时，至少应考虑（　　）重要因素。

A. 作业基准与变动性间接费用应该有因果关系

B. 作业基准不应用美元或其他货币表达

C. 作业基准应简单

D. 作业基准应易于理解

## 三、判断题

1. 从一定程度上来说，弹性预算是建立在标准成本的基础上的。（　　）

2. 成本是直接成本还是间接成本，是根据人为因素确定的。（　　）

3. 弹性预算就是让下面部门人员报上自己部门的成本费用，然后自己再根据实际情况，对各部门费用进行调整。（　　）

## 任务 3
## 物流成本控制之标准成本法

### 【能力目标】

能够根据物流标准成本法对企业物流中的直接材料、直接人工和制造费用等物流成本种类制定出合理的标准成本，并进行相应的核算与差异分析。

### 【知识目标】

1. 理解标准成本法的内涵；
2. 理解标准成本的内涵和分类；
3. 掌握制定物流标准成本方法；
4. 理解成本差异计算与分析方法。

### 案例引入

**标准成本法在 XL 日用化工企业的应用**

到目前为止，XL 集团已经形成拥有 11 家生产子公司，产品范围涵盖“衣物洗涤、衣物护理、洗洁精、个人护理、口腔清洁、家居清洁、纸品、消毒杀菌”共八大类 100 多个品种的日用化工企业集团。该集团的洗衣粉、洗洁精和洗衣肥皂均列全国市场占有率前五名，集团已经发展成为代表民族日用化工的标杆企业和旗舰型企业。

XL 集团各生产子公司相应成立了“标准成本考核管理小组”，组长由子公司总经理担任，各组员由各生产车间负责人和财务人员组成，负责标准成本制度在各生产分厂推进方案的制定、指导、执行和督导工作。其中，各生产分厂成立“推进小组”，由车间负责人担任组长，负责现场生产成本的控制，并对生产过程中造成的成本差异的原因进行分析与拟定改善方案。各生产分厂设置一名统计员，及时统计、反馈成本的原始数据。财务人员是标准成本实施的主要组织者，负责对统计员提供的原始数据进行处理，及时、准确地计算、反映成本信息，进行成本差异分析。

XL 集团制定成本标准时，遵循两个基本原则：先进原则和合理原则。先进，即单位产品成本必须比上年度有所下降，下降标准必须通过一定努力才能达到；合理，就是要有激励，必须通过一定努力后能够达到，要让员工们“够得着”，如果通过一定努力后也难以达到，对员工就没有激励。没有激励，就没有积极性。

对于XL集团而言，制定各生产成本类别的基本标准是整个标准成本制度实施的关键所在，因为这会直接影响集团公司成本降低的目标能否实现。成本标准的制定分两个层次进行，集团财务部、技术研发中心、供应链运营中心及考核小组等部门共同合作，利用历史积累的数据及工艺技术标准等，结合集团的实际经营情况及经营目标，制定各子公司的成本标准。这一层次的成本标准，不会确定各个成本标准的具体数字，只是确定成本控制的目标，以及制定成本标准的原则。各子公司根据集团公司制定的原则，由当地的财务、技术、车间、人事等部门根据自身的实际情况制定详细的成本标准。

**思考：**从该案例中看，在实施标准成本法时，应该做些什么呢？

资料来源：刘运国，邓凯．标准成本法在某日用化工企业应用的案例研究——以XL集团为例[J]．财会通讯，2010（19）．

## 工作情境描述

为了切实有效地提高管理水平，宁波科翔技术有限公司决定在2020年度采用标准成本法对集团公司的所有业务进行成本控制，并评价不同部门的经营绩效水平。

物流管理部要求你制定出仓储部门提供的单位物流服务标准成本，相关数据见表4-17。当你制定出标准成本后，在实际运行过程中，发现A材料实际使用了16千克，其采购价格为6元/千克，B材料实际使用了9千克；本期共生产产品100件，实际耗用A材料2 000千克、B材料1 200千克，实际工资总额为5 000元，实际耗用500工时，实际发生了变动制造费用2 500元。面对这一变化，你需要抓紧时间把发生变化的结果及原因进行测算，方便为物流总监提供决策依据。

**表4-17　单位物流服务标准成本表**

| 成本项目 | | 用量标准 | 价格标准 |
| --- | --- | --- | --- |
| 直接材料 | A | 15千克 | 5元/千克 |
| | B | 10千克 | 10元/千克 |
| | 小计 | — | — |
| 直接人工 | | 6小时 | 8元/小时 |
| 变动制造费用 | | 6小时 | 4元/小时 |
| 固定制造费用 | | 6小时 | 7.5元/小时 |
| 单位物流服务标准成本 | | — | — |

**工作情境问题分析：**面对上述工作情境，需要解决的问题主要有两个：第一，标准成本法是什么，标准成本又是什么，是如何制定出来的？第二，出现变化，如何计算，且相应结果出来后，如何分析出有利和不利的影响？

## 必备知识

标准成本法最初产生在美国，是从泰勒的标准生产化演变而来的，其主要目的是对产品可能出现的成本进行预测，在实际生产中对产生的成本和预期成本进行全面的分析。对于企业来说，在成本管控过程中应用标准成本管控的必要性主要体现在：一是管理层的精准决策建立在充分了解企业产品的所有变化工序的基础上；二是更有利于明确各部门的责任，提升成本管控效率；三是有利于简化企业的成本核算工作，提高成本核算效率；四是能够提升企业成本管理的效果，提升成本管控的力度。

**学习讨论**

市场上 A 物流包装服务单价为 22 元，图 4－7 反映了公司实际发生成本与标准成本的差异。

看图 4－7，你能简单描述下你眼中的标准成本法吗？

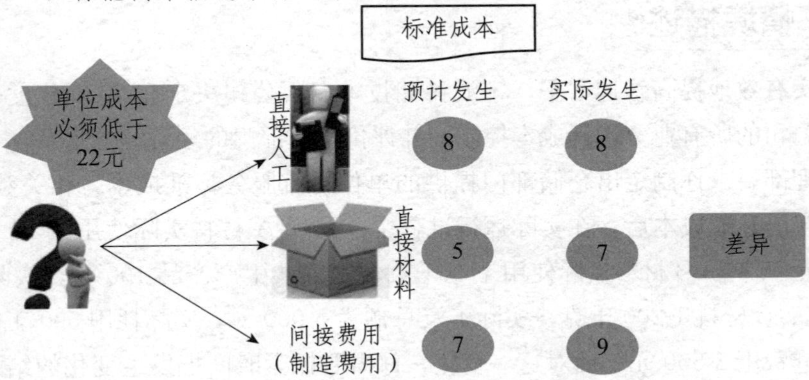


图 4－7 实际成本与标准成本差异

答：

______________________________

______________________________

### 一、标准成本法内涵

扫一扫

标准成本法的里里外外

标准成本法是指以预先制定的标准成本为基础，用标准成本与实际成本进行比较，核算和分析成本差异的一种产品成本计算方法，也是加强成本控制、评价经济业绩的一种成本控制制度。它的核心是按标准成本记录和反映产品成本的形成过程和结果，并借以实现对成本的控制。

标准成本法作为一种管理会计工具，包括标准成本的制定、差异的分析、差异的处理三个组成部分。标准成本法操作流程如图 4－8 所示。

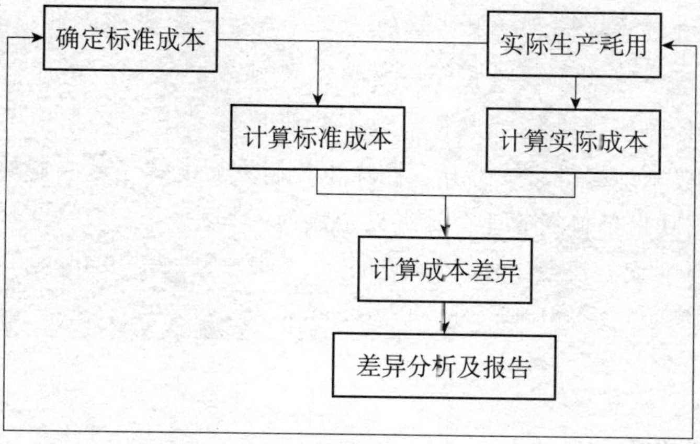


**图 4－8　标准成本法操作流程**

对单位产品的标准进行确定是企业实施标准成本管理的基础和核心，单位产品的标准成本确定是否合理和科学是决定后期成本管控效果的关键。标准成本是通过精确的调查、分析与技术测定制定的，用来评价实际成本、衡量工作效率的一种预计成本。它是指按照成本项目反映的，在已经达到的生产技术水平和有效经营管理条件下，应当发生的单位产品成本目标。

单位产品的标准成本，是根据产品的标准消耗量和标准单价计算出来的，即：

单位产品标准成本＝单位产品标准消耗量×标准单价

标准成本又被称为“成本标准”，是指“实际产量的标准成本”，它是根据实际产品产量和成本标准计算出来的，即：

标准成本＝实际产量×单位产品标准成本

标准成本不同于预算成本；标准成本是一种单位的概念，它与单位产品相联系；而预算成本则是一种总额的概念，它与一定的业务量相联系。

拓展阅读

## 标准成本进入管理会计体系

1919 年，美国全国成本会计师协会成立，协会会员由会计师与工程师两方面组成，从此，会计师与工程师开始结合研究标准成本问题，其研究成果被推广应用。1920 年，英国成本会计师协会与美国工程师协会合作研究成本问题。在研讨过程中，他们在实行标准成本、加强成本管理方面意见一致，而在是否把标准成本计算纳入复式簿记体系方面却发生了分歧。工程师们的指导思想在于坚持科学管理制，从提高生产效率出发，试图建立一种管理型标准成本计算与控制方法，而会计师们则从提高经济效果出发，主张把标准成本计算纳入复式簿记系统。尽管这种分歧也在美国全国成本会计师协会中的会计师与工程师之间存在，然而，在学会中有一些工程师十分赞同会计师们的主张，如哈里森便认为，只有事前将标准成本计算纳入会计系统，才能形成真正的标准成本会计，当时著名会计学家哈特菲尔德教授十分赞赏这一观点。其后，经过十多年的研究与实践，工程师与会计师的观点终于取得一致，从此标准成本计算与复式簿记方法密切结合，成为会计系统中的有机组成部分，在成本控制方面发挥了越来越突出的作用。这一重要历史事实是20世纪前期管理会计得以形成的关键。

资料来源：二十世纪管理会计的产生与演进.（2002－11－21）. https://www. chinaacc. com/new/287/288/300/2006/1/ad30815163517160026735. htm.

## 二、标准成本分类

企业在确定应用对象的基础上，可以对企业自身的情况进行明确了解的情况下制定标准成本。标准成本因中间处理方式的不同分为四类，如图4－9所示。

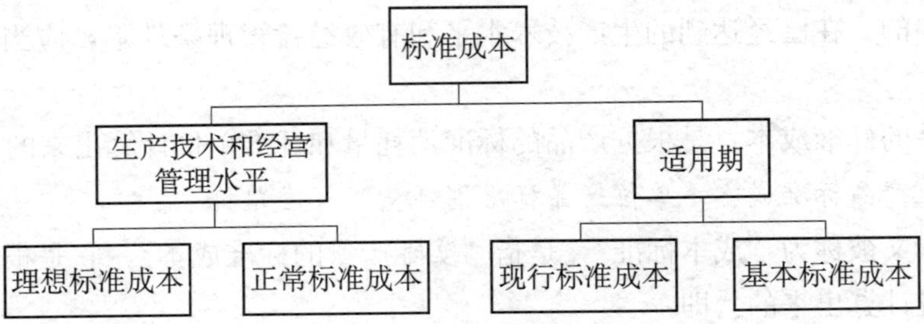


**图4－9 标准成本分类**

1. 按照制定标准成本所依据的生产技术和经营管理水平分类

标准成本按其制定所依据的生产技术和经营管理水平，分为理想标准成本和正常标准成本，在标准成本系统中广泛使用正常标准成本。理想标准成本是指在最优的物流运作条件下，利用现有的规格和设备能够达到的最低成本。理想标准成本反映的预期值，只有在生产经营管理处于最佳状态下才能达到，意味着实际成本应达到现有条件下理想的最低限度，而不能有一点浪费。理想标准成本在理论上是可行的，实际上却难以达到，所以，在实际工作中很少采用。

正常标准成本是指在效率良好的条件下，根据下期一般应该发生的物流运作要素消耗量、预计价格和预计物流运作经营能力利用程度制定出来的标准成本。在这种成本中，一般把不可避免的损耗也计算在内。实际工作中，往往采用正常标准成本作为企业的标准成本来界定。具体使用时，可采用过去较长时期内的实际平均值，并估计未来变动的期望值来确定，正常标准是经过努力可以达到的比较切合实际的标准。

2. 标准成本按其适用期分类

标准成本按其适用期，分为现行标准成本和基本标准成本。由于基本标准成本不按各期实际修订，因此不宜用来直接评价工作效率和成本控制的有效性。

现行标准成本是指根据物流活动适用期间应该发生的价格、效率和物流运作经营能力利用程度等预计的成本。在这些决定因素变化时，需要按照改变了的情况加以修订。这种标准成本可以成为评价实际成本的依据，也可以用来对存货和销货成本计价。

基本标准成本是指以某一年的成本为基础制定出来的标准成本，这种成本一经制定，多年保持不变，以后各年的成本就以它为基础进行比较。生产的基本条件的重大变化是指产品的物理结构变化、重要原材料和劳动力价格的重要变化、生产技术和工艺的根本变化等。只有这些条件发生变化，基本标准成本才需要修订。基本标准成本与各期实际成本进行对比，可以反映成本变动的趋势。由于基本标准成本不按各期实际修订，因此不宜用来直接评价工作效率和成本控制的有效性。

**学习讨论**

图 4-10 反映了不同标准成本在直接人工、直接材料和间接费用上的区别。看图 4-10，你会选择哪个单位成本作为标准成本？说出你的理由。

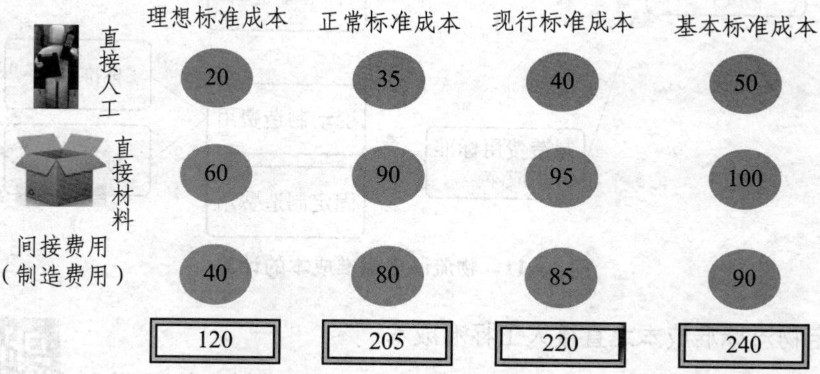


**图 4-10　不同标准成本**

答：

______________________________________________

______________________________________________

## 三、制定物流标准成本

物流标准成本的制定是企业实施物流标准成本控制的基础，也是计算标准成本差异、进行成本分析和提供成本控制报告的基础和先决条件。制定物流标准成本主要有三方面，即物流直接材料、物流直接人工和物流间接费用的标准成本。制定标准成本的程序是先确定物流直接材料和物流直接人工的标准成本，再确定物流间接费用的标准成本，最后确定单位物流作业的标准成本。在制定时，无论哪一个成本项目，都需要分别确定其用量标准和价格标准，如图 4－11 所示，两者相乘后得出标准成本。其中，用量标准包括单位物流作业材料耗用量、单位物流作业直接人工工时等，主要由生产技术部门制定；价格标准包括原材料单价、小时工资率、小时间接费用分配率等，由会计部门和其他相关部门共同研究确定。无论是用量标准还是价格标准，都是在理想状态下或正常状态下确定的。从一定程度上来说，标准成本的制定是标准成本制度实施的前提和关键，由此可以达到成本事前控制的目的。

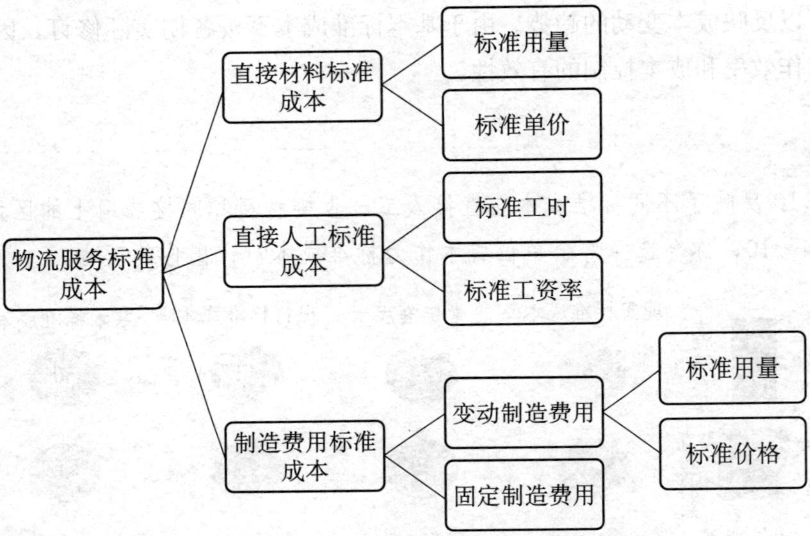


**图 4－11　物流服务标准成本的计算**

1. 制定物流标准成本之直接人工标准成本

**直接人工标准成本的制定**

直接人工标准成本是指单位产品应耗用物流服务的直接工资及附加费的成本目标，它是由直接人工的工时用量标准和工资率标准两个因素决定的。

直接人工标准成本的计算公式为：

直接人工标准成本 ＝ 单位产品标准工时 × 小时标准工资率

小时标准工资率 ＝ 标准工资总额 ÷ 标准总工时

人工用量标准就是工时用量标准，也称工时消耗定额，是指企业在现有的生产技术条件、工艺方法和技术水平的基础上，考虑提高劳动生产率的要求，采用一定的方法，按照产品生产加工所经过的程序，确定的单位产品所需耗用的生产工人工时数。用量标准包括直接加工操作必不可少的时间以及必要的间歇和停工两部分。

价格标准是指标准工资率，在计件工资制度下，标准工资率是预定的每件产品支付的工资除以标准工时；在月工资制度下，标准工资率是按月工资总额和可用总量来计算的。

存在多道工序时的直接人工标准成本计算公式如下：

单位产品耗用的第 $i$ 道工序的直接人工标准成本＝第 $i$ 道工序的价格标准×第 $i$ 道工序的用量标准

单位产品直接人工的标准成本＝∑第 $i$ 道工序的价格标准×第 $i$ 道工序的用量标准

**练一练**

宁波科翔技术有限公司物流部服务甲产品时，只需要一道工序，相关数据见表4－18，请在表4－18中直接制定出直接人工标准成本。

**表4－18　宁波科翔技术有限公司一道工序下的直接人工标准成本表**

| 项目 | 标准 |
|---|---|
| 标准总工时（1） | 12 000 工时 |
| 月标准总工资（2） | 96 000 元 |
| 标准工资率（3）＝(2)÷(1) | ①元/小时 |
| 单位物流服务的工时标准（4） | 6 小时 |
| 直接人工标准成本（5）＝(4)×(3) | ②元 |

答：

______________________________

______________________________

**练一练**

宁波科翔技术有限公司物流部服务乙产品时，需要两道工序完成，相关数据见表4－19，请在表4－19中直接制定出直接人工标准成本，其中第一道工序和第二道工序上的人员不同。

**表4－19　宁波科翔技术有限公司两道工序下的直接人工标准成本表**

| 标准 | 第一道工序 | 第二道工序 |
|---|---|---|
| 每人月工时（8小时×22天）(1) | 176 | 176 |
| 生产工人人数（2） | 82 | 40 |
| 每月总工时（3）＝(1)×(2) | 14 432 | 7 040 |
| 每月工资总额（4） | 1 731 840 | 1 408 000 |
| 工资率标准（元/小时）(5)＝(4)÷(3) | 120 | 200 |

续表

| 标准 | 第一道工序 | 第二道工序 |
|---|---|---|
| 应付福利费提取率（6） | 14% | 14% |
| 直接人工价格标准（元/小时）（7）=(5)×(1+(6)) | 136.8 | 228 |
| 加工时间（人工小时/件）(8) | 45 | 35 |
| 休息时间（人工小时/件）(9) | 4 | 3 |
| 其他时间（人工小时/件）(10) | 1 | 2 |
| 直接人工用量标准（人工小时/件）(11)=(8)+(9)+(10) | 50 | 40 |
| 直接人工标准成本（12）=(7)×(11) | 6 840 | 9 120 |

答：

______________________________

______________________________

2. 制定物流标准成本之直接材料标准成本

直接材料标准成本是生产单位产品所需各种直接材料的标准用量同这些材料在正常情况下的价格的乘积之和。

扫一扫

直接材料标准成本的制定

直接材料标准成本的计算公式为：

直接材料标准成本＝直接材料用量标准 × 直接材料价格标准

材料的用量标准，是指单位产品耗用原料及主要材料的数量，通常也称为材料消耗定额。用量标准包括理想消耗和正常损失两部分，是指在现有物流运作条件和经营管理水平下，提供单位物流服务所需的材料数量。直接材料的标准用量是用统计方法、工业工程法或其他技术分析法确定的。

材料的价格标准通常采用企业制定的计划价格。企业在制定计划价格时，通常是以订货合同的价格为基础，并考虑将来各种变化情况，按各种材料分别计算的。价格标准是指实现确定的购买材料、燃料和动力应付的标准价格，包括发票价格、运费、检验和正常损耗等成本，是取得材料的完全成本。

存在多种材料消耗时的直接材料标准成本的计算公式如下：

单位产品（服务）耗用的第 $i$ 种材料的标准成本＝材料 $i$ 的价格标准 ×材料 $i$ 的用量标准

单位产品（服务）直接材料的标准成本＝$\sum$材料 $i$ 的价格标准 ×材料 $i$ 的用量标准

练一练

宁波科翔技术有限公司物流部服务丙产品时，需要两种材料．相关数据见表 4－20，请在表 4－20 中直接制定出直接材料标准成本。

**表 4－20　宁波科翔技术有限公司两种材料的标准成本表**

| 标准 | A 材料 | B 材料 |
|---|---|---|
| 用量标准（1） | 15 千克 | 10 千克 |
| 价格标准（2） | 5 元 | 10 元 |
| 成本标准（3） | ① | ② |
| 单位物流服务的直接材料标准成本（4）＝∑（3） | ③ 元 | |

答：

**解析：**

A 材料的标准成本① ＝用量标准 × 价格标准 ＝ 15 × 5 ＝ 75（元）

B 材料的标准成本② ＝用量标准 × 价格标准 ＝ 10 × 10 ＝ 100（元）

单位物流服务的直接材料标准成本③

＝A 材料的标准成本①＋ B 材料的标准成本② ＝75＋100 ＝175（元）

练一练

宁波科翔技术有限公司物流部服务丙产品时，需要两种材料，相关数据见表 4－21，请在表 4－22 中直接制定出直接材料标准成本。

**表 4－21　宁波科翔技术有限公司两种材料成本表**

| 标准 | A 材料 | B 材料 |
|---|---|---|
| 预计发票单价 | 28 | 31 |
| 装卸检验等成本 | 3 | 2 |
| 直接材料价格标准（元/千克） | 31 | 33 |
| 材料设计用量 | 327 | 413 |
| 允许损耗量 | 1 | 2 |
| 直接材料用量标准（千克/件） | 328 | 415 |

**表 4-22 宁波科翔技术有限公司两种材料的标准成本表**

| 标准 | A材料 | B材料 |
| --- | --- | --- |
| 用量标准（1） | | |
| 价格标准（2） | | |
| 成本标准（3） | | |
| 单位物流服务的直接材料标准成本（4）=∑（3） | 元 | |

### 3. 制定物流标准成本之制造费用标准成本

扫一扫

制造费用标准成本的制定

制造费用标准成本是在企业正常生产经营条件下，生产单位产品所发生的制造费用成本。制造费用标准成本需要按部门分别编制，如果某种产品需要经过几个部门生产加工或物流服务时，应该将各部门加工的该产品或物流服务的单位制造费用加以汇总，计算出该产品或物流服务制造费用的标准成本。

制造费用标准成本分为固定费用标准成本和变动费用标准成本两部分。这两部分制造费用都按标准用量和标准价格的乘积计算，标准用量一般采用工时标准，标准价格即制造费用标准分配率。

制造费用标准分配率取决于两个因素。一是生产量标准，指企业充分利用现有生产能力可能达到的最高生产量。因为多数企业不止生产一种产品，计量单位不统一，所以生产量标准通常用直接人工工时表示。二是制造费用预算数，制造费用按固定性制造费用和变动性制造费用分别编制预算，其中变动性制造费用要按不同的生产活动水平编制弹性预算。

制造费用标准成本的计算公式为：

变动制造费用标准分配率=变动制造费用预算总额÷标准总工时

变动制造费用标准成本=工时标准×变动制造费用标准分配率

固定制造费用标准分配率=固定制造费用预算总额÷标准总工时

固定制造费用标准成本=工时标准×固定制造费用标准分配率

单位物流服务制造费用标准成本=变动制造费用标准成本+固定制造费用标准成本

**练一练**

宁波科翔技术有限公司物流部服务丁产品时，制造费用标准相关数据见表 4-23，请在表 4-23 中直接制定出公司的制造费用标准成本。

表 4－23　宁波科翔技术有限公司制造费用标准成本

| 项目 | 标准 |
| --- | --- |
| 标准总工时（1） | 12 000 小时 |
| 标准变动制造费用总额（2） | 48 000 元 |
| 标准变动制造费用分配率（3）＝(2) ÷（1） | ①元/小时 |
| 单位物流服务工时标准（4） | 6 小时 |
| 变动制造费用标准成本（5）＝(4) ×（3） | ②元 |
| 标准固定制造费用总额（6） | 90 000 元 |
| 标准固定制造费用分配率（7）＝(6) ÷（1） | ③元/小时 |
| 固定制造费用标准成本（8）＝(4) ×（7） | ④元 |
| 单位物流服务制造费用标准成本（9）＝(5) ＋（8） | ⑤元 |

答：

______________________________________________

______________________________________________

**解析：**

根据变动制造费用标准分配率＝变动制造费用预算总额÷标准总工时，得

变动制造费用标准分配率① ＝48 000÷12 000＝4（元/小时）

根据变动制造费用标准成本＝工时标准×变动制造费用标准分配率，得

变动制造费用标准成本②＝6×4 ＝24（元）

根据固定制造费用标准分配率＝固定制造费用预算总额÷标准总工时，得

固定制造费用标准分配率③＝90 000÷12 000＝7.5（元/小时）

根据固定制造费用标准成本＝工时标准×固定制造费用标准分配率，得

固定制造费用标准成本④＝6×7.5＝45（元）

根据单位物流服务制造费用标准成本＝变动制造费用标准成本＋固定制造费用标准成本，得

单位物流服务制造费用标准成本＝24＋45 ＝69（元）

**练一练**

宁波科翔技术有限公司物流部服务 A 产品时，经过两个车间服务的制造费用相关数据见表 4－24，请在表 4－25 中直接制定出制造费用标准成本。

**表 4-24　宁波科翔技术有限公司物流部服务两个车间的制造费用表**

| 项目 | 第一车间 | 第二车间 |
|---|---|---|
| 制造费用预算（元） | | |
| 变动性制造费用预算 | 244 000 | 254 000 |
| 间接材料费用 | 180 000 | 145 000 |
| 间接人工费用 | 40 000 | 65 000 |
| 水电费用 | 24 000 | 44 000 |
| 固定性制造费用预算（元） | 366 000 | 584 200 |
| 管理人员工资 | 55 000 | 175 200 |
| 折旧费 | 25 000 | 42 000 |
| 其他费用 | 286 000 | 367 000 |
| 预算的标准工时（机器小时） | 12 200 | 25 400 |
| 用量标准 | 60 | 80 |

**表 4-25　宁波科翔技术有限公司物流部服务两个车间的制造费用标准成本表**

| 项目 | 第一车间标准成本 | 第二车间标准成本 |
|---|---|---|
| 标准总工时（1） | | |
| 标准变动制造费用总额（2） | | |
| 标准变动制造费用分配率（3）＝（2）÷（1） | | |
| 单位物流服务工时标准（4） | 6 小时 | 6 小时 |
| 变动制造费用标准成本（5）＝（4）×（3） | | |
| 标准固定制造费用总额（6） | | |
| 标准固定制造费用分配率（7）＝（6）÷（1） | | |
| 固定制造费用标准成本（8）＝（4）×（7） | | |
| 单位物流服务制造费用标准成本（9）＝（5）＋（8） | | |
| 单位物流服务制造费用标准成本合计值$\sum$（9） | | |

4. 制定单位物流服务标准成本

扫一扫

编制标准成本单

确定了单位物流服务的直接材料标准成本、直接人工标准成本、制造费用标准成本后，就可以确定单位物流服务的标准成本了。企业通过编制“标准成本单”来反映企业的单位物流服务标准成本具体构成。

在变动成本法下，产品成本只包括直接材料、直接人工和变动制造费用，即变动生产成本，变动生产成本随生产量的变化成正比例变化。在变动成本法下，固定制造费用和非生产成本全部作为制造边际贡献（销售额与变动生产成本的差额）的扣除项目。变动成本法下的产品标准成本的计算公式为：

变动成本法下的产品标准成本＝直接材料标准成本＋直接人工标准成本
＋变动制造费用标准成本

在完全成本法下，产品成本包含直接材料、直接人工和变动制造费用、固定制造费用。完全成本法下的产品标准成本法的计算公式为：

完全成本法下的产品标准成本＝直接材料标准成本＋直接人工标准成本
＋变动制造费用标准成本＋固定制造费用标准成本

两种方法的核心差别在于固定制造费用处理不同：在完全成本法下，固定制造费用进入了产品成本；而在变动成本法下，固定制造费用不进入产品成本，全部与期间费用一起一次进入当期损益。

**练一练**

宁波科翔技术有限公司物流部服务某产品时的标准成本见表 4－26，请在变动成本法和完全成本法下核算出物流服务的标准成本。

**表 4－26　宁波科翔技术有限公司物流部服务某产品时的标准成本表**

| 成本项目 | | 用量标准 | 价格标准 | 成本标准 |
|---|---|---|---|---|
| 直接材料 | A | 15 千克 | 5 元/千克 | 75 元 |
| | B | 10 千克 | 10 元/千克 | 100 元 |
| 直接人工 | 6 小时 | 8 元/小时 | 48 元 | |
| 变动制造费用 | 6 小时 | 4 元/小时 | 24 元 | |
| 固定制造费用 | 6 小时 | 7.5 元/小时 | 45 元 | |

答：

______________________________

______________________________

## 四、成本差异的计算与分析

成本差异是在标准成本控制系统中，成本实际发生额与标准成本之间的差额。根据成本差异中的实际成本是否高于标准成本，成本差异又分为超支差异和节约差异，如图 4－12 所示。标准成本包括直接材料标准成本、直接人工标准成本和制造标准费用。同标准成本的种类相对应，成本差异也分为直接材料成本差异、直接人工成本差异和制造费用差异。

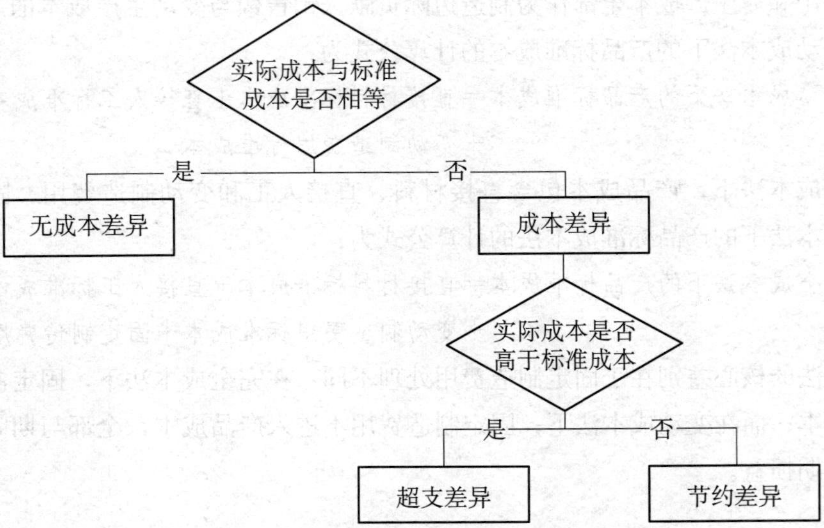


**图 4-12　标准成本法下的成本差异**

1. 成本差异分类

（1）有利差异和不利差异。有利差异，是指因实际成本低于标准成本而形成的节约差。不利差异，则是指因实际成本高于标准成本而形成的超支差。有利差异和不利差异，可以作为发现问题的信号，反映实际成本脱离预定目标程度的信息。但这里的有利与不利是相对的，并不是有利差异越大越好。例如，不能为了盲目追求成本的有利差异，而不惜以牺牲质量为代价。

扫一扫

成本差异可以了解了解

（2）用量差异和价格差异。成本差异的计算公式为：

成本差异＝实际成本－标准成本

＝实际数量×实际价格－标准数量×标准价格

＝实际数量×(实际价格－标准价格)＋(实际数量－标准数量)×标准价格

用量差异是反映由于直接材料、直接人工和变动性制造费用等要素实际用量消耗与标准用量消耗不一致而产生的成本差异。其计算公式为：

用量差异＝标准价格×（实际数量－标准数量）

价格差异是反映由于直接材料、直接人工和变动性制造费用等要素实际价格水平与标准价格水平不一致而产生的成本差异。其计算公式为：

价格差异＝(实际价格－标准价格）×实际数量

扫一扫

直接材料成本差异的计算与分析

2. 直接材料成本差异与分析

直接材料成本差异，是指物流服务直接材料的实际成本与标准成本之间的差异，包括直接材料价格差异和直接材料数量差异两部分，如图 4-13 所示。直接材料价格差异的计算公式为：

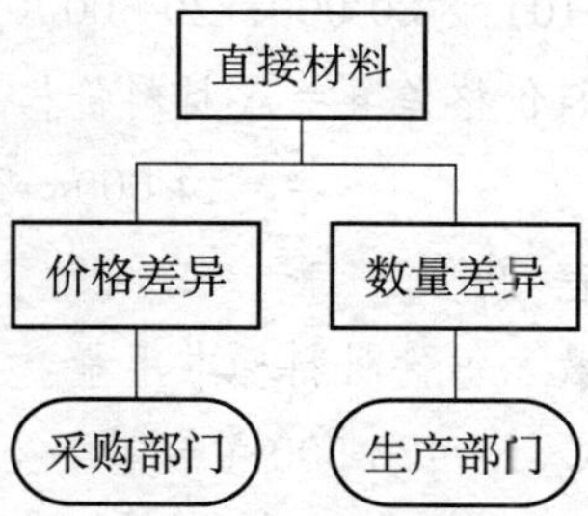


**图4-13　直接材料成本差异**

直接材料成本差异

＝实际产量下直接材料实际总成本－实际产量下直接材料标准总成本

＝实际用量×实际价格－标准用量×标准价格

＝(实际产量下实际用量－实际产量下标准用量)×标准价格＋(实际价格－标准价格)×实际用量

＝直接材料数量差异＋直接材料价格差异

材料价格差异的形成受各种主客观因素的影响，较为复杂，如市场价格的变动、材料采购来源的变动、订货批量的大小、运输方式与途径不同、可利用的数量折扣、紧急订货等。任何一项脱离制定标准成本时的预定要求，都将形成价格差异。

直接材料数量差异通常是在生产性服务过程中形成的，一般应由生产性服务部门负责。但有时也可能由采购工作所引起，如购进了质量较差的材料引起耗用量的增加，由此形成的不利差异应由采购部门负责，不能归咎于生产性服务部门。

**练一练**

宁波科翔技术有限公司物流管理部对某产品进行包装时，需要用到A、B两种直接材料，标准价格分别为5元/千克、10元/千克，单位产品的标准用量分别为15千克/件、10千克/件；本期共生产甲产品1 900件，实际耗用A材料28 000千克、B材料20 000千克，A、B两种材料的实际价格分别为4.5元/千克、11元/千克。请计算该部门使用两种材料的材料成本差异。

答：

______________________________

______________________________

**解析：**

**步骤一，计算直接材料价格差异：**

直接材料价格差异＝(实际价格－标准价格)×实际用量

A材料价格差异＝(4.5－5)×28 000＝－14 000(元)

B 材料价格差异＝(11－10) ×20 000＝20 000（元）

包装物流服务的直接材料价格差异＝A 材料价格差异＋B 材料价格差异

＝－14 000＋20 000＝6 000（元）

步骤二，计算直接材料数量差异：

材料标准用量＝产品件数×每件材料标准用量

A 材料标准用量＝1 900×15＝28 500（千克）

B 材料标准用量＝1 900×10＝19 000（千克）

直接材料数量差异 ＝(实际用量－标准用量) ×标准价格

A 材料用量差异＝(28 000－28 500) × 5＝－2 500（元）

B 材料用量差异＝(20 000－19 000) ×10＝10 000（元）

包装物流服务直接材料用量差异＝A 材料用量差异＋B 材料用量差异

＝－2 500＋10 000＝7 500（元）

步骤三，计算直接材料的成本差异：

成本差异＝价格差异＋用量差异

包装物流服务直接材料成本差异＝6 000＋7 500＝13 500（元）

以上计算结果表明，物流服务直接材料成本形成了 13 500 元不利差异。其中，A 材料发生了 14 000 元的有利价格差异、2 500 元的有利用量差异，而 B 材料则形成了 20 000 元的不利价格差异、10 000 元的不利用量差异。

前者是由于 A 材料实际价格降低而节约了相应成本和因耗用量增加而导致的成本超支额共同作用的结果，后者是由于 B 材料实际价格提高增加了成本开支和因耗用量的减少而节约的成本共同造成的。

可见，未来企业对 A、B 两种材料耗用方面的控制效果是不同的，应进一步进行分析评价，以便明确各部门的责任。

3. 直接人工成本差异与分析

扫一扫

直接人工成本差异的计算与分析

直接人工成本差异是完成实际产量或作业量而发生的实际直接人工成本与标准直接人工成本之间的差额。它是直接人工工资率差异和直接人工效率差异的总和，如图 4－14 所示。

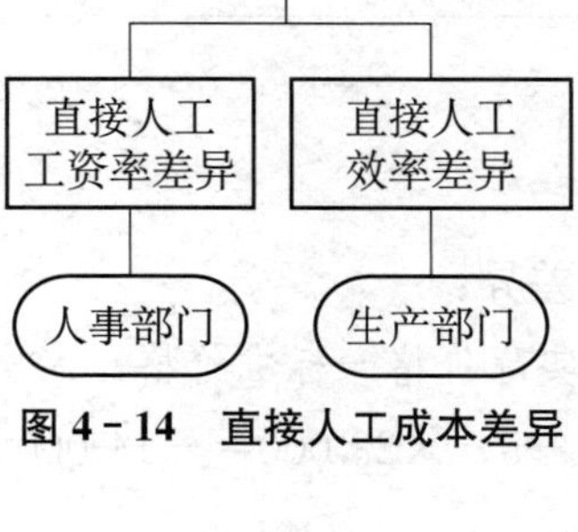


图 4－14 直接人工成本差异

直接人工工资率差异的计算公式为：

直接人工工资率差异＝（实际工资率－标准工资率）×实际产量下实际人工工时

直接人工工资率差异形成的原因，包括直接生产工人升级或降级使用、奖励制度未产生实效、工资率调整、加班或使用临时工、出勤率变化等。直接人工效率差异形成的原因，包括工作环境不良、工人经验不足、劳动情绪不佳、作业计划安排不当等。一般而言，这种差异的责任不在生产部门，劳动人事部门更应对其承担责任。直接人工效率差异的计算公式为：

直接人工效率差异＝（实际产量下实际人工工时－实际产量下标准人工工时）×标准工资率

直接人工效率差异的形成原因是多方面的，包括机器设备、材料质量、物流服务技术方法的改变、方案设计不当等客观原因，以及工人技术的熟练程度、劳动纪律和劳动态度等主观原因，这些都会影响效率的高低，但其主要责任部门还是生产部门。

**练一练**

宁波科翔技术有限公司本期提供了装卸搬运物流服务 1 900 件，实际耗用 11 500 工时，实际工资总额为 86 250 元，标准工资率为 8 元，单位装卸搬运服务的工时耗用标准为 6 小时。试计算该装卸搬运物流服务的直接工资差异率。

答：

**解析：**

标准工时＝1 900×6＝11 400（小时）

实际工资率＝86 250÷11 500＝7.5（元）

直接人工工资率差异＝（实际工资率－标准工资率）×实际产量下实际人工工时
＝（7.5－8）×11 500＝－5 750（元）

直接人工效率差异＝（实际产量下实际人工工时－实际产量下标准人工工时）×标准工资率
＝（11 500－11 400）×8＝800（元）

成本差异＝直接人工工资率差异＋直接人工效率差异

直接人工成本差异＝－5 750＋800＝－4 950（元）

以上计算结果表明，装卸搬运物流服务直接人工成本形成了 4 950 元的有利差异，是由直接人工工资率差异形成的有利差异和直接人工效率差异形成的不利差异构成的。

前者是由于实际工资率下降而节约的成本造成的，后者是由于实际工时增加导致的成本超支造成的。

扫一扫

变动制造费用差异的计算分析

4. 变动制造费用差异与分析

制造费用大部分是间接用于产品生产的费用，如物料消耗，非直接生产工人的工资及福利费，生产车间的折旧费、维修费、租赁费，车间生产使用的照明费、取暖费、劳动保护费，以及季节性停工损失等。制造费用中还有一部分直接生产费用，管理或核算上不便于单独核算，如机器设备的折旧费、修理费、租赁费、保险费、生产工具摊销、设计制图费和试验检验费等。

变动制造费用差异，是指实际变动制造费用与实际产量变动制造费用标准数之间的差额，包括效率差异和耗费差异两部分，如图 4-15 所示。

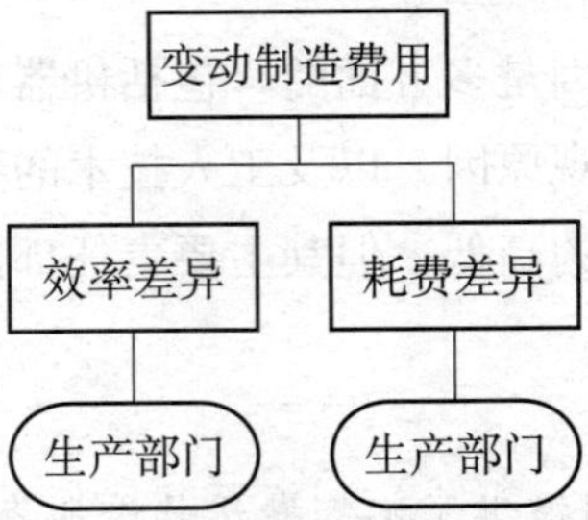


**图 4-15　变动制造费用差异**

效率差异是指按实际耗用工时计算的变动制造费用与按标准工时计算的变动制造费用之间的差额。其计算公式为：

变动制造费用效率差异＝（标准分配率×实际工时）－（标准分配率×标准工时）
＝（实际工时－标准工时）×标准分配率

变动制造费用效率差异实质上反映实际物流生产过程中工时的利用效率是实际工时脱离标准导致的费用差异。

耗费差异是指实际发生的变动制造费用与按实际工时计算的标准变动制造费用之间的差额。其计算公式为：

变动制造费用耗费差异＝（实际分配率×实际工时）－（标准分配率×实际工时）
＝（实际分配率－标准分配率）×实际工时

变动制造费用耗费差异反映耗费水平，即每小时业务量支出的变动制造费用脱离标准导致的费用差异。

**练一练**

宁波科翔技术有限公司本期提供了装卸搬运物流服务 1 900 件，实际耗用人工工时 11 500 小时，实际发生了变动制造费用 40 250 元。单位物流服务的工时耗用标准为 6 小时，变动制造费用标准分配率为每一直接人工工时 4 元，请计算变动制造费用差异。

答：

**解析：**

步骤一，计算变动制造费用耗费差异：

标准工时＝装卸搬运物流服务件数×单位物流服务的工时耗用标准
＝1 900×6＝11 400（小时）

变动制造费用实际分配率＝实际发生变动制造费用÷实际耗用人工工时
＝40 250÷11 500＝3.5（元）

变动制造费用耗费差异＝（实际分配率－标准分配率）×实际工时
＝(3.5－4）×11 500 ＝－5 750（元）

步骤二，计算变动制造费用效率差异：

变动制造费用效率差异＝（实际工时－标准工时）×标准分配率
＝(11 500－11 400）×4 ＝400（元）

步骤三，计算变动制造费用差异：

变动制造费用差异＝变动制造费用耗费差异＋变动制造费用效率差异
＝－5 750＋400＝－5 350（元）

以上计算结果表明，装卸搬运物流服务变动制造费用形成了 5 350 元的有利差异。前者是由于费用分配率降低而形成的有利差异，后者是由于效率降低而造成的不利差异。

扫一扫

固定制造费用差异的计算分析

5. 固定制造费用差异与分析

固定费用与变动费用不同，不因业务量而变，故差异分析有别于变动费用。

固定制造费用差异可分解为固定制造费用开支差异和固定制造费用产量差异。其计算公式为：

固定制造费用差异＝实际固定制造费用－实际产量下标准固定制造费用
＝实际产量×单位产品实际工时×固定制造费用小时费用率
－实际产量×单位产品标准工时×固定制造费用标准小时费用率

固定制造费用产量差异是指固定制造费用预算与固定制造费月标准成本的差额，或者说是实际业务量的标准工时与生产能量的差额用标准分配率计算的金额。它反映未能充分使用现有生产能量而造成的损失。其计算公式为：

固定制造费用产量差异
＝(预算产量标准工时－实际产量标准工时）×固定制造费用标准小时费用率
＝标准产量×单位产品标准工时×固定制造费用标准小时费用率－实际产量
×单位产品标准工时×固定制造费用标准小时费用率

在一定时期内，企业生产能力没有被充分利用以及劳动生产率的改变，而导致固定制造费用产生产量差异。因此固定制造费用产量差异还可以进一步分解为两部分：一部分是实际工时未达到标准能量而形成的闲置能量差异，又称为生产能力利用差异；另一部分是实际工时脱离标准工时而形成的效率差异。生产能力利用差异可体现现有生产能力是否充分利用，效率差异则可体现单位产品的生产效率是否改变。其计算公式为：

固定制造费用产量差异＝生产能力利用差异＋效率差异

生产能力利用差异

＝标准固定制造费用总额－标准小时费用率和实际工时下的固定制造费用

＝标准产量×单位产品标准工时×固定制造费用标准小时费用率

－实际产量×单位产品实际工时×固定制造费用标准小时费用率

效率差异

＝标准小时费用率和实际工时下的固定制造费用－实际产量下标准固定制造费用

＝实际产量×单位产品实际工时×固定制造费用标准小时费用率

－实际产量×单位产品标准工时×固定制造费用

当预算产量标准总工时＝实际产量标准工时时，没有产量差异。

当预算产量标准总工时＞实际产量标准工时时，产量差异为不利差异，表示计划生产能力尚未得到充分利用。

当预算产量标准总工时＜实际产量标准工时时，产量差异为有利差异，表示计划生产能力已经得到充分利用。

固定制造费用开支差异，又称为固定制造费用耗费差异、固定制造费用预算差异，是指固定制造费用的实际金额与固定制造费用预算金额之间的差额。其计算公式为：

固定制造费用预算差异＝实际固定制造费用总额－标准固定制造费用总额

＝实际固定制造费用总额－预算产量标准工时×固定制造费用标准小时费用率

**练一练**

宁波科翔技术有限公司本月计划提供物流装卸搬运服务量为 2 000 件，实际服务量为 1 900 件，计划固定制造费用为 90 000 元，实际发生固定制造费用 91 800 元；计划总工时为 12 000 小时，实际耗用工时为 11 500 小时；工时标准为 6 小时，固定制造费用分配率为 7.5 元。请计算固定制造费用差异。

答：

______________________________

______________________________

**解析：**

步骤一，计算固定制造费用预算差异：

固定制造费用预算差异＝实际固定制造费用总额－标准固定制造费用总额

＝91 800－90 000＝1 800（元）

步骤二，计算固定制造费用产量差异：

固定制造费用产量差异＝（预算产量标准工时－实际产量标准工时）

×固定制造费用标准小时费用率

固定制造费用产量差异＝（12 000－11 500）×7.5 ＝ 3 750（元）

步骤三，计算固定制造费用差异：

固定制造费用差异＝实际产量×单位产品实际工时×固定制造费用小时费用率

－实际产量×单位产品标准工时×固定制造费用标准小时费用率

固定制造费用差异＝（11 500－1 900×6）×7.5

＝（11 500－11 400）×7.5＝750（元）

以上计算结果表明，装卸搬运物流服务的固定制造费用形成了 750 元的不利差异。

这是由于 1 800 元的固定制造费用耗费差异形成的不利差异，加上 3 750 元的固定制造费用能力差异形成的不利差异共同造成的。

## 任务解决

通过上述必备知识的学习，我们现在一起来完成工作情境中的工作任务。

问题一，通过必备知识的学习，我们可以获悉，标准成本法是指以预先制定的标准成本为基础，用标准成本与实际成本进行比较，核算和分析成本差异的一种产品成本计算方法，也是加强成本控制、评价经济业绩的一种成本控制制度。单位产品的标准成本，是根据产品的标准消耗量和标准单价计算出来的。标准成本按照不同分类，分为理想标准成本和正常标准成本、现行标准成本和基本标准成本。

问题二，根据表 4－17 信息，直接材料、直接人工和变动制造费用发生了变化，因此在操作时，需要分别进行分析。

步骤一，直接材料差异分析：

A 材料实际使用了 16 千克，其采购价格为 6 元/千克；A 材料标准用量为 15 千克，价格标准为 5 元/千克。

B 材料实际使用了 9 千克；B 材料标准用量为 10 千克，价格标准为 10 元/千克。

直接材料价格差异 ＝（实际价格－标准价格）×实际用量

A 材料价格差异＝（6－5）×2 000＝2 000（元）

B 材料价格差异＝（10－10）×100＝0（元）

物流服务的直接材料价格差异　　2 000（元）

A 材料标准用量＝100 ×15＝1 500（千克）

B 材料标准用量＝100 ×10＝1 000（千克）

直接材料数量差异 ＝（实际用量— 标准用量）×标准价格

A 材料用量差异＝（2 000－1 500）× 5 ＝2 500（元）

B 材料用量差异＝（1 200－1 000）×10 ＝2 000（元）

物流服务直接材料用量差异　　4 500（元）

以上计算结果表明，物流服务直接材料成本形成了 4 500 元不利差异。其中 A 材料发生了 2 000 元的不利价格差异、2 500 元的不利用量差异。而 B 材料没有价格差异，有 2 000元的不利用量差异。

前者是 A 材料实际价格上升而增加了相应成本和因耗用量增加而导致的成本超支额共同作用的结果，后者是因为 B 材料耗用量的增加造成成本上升。

步骤二，直接人工差异分析：

直接人工实际使用了 8 小时，实际支付价格为 7 元/小时。

标准工时＝100×6＝600（小时）

实际工资率＝5 000÷500＝10（元）

直接人工工资率差异＝(实际工资率－标准工资率）×实际产量下实际人工工时
＝(10－8）×500＝1 000（元）

直接人工效率差异＝(实际产量下实际人工工时－实际产量下标准人工工时）
×标准工资率
＝(500－600）×8 ＝－800（元）

直接人工成本差异＝直接人工工资率差异＋直接人工效率差异
＝200（元）

以上计算结果表明，物流服务直接人工成本形成了 200 元的不利差异，是由直接人工工资率差异形成的不利差异和直接人工效率差异形成的有利差异构成的。

前者是由实际工资率上升而增加的成本造成的，后者是由实际工时降低导致的成本节约造成的。

步骤三，变动制造费用差异分析：

标准工时＝100×6＝600（小时）

变动制造费用实际分配率＝2 500÷500＝5（元/小时）

变动制造费用耗费差异＝（实际分配率－标准分配率）×实际工时
＝(5－4）×500 ＝500（元）

变动制造费用效率差异＝（实际工时－标准工时）×标准分配率
＝(500－600）×4 ＝－100（元）

变动制造费用差异＝变动制造费用耗费差异＋变动制造费用效率差异
＝400（元）

以上计算结果表明，物流服务变动制造费用形成了 400 元的不利差异。

前者是由费用分配率增加而形成的不利差异，后者是由效率提升而形成的有利差异。

在企业所处市场环境稳定并且市场对企业产品需求平稳时，运用标准成本法这一管理会计工具能达到较为理想的效果。在构建这一工具体系的过程中，要求企业具备健全的财务制度、一定的信息化水平和成本管理能力。

## 自我训练

物流管理部经理要求你制定出装卸搬运部门需要的单位物流服务标准成本，相关数据见表4-27。当你制定出标准成本后，在实际运行过程中，发现A材料实际使用了12千克，其采购价格为7元/千克，B材料实际使用了11千克，采购价咯为8元/千克；本期共生产产品120件，实际耗用A材料2 000千克、B材料1 300千克. 实际工资总额为5 500元，实际耗用500工时，实际发生了变动制造费用3 500元。面对这一变化，你需要抓紧时间把发生变化的结果及原因进行测算，方便为物流总监提供决策依据。

**表4-27　搬运部门的单位物流服务标准成本表**

| 成本项目 | | 用量标准 | 价格标准 |
|---|---|---|---|
| 直接材料 | A | 15千克 | 5元/千克 |
| | B | 10千克 | 10元/千克 |
| | 小计 | — | — |
| 直接人工 | | 6小时 | 8元/小时 |
| 变动制造费用 | | 8小时 | 4元/小时 |
| 单位物流服务标准成本 | | — | — |

答：

______________________________________________

______________________________________________

## 单元自测

### 一、单选题

1. 实际成本低于标准成本，是（　　）。

A. 有利差异　B. 不利差异　C. 等量差异　D. 无差异

2. 实际中，广泛采用的标准成本是（　　）。

A. 基本标准成本　B. 理想标准成本　C. 正常标准成本　D. 现行标准成本

3. 实际成本高于标准成本，是（　　）。

A. 有利差异　B. 不利差异　C. 无关差异　D. 等量差异

### 二、多选题

1. 标准成本分为（　　）等类别。

A. 理想标准成本　B. 正常标准成本　C. 现行标准成本　D. 基本标准成本

2. 直接材料的用量标准包括（　　）。

A. 理想消耗　　B. 正常损失　　C. 实际消耗　　D. 无用消耗

3. 直接人工差异包括（　　）部分。

A. 直接人工效率差异　　B. 工资率差异

C. 直接材料数量差异　　D. 直接材料价格差异

**三、判断题**

1. 标准成本法的核心是按标准成本记录和反映产品成本的形成过程和结果，并借以实现对成本的控制。（　　）

2. 效率差异是指实际发生的变动制造费用与按实际工时计算的标准变动制造费用之间的差额。（　　）

3. 确定了单位物流服务的直接材料标准成本、直接人工标准成本、制造费用标准成本后，可以确定单位物流服务的标准成本。（　　）

任务 4

# 物流责任成本法与绩效指标选择

## 【能力目标】

1. 能根据可控成本归集原则，正确核算物流成本责任报告表，并根据该报告初步分析差异形成的原因。

2. 能够根据常见的仓储、配送和运输绩效考核指标，设计一套能够落实到物流管理部每个员工的绩效考核指标体系。

## 【知识目标】

1. 理解责任成本法和责任成本的内涵；
2. 理解物流责任成本中心的分类；
3. 掌握物流成本责任报告表核算方法；
4. 了解仓储、配送和运输绩效考核指标；
5. 理解物流成本考核作用。

## 案例引入

### 阿米巴经营理念与责任成本的结合

“阿米巴”这个名字，是变形虫“Amoeba”的中文译音。变形虫最大的特征是能够随外界环境的变化而变化，不断地进行自我调整来适应所面临的生存环境。所谓阿米巴经营，是日本著名企业家稻盛和夫创造的一套组织管理机制。稻盛和夫所领导的日本京瓷公司靠着阿米巴经营经历了 4 次全球性的经济危机都屹立不倒，并且持续发展。京瓷公司的经营方式与变形虫的群体行为方式非常类似，故因此得名阿米巴经营。阿米巴经营模式就是将整个公司分割成许多个阿米巴组织，在阿米巴经营中，每个阿米巴都是利润创造者，都是利润主体，通过与市场直接联系的独立核算制进行运营，培养具有管理意识的领导，让全体员工参与经营管理，从而实现“全员参与”的经营模式。

责任成本管理与阿米巴经营具有较多的相似之处，可进行有效结合。第一，管理结构相似。责任成本管理要求将企业中直接发生成本和费用的各部门、单位和个人，划分成若干个责任主体，公司对各个责任主体实行分权管理。阿米巴经营模式是将整个公司分割成多个阿米巴组织，每个阿米巴组织独立经营。责任成本管理的组织结构与阿米巴组织结构相似，每个责任主体即为公司的阿米巴组织。第二，管理目标相似。责任成本管理通过细分责任目标，使每一个责任主体承担一定的成本责任，每个责任主体都对公司总体成本目标的完成负有一定的责任，它的主要管理目标是促进各责任主体降低成本，完成责任目标。阿米巴经营通过内部定价，使每一个阿米巴组织独立经营，通过降低各自的成本获得利润，每一个阿米巴都对公司的总体利益的实现产生贡献，它的管理目标是促进各阿米巴组织增加收益、降低成本，因此与责任成本管理目标具有相似点。第三，管理程序相似。责任成本管理，有其管理运行的基本程序，比如划分责任单位、分解责任目标、责任目标过程管控分析、考评工作绩效等。阿米巴经营的基本运行程序，也需要对阿米巴进行划分、对各个阿米巴实行内部定价、对阿米巴经营数据进行分析控制、评价阿米巴的绩效等，两者管理的程序比较相似。

**思考：** 在企业物流成本管理中，如何借鉴阿米巴经营理念以有效地开展责任成本管理，更好地实现降本增效？

资料来源：唐杰．责任成本管理在福建烟草物流企业中的应用研究［D］．中国烟草学会会议论文集，2017.

## 工作情境描述

公司物流管理部下面的仓储责任中心下设 A、B、C 三个仓库班组，各班组均采用间接计算法计算其责任成本，见表 4－28。现在需要你核算出仓储部的业绩报告，根据报告分析差异形成的原因，以此为契机，设计出针对仓储部门的考核量表。

**表 4－28　各班组责任成本表**　　单位：元

| 项目 | 实际 | 预算 | 差异 |
| --- | --- | --- | --- |
| A 班组责任成本 | 76 230 | 80 000 | |
| B 班组责任成本 | 70 003 | 67 890 | |
| C 班组责任成本 | 75 680 | 73 877 | |
| 合计 | | | |
| 仓储责任中心可控成本 | 21 100 | 22 098 | |
| 管理人员工资 | 24 000 | 23 890 | |
| 设备折旧费 | 21 239 | 22 348 | |
| 设备维修费 | 5 589 | 5 600 | |
| 水电费 | 3 400 | 3 000 | |
| 办公费 | 6 800 | 7 246 | |
| 低值易耗品 | 459 | 400 | |
| 合计 | | | |
| 仓储部责任成本合计 | | | |

备注：本表中的设备维修费是针对的除 A、B、C 三个班组之外的仓储责任中心其他部门的维修费用。

**工作情境问题分析**：面对上述工作情境，需要解决的问题主要有两个：第一，责任成本到底是什么？应该如何核算，才能保证各责任中心的责任报告正确无误？第二，与物流成本管理相对应的绩效考核指标有哪些？可以考虑从哪些方面入手，设计出比较可行的绩效考核指标体系？

## 必备知识

### 一、责任成本内涵

扫一扫

细说责任成本

责任成本是指责任单位对其能够进行预测、计量和控制的各项可控成本之和。责任成本是按照谁负责谁承担的原则，以责任单位为计算对象来归集的，反映的是责任单位与各种成本费用之间的关系。

在理解上述含义时，要明确：第一，责任单位如何划分；第二，可控成本如何确定，要确定各该中心的责任成本，就需要按成本的可控性将成本分为可控成本与不可控成本。只有这两个要点搞清楚了，后续在开展责任成本法管理时，才能做到精准有效。

1. 责任单位

责任单位的划分不在于单位大小，凡是成本管理上需要，责任可以分清、成本管理业绩可以单独考核的单位都可以划分为责任单位。按照物流活动过程中特定的经济任务分类，责任单位分为横向责任单位和纵向责任单位。

横向责任单位，是指企业为了满足企业物流管理上的需要，设置的平行职能机构，这些机构之间的关系是协作关系，不是隶属关系。如图 4－16 所示，供应物流部门、生产物流部门、销售物流部门、回收物流部门等就是一种横向责任单位划分。

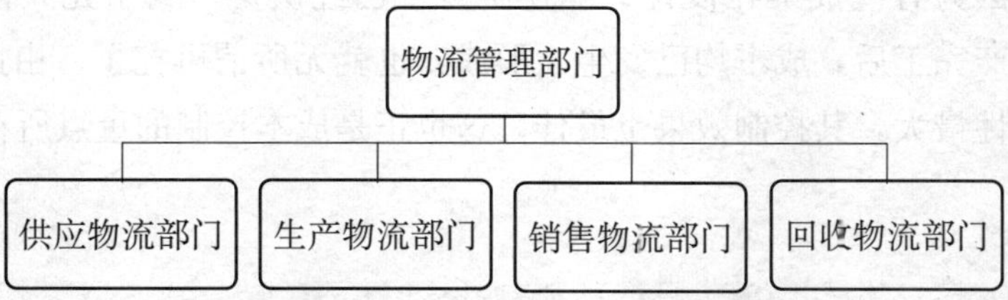


**图 4－16　横向责任单位示意图**

纵向责任单位，是指企业及其职能部门为了适应分级管理需要，自上而下层层设置的各级部门或单位，它们之间的关系是隶属关系。如图 4－17 所示，物流管理部门，下设运输队，运输队又下设车组 1、车组 2，这就是一种纵向责任单位划分的形式。

2. 可控成本

从成本发生地点来看，责任成本有以下两种形式：

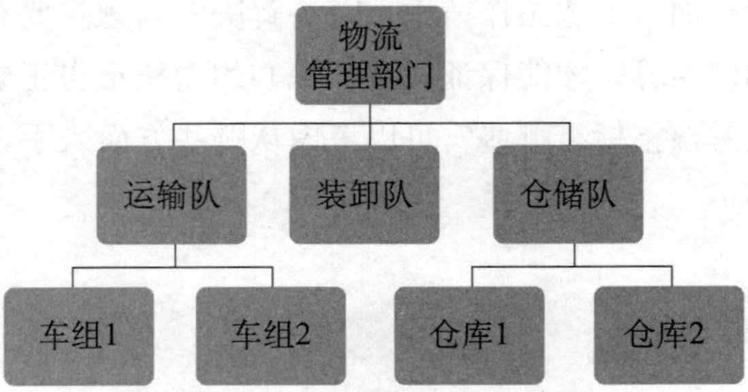


**图 4-17 纵向责任单位示意图**

第一，本责任中心所发生，并且能够为该责任中心所控制和影响的成本。

第二，发生在其他部门而应由本责任中心承担的成本，但不为该责任中心所控制和影响的成本，一般是指本责任中心的其他部门所提供的材料、半成品、机械费用、劳务费用及其他相关费用。

在责任单位确定的前提下，确定责任成本的关键是成本可控性，它不受发生区域的影响。成本的可控性具有一定的相对性，它与成本发生的空间范围有关。某个责任单位不可控制的成本，往往对另一个单位来讲是可控的；下一级责任单位不可控制的成本，对于上一级责任单位来讲往往是可控的。如图 4-17 所示，某项成本对于车组 1 来说属于不可控的，有可能对于车组 2 来说属于可控的；同样，车组 1 不可控的成本，对于整个物流管理部而言，往往是可控的。了解可控成本的这种空间范围上的相对性，有助于分清各责任单位或个人的经济责任，以利于正确评价与考核其业绩，提出切实有效的建议与措施，使可控成本不断降低。

可控成本的相对性还与成本发生的时间范围有关。在产品投产前的产品设计阶段，成本的决策与计划阶段以至工厂的筹建阶段，一切尚未发生的产品成本都是可控的，如生产和物流设备的折旧费会因资本支出决策的不同而不同。而在产品的生产过程中，产品成本只是部分可控，因为有些成本在设计、筹建阶段都已经决定，属于先天性因素而不可控制。而当产品生产完工后，成本均已发生、形成，也就无所谓可控了。由此来看，产品投产前成本的可控性最大，其控制效果也最佳，这也正是成本控制的重点所在。

**拓展阅读**

## “加减乘除”成本皆可控

管道局孟加拉国单点系泊项目管道四公司员工邢军算了一笔账：通过“精打细算”，项目一季度易耗品消耗量降低 10%以上。

省下来的就是利润，节约的都是效益。管道局树立“一切成本皆可控”的理念，全力做好“加减乘除”法，着力从效益总量、质量上寻求突破，确保“双量齐升”。

“做加法”——管道局加强对经营活动的实时管控，项目经理等关键人选全程参与前期工作，中标后迅速进入项目实施阶段，对重大施工方案、索赔策略、项目关闭等提前制定预案。优化施工资源管理，建立重点项目施工资源测算和调配机制，自动焊机组和主要施工装备利用率达到100%。充分发挥总承包管理模式的综合优势，强化内部协调和沟通，建立成果优化共享机制。

"做减法"——压缩管理性支出，鼓励各项目制定人工成本管控措施。管道四公司泰国项目探索国际化资源配置，实现了设备资源属地化率95%，属地化员工占比超过80%。

"做乘法"——通过技术创新实现提质增效，为企业发展赋能。以深化数字设计平台应用为突破口，管道设计院对压气站绘制软件进行环境配置和功能调整，一座压气站的PID绘制时间由7～10个工作日缩短至1个工作日以内，工作效能提高了近700%。管道局200多个机组、班组大力开展技术革新创造，在节约工期、降低成本、提升质量、保障安全、创造效益方面取得了实效。

"做除法"——管道局明确亏损单位治理指标，针对纳入国资委和集团公司亏损治理范围的16家子企业制订三年行动计划，确定减亏比例，加快推进亏损治理。持续强化预算过程控制，对预算发生较大偏差的单位或项目，采取专题汇报、现场督导等多种形式及时纠偏，确保实现年度预算目标。

资料来源：管道局"加减乘除"成本皆可控．(2020-04-08)．http://news.cnpc.com.cn/system/2020/04/08/001770223.shtml.

成本中心考核的是责任中心的责任成本，而不是产品成本。产品成本是指企业为了生产产品而发生的各种耗费，既可以指一定时期为生产一定数量产品而发生的成本总额，也可以指一定时期生产产品的单位成本。责任成本和产品成本是两个不同的成本概念，两者之间既有区别又有联系。

两者的共性之处在于：两者在性质上是相同的，责任成本和产品成本都反映在生产经营过程中发生的耗费。可以说，就某一特定时期而言，整个企业的产品总成本与整个企业的责任成本的总和相等。

两者的区别是：首先，计算的原则不同。凡按谁收益、谁承担的原则把成本归集到各个产品明细账上的，叫做产品成本；凡按谁负责、谁承担的原则把成本归集到负责控制成本中心账上的，叫做责任成本。

其次，成本的计算对象不同。产品成本是按承担客体（产品）进行计算，如某公司生产某产品时的所有直接材料、直接人工和相关制造费用的总和；而责任成本是按责任中心计算，如对某公司的仓储部门的责任成本来说，围绕的是仓储中心这个空间范围进行计算的。

扫一扫

辨析责任成本与产品成本

最后，两者的目的不同。产品成本是反映和监督产品成本计划的完成情况、实行经济责任制的重要手段，责任成本则是反映和评价责任预算的执行情况、控制生产耗费、贯彻经济责任制的主要工具。

## 二、物流责任成本中心

1. 成本中心的内涵

成本中心是对成本和费用承担控制、考核责任的中心，是对费用进行归集、分配，对成本加以控制、考核的责任单位，亦即对成本具有可控性的责任单位。如表 4－29 所示，可以较为清晰地展示某企业的责任中心和成本中心的关系。

扫一扫

成本中心的内涵

**表 4－29　某公司的责任中心职责表**

| 责任主体 | | 工作职责范围及成本控制范围 | 工作目标及责任预算总额 | 奖罚规定 |
|---|---|---|---|---|
| 责任中心名称 | 组成人员 | | | |
| | | | | |

成本中心的确定要兼顾组织结构与生产过程两个方面的问题。成本中心的范围最广，只要有成本费用发生的地方，都可以建立成本中心，从而在企业形成逐级控制、层层负责的成本中心体系。从形式上来看，成本中心大多表现为只负责产品生产的生产部门、劳务提供部门或给以一定费用指标的企业管理科室。

每个成本中心还必须同时符合三个条件：第一，在自然或物理形态上能明确辨认；第二，投入或/和产出能够计量；第三，由专人负责（落到人头，成本控制才有效）。成本中心的目标或以最低的耗费完成既定的产量，或在预算既定的前提下增加产出。

2. 成本中心的分类

按分类方法不同，成本中心可以分为：

（1）基本成本中心和复合成本中心。基本成本中心没有下属成本中心，如一个工段是一个成本中心，如图 4－18 所示的最底层；复合成本中心有若干个下属成本中心，如图 4－18所示的上、中层。基本成本中心对其可控成本向上一级负责。

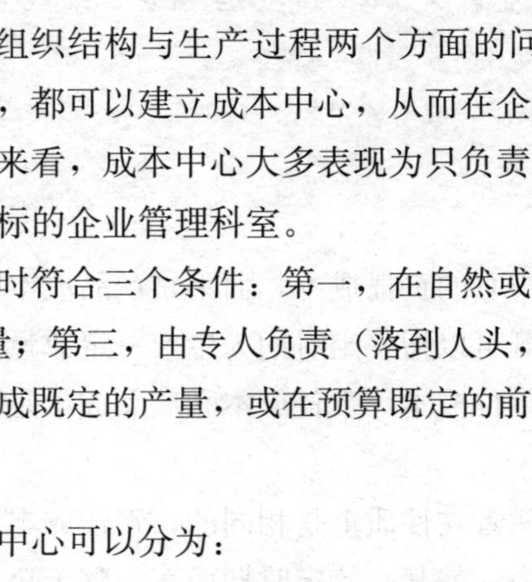


**图 4－18　基本成本中心和复合成本中心示意图**

（2）技术性成本中心和酌量性成本中心。技术性成本中心（标准成本中心），是生产的产品稳定而明确，且已经知道单位产品所需要的投入量的责任中心。

技术性成本是指发生的数额通过技术分析可以相对可靠地估算出来的成本，如产品生产过程中发生的直接材料、直接人工、间接制造费用等。技术性成本在投入量与产出量之间有着密切联系，可以通过弹性预算予以控制。

酌量性成本中心（费用中心），主要是为企业提供一定的辅助性的专业服务，同时服务于不能直接产生可以用货币计量的经营成果部门。

酌量性成本是否发生以及发生数额的多少是由管理人员的决策所决定的，主要包括各种管理费用和某些间接成本项目，如研究开发费用、职工培训费等。酌量性成本在投入量与产出量之间没有直接关系，其控制应着重于预算总额的审批上。酌量性成本中心的管理者与中央管理层之间具有极大的信息不对称性，导致在决定酌量性成本中心的预算水平时，要依赖于了解情况的专业人员的判断。

3. 物流责任成本中心

扫一扫

物流责任成本中心

物流责任成本中心是指对物流费用进行归集、分配，对物流成本能够加以控制、考核的责任单位。对一个物流系统来说，其可以划分成几个物流成本（费用）中心。物流成本中心可以是货主企业的整个物流系统，可以是物流系统中的每个部门（仓储部门、运输部门、行政管理部门等），也可以进一步划分成物流作业班组，甚至是每个作业人员。企业通过将物流成本总预算按照每个成本费用中心的一步步细化，并明确责任，使得每个责任中心和责任人员明确自身的成本管理职责，并对其进行相应的绩效考核。

（1）按照物流功能划分物流责任成本管理中心。将物流的七大功能作为责任成本中心（如图 4－19 所示），进行责任成本预算、计算、业绩考核，就需要从现有的财务制度中规定的制造费用、销售费用、管理费用和财务费用中区分出哪些是物流成本，它们应该归属于哪一个物流功能环节。这种划分不需要考虑规模的大小，主要关注成本管理上的需求。

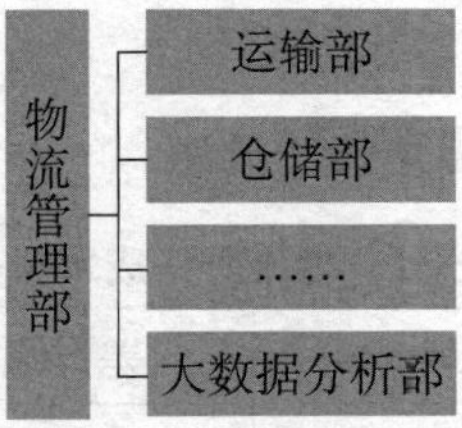


**图 4－19　功能划分的物流责任成本中心体系**

（2）按照物流作业中心划分物流责任成本管理中心。该方法适用于对物流总成本的管理和控制。物流成本大多是间接成本，作业成本法恰恰是根据成本发生与成本计算对象之间的最直接、最实质的联系因素进行间接成本的归集和分配。每个作业中心作为一个物流成本管理中心，采用作业成本法进行间接成本的归集和分配。作业成本的预算就是责任成本的预算，作业成本的核算就是责任成本的计算，作业中心责任成本的业绩考核就是责任成本管理的业绩考核。

学习讨论

已知表4-30所示的成本信息，请核算下列运输责任中心的责任成本，并给出判断理由。

表4-30 责任成本信息表

| 成本项目 | 实际数（万元） | 预算数（万元） |
|---|---|---|
| 可控成本 | | |
| 人工费 | 100 | 120 |
| 营运费 | 50 | 40 |
| 不可控成本 | | |
| 设备费 | 200 | 200 |
| 保险费 | 40 | 40 |

答：

4. 物流责任成本考核

物流责任成本考核是以物流责任成本报告（见表4-31）为依据，将实际成本与预算成本或责任成本进行比较，确定两者差异的性质、数额以及形成的原因，并根据差异分析的结果，对各物流成本中心进行奖惩，以督促各物流成本中心努力降低成本。差异额的计算公式为：

扫一扫

物流责任成本考核的依据

差异额＝实际责任成本－预算责任成本

表4-31 物流责任成本报告表

| 项目 | 实际数 | 预算数 | 差异额 | 差异率 | 原因 |
|---|---|---|---|---|---|
| 可控成本 | | | | | |
| 燃油费 | | | | | |
| 人工费 | | | | | |
| …… | | | | | |
| 不可控成本 | | | | | |

续表

| 项目 | 实际数 | 预算数 | 差异额 | 差异率 | 原因 |
|---|---|---|---|---|---|
| 折旧费 | | | | | |
| 保险费 | | | | | |
| …… | | | | | |

物流成本中心没有收入来源，只对成本负责，因而也只考核其物流责任成本。不同层次成本费用控制的范围不同，计算和考评成本费用的指标也不尽相同，越往上一层次计算和考评的指标越多，考核内容也越多。

为了明确各单位责任的执行情况，必须对其定期进行责任成本的计算与考核，以便对各责任单位的工作作出正确的评价。责任成本的计算方法包括直接计算法和间接计算法。

(1) 直接计算法。直接计算法是将责任单位的各项责任成本直接加和汇总，以求得该单位责任成本总额的方法。其计算公式为：

某责任单位责任成本＝该单位各项责任成本之和

(2) 间接计算法。间接计算法是以本责任单位的物流成本为基础，扣除该责任单位的不可控成本，再加上从其他责任单位转来的责任成本的计算方法。其计算公式为：

某责任单位责任成本＝该责任单位发生的全部成本－该单位不可控成本＋其他单位转来的责任成本

**练一练**

公司物流管理部下面的仓储责任中心下设A、B、C三个仓库班组（结构图如图4-20所示），各班组均采用间接计算法计算其责任成本。请帮助A班组核算出他们的业绩报告，相关信息见表4-32。

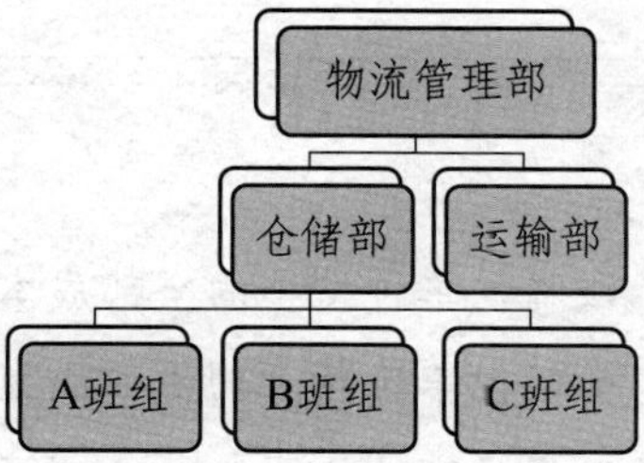


图4-20　结构图

**表 4－32　A 班组责任成本信息表**

| 项目 | | | 实际 | 预算 | 差异 |
|---|---|---|---|---|---|
| 物流成本 | 直接材料 | 原料及主要材料 | 12 080 | 12 200 | |
| | | 辅助材料 | 11 400 | 11 300 | |
| | | 燃料 | 11 560 | 11 500 | |
| | | 其他材料 | 1 450 | 1 460 | |
| | | 小计 | | | |
| | 直接人工 | 人员工资 | 16 300 | 15 200 | |
| | | 人员福利费 | 2 120 | 2 100 | |
| | | 小计 | | | |
| | 制造费用 | 管理人员工资及福利费 | 11 140 | 11 000 | |
| | | 折旧费 | 11 450 | 10 660 | |
| | | 水电费 | 1 680 | 2 000 | |
| | | 其他制造费 | 11 350 | 11 500 | |
| | | 小计 | | | |
| | 合计 | | | | |
| 其他费用 | 减：折旧费 | | 11 450 | 10 660 | |
| | 废料损失 | | 150 | — | |
| | 加：修理费 | | | 5 300 | 5 000 |
| 责任成本 | | | | | |

答：

**解析：**

某责任单位责任成本＝该责任单位发生的全部成本－该单位不可控成本＋其他单位转来的责任成本

差异额＝实际责任成本－预算责任成本

从表 4－32 所示的责任成本信息表中可以看出，A 班组发生的全部成本包括直接人工、直接材料和制造费用；对于 A 班组来说，折旧费和废料损失不是本部门能控制的，作为不可控成本处理；修理费为其他单位转来的费用，因此需要加上。

作为控制管理的措施，责任成本同样存在计划（或预算）成本和实际成本，因此按照间接法公式进行核算，可得表 4－33 所示的结果。

**表 4 - 33　A 班组核算后的责任成本信息表**

<table>
<tr><th colspan="3">项目</th><th>实际</th><th>预算</th><th>差异</th></tr>
<tr><td rowspan="15">物流成本</td><td rowspan="5">直接材料</td><td>原料及主要材料</td><td>12 080</td><td>12 200</td><td>−120</td></tr>
<tr><td>辅助材料</td><td>11 400</td><td>11 300</td><td>100</td></tr>
<tr><td>燃料</td><td>11 560</td><td>11 500</td><td>60</td></tr>
<tr><td>其他材料</td><td>1 450</td><td>1 460</td><td>−10</td></tr>
<tr><td>小计</td><td>36 490</td><td>36 460</td><td>30</td></tr>
<tr><td rowspan="3">直接人工</td><td>人员工资</td><td>16 300</td><td>15 200</td><td>1 100</td></tr>
<tr><td>人员福利费</td><td>2 120</td><td>2 100</td><td>20</td></tr>
<tr><td>小计</td><td>18 420</td><td>17 300</td><td>1 120</td></tr>
<tr><td rowspan="5">制造费用</td><td>管理人员工资及福利费</td><td>11 140</td><td>11 000</td><td>140</td></tr>
<tr><td>折旧费</td><td>11 450</td><td>10 660</td><td>790</td></tr>
<tr><td>水电费</td><td>1 680</td><td>2 000</td><td>−320</td></tr>
<tr><td>其他制造费</td><td>11 350</td><td>11 500</td><td>−150</td></tr>
<tr><td>小计</td><td>35 620</td><td>35 160</td><td>460</td></tr>
<tr><td colspan="2">合计</td><td>90 530</td><td>88 920</td><td>1 610</td></tr>
<tr><td colspan="2">　</td><td></td><td></td><td></td></tr>
<tr><td rowspan="3">其他费用</td><td colspan="2">减：折旧费</td><td>11 450</td><td>10 660</td><td>790</td></tr>
<tr><td colspan="2">废料损失</td><td>150</td><td>—</td><td>150</td></tr>
<tr><td colspan="2">加：修理费</td><td>5 300</td><td>5 000</td><td>300</td></tr>
<tr><td colspan="3">责任成本</td><td>84 230</td><td>83 260</td><td>970</td></tr>
</table>

**练一练**

收到 A 班组的业绩报告后，需要汇总其他两个班组的责任核算报告（相关信息见表 4 - 34），请根据表 4 - 32 核算内容，核算出仓储责任中心的责任成本。

**表 4 - 34　仓储部门责任成本信息表**

| 项目 | 实际 | 预算 | 差异 |
|---|---|---|---|
| A 班组责任成本 | ① | ① | ① |
| B 班组责任成本 | 68 930 | 67 890 | |
| C 班组责任成本 | 76 890 | 77 880 | |
| 合计 | ② | | |
| 仓储责任中心可控成本 | 24 500 | 24 300 | |
| 管理人员工资 | 22 960 | 23 000 | |

续表

| 项目 | 实际 | 预算 | 差异 |
| --- | --- | --- | --- |
| 设备折旧费 | 22 430 | 22 500 | |
| 设备维修费 | 5 600 | 5 200 | |
| 水电费 | 3 000 | 2 500 | |
| 办公费 | 6 980 | 6 800 | |
| 低值易耗品 | | | |
| 合计 | ③ | | |
| 仓储责任中心责任成本合计 | ④ | | |

注意：本表中的设备维修费是针对的除A、B、C三个班组之外的仓储责任中心其他部门维修费用。

答：

______________________________

______________________________

## 三、仓储绩效考核指标

仓储绩效考核指标是指反映仓库生产成果及仓库经营状况的各项指标。它是仓储管理成果的集中体现，是衡量仓库管理水平高低的尺度，利用指标考核仓库经营的意义在于对内加强管理、降低仓储成本，对外接受货主定期服务评价。

仓储绩效考核指标具体包括以下几个类别：

1. 资源利用程度指标

仓库资源利用程度指标是衡量仓库利用程度的重要指标，是反映仓库管理工作水平的主要经济指标之一。这些指标的计算公式如下：

$$仓库面积利用率=\frac{仓库可利用面积}{仓库建筑面积}\times 100\%$$

$$仓容利用率=\frac{库存商品实际数量或容积}{仓库应存数量或容积}\times 100\%$$

$$设备完好率=\frac{期内设备完好台日}{同期设备总台日数}\times 100\%$$

$$设备利用率=\frac{全部设备实际工作时数}{同期设备日历工作时数}\times 100\%$$

$$设备工作日利用率=\frac{计划期内设备实际工作天数}{计划期内计划工作天数}\times 100\%$$

$$工时利用率=\frac{设备每日实际工作时间}{设备每日计划工作时间}\times 100\%$$

$$全员劳动生产率=\frac{利润总额}{同期全员平均人数}\times 100\%$$

$$设备作业能力率=\frac{计划期内设备作业能力}{计划期内设备技术作业能力}\times 100\%$$

$$装卸设备起重量利用率=\frac{计划期内设备每次平均起重量}{设备定额起重量}\times 100\%$$

2. 服务水平指标

仓储服务水平是物流仓储信息的一个重要数据，反映物流仓库在一定时期内的服务水平和服务质量。仓储服务水平反映了物流仓储服务对客户需求的满足程度的信息，数据越大，服务化水平越高，是反映仓储服务的一个正指标。因此，企业必须千方百计地提高仓储服务水平。其指标的计算公式如下：

$$客户满意程度=\frac{满足客户要求数量}{客户要求数量}\times 100\%$$

$$缺货率=\frac{缺货次数}{客户订货次数}\times 100\%$$

准时交货率是满足客户需求的考核指标。其计算公式为：

$$准时交货率=\frac{准时交货次数}{总交货次数}\times 100\%$$

货损货差赔偿费率是反映仓库在整个收发保管作业过程中作业质量的综合指标。其计算公式为：

$$货损货差赔偿费率=\frac{货损货差赔偿费}{同期业务收入总额}\times 100\%$$

3. 能力与质量指标

货物吞吐量是指计划期内进出库货物的总量，一般用吨表示，计划指标通常以年吞吐量计算。能力与质量指标的计算公式如下：

$$计划期货物吞吐量=计划期货物总进库量+计划期货物总出库量+计划期货物直拨量$$

$$账货相符率=\frac{账货相符笔数}{库存货物总笔数}\times 100\%$$

$$进发货准确率=\frac{期内货物吞吐量-进发货差错总量}{期内货物吞吐量}\times 100\%$$

$$商品缺损率=\frac{期内商品缺损量}{期内库存商品总量}\times 100\%$$

$$平均储存费用=\frac{每月储存费用总额}{月平均储存量}\times 100\%$$

4. 库存效率指标

库存周转率是用于计算库存货物的周转速度、反映仓储工作水平的重要效率指标。它是在一定时期内销售成本与平均库存的比率，用时间表示库存周转率就是库存周转天数，可以用多种方式来表示。

基本表示方法：

$$货物周转次数(次/年)=\frac{年发货总量}{年货物平均储存量}$$

$$货物周转天数(天/次)=\frac{360}{货物年周转次数}$$

库存数量表示方法：

$$库存周转率=\frac{使用数量}{库存数量}\times 100\%$$

$$库存周转率=\frac{出库数量}{库存数量}\times 100\%$$

库存金额表示方法：

$$库存周转率=\frac{使用金额}{库存金额}\times 100\%$$

$$库存周转率=\frac{该期间的出库总金额}{该期间的平均库存金额}\times 100\%$$

5. 作业效益指标

利润总额是指仓储企业在一定时期内已实现的全部利润。它等于仓库实现的营业收入去除储存成本、税金，加上其他业务利润，加上营业外收支净额后的总额。作业效益指标的计算公式如下：

利润总额＝仓库营业利润＋投资净收益＋营业外收入－营业外支出

仓库营业利润＝仓库主营业务利润＋其他业务利润－管理费用－财务费用

$$每吨保管商品利润=\frac{报告期利润总额}{报告期商品储存总量}$$

$$资金利用率=\frac{利润总额}{固定资产平均占用额+流动资金平均占用额}\times 100\%$$

$$收入利用率=\frac{利润总额}{仓储营业收入}\times 100\%$$

$$人均实现利润=\frac{报告期年利润总额}{报告期年全员平均人数}$$

**拓展阅读**

## 齐尚服装集团仓储绩效评价模型

齐尚服装集团是一家从事服装生产和销售的公司。目前，该公司在华北、华中、华南各有 3 个大型区域仓库。其中，华北 3 个仓库分别记为仓库 1、仓库 2 和仓库 3，华中 3 个仓库分别记为仓库 4、仓库 5 和仓库 6，华南 3 个仓库分别记为仓库 7、仓库 8 和仓库 9。

首先，确定绩效考核指标体系。

结合服装企业仓储业务的特点，依据全面、科学、可操作性等指标确定的原则，通过运用理论分析、频度统计、专家咨询等方法，确定了服装企业仓储绩效评价指标体系目标层、准则层、指标层3层结构，以资源利用程度、服务水平、能力与质量、库存效率4个方面作为准则层，以仓库面积利用率、仓容利用率、设备完好率、设备利用率、设备作业能力利用率、装卸设备起重量利用率、资金利用率、劳动生产率、顾客满意度、缺货率、准时交货率、货损货差赔偿费率、服装产品吞吐量、账货相符率、进发货准确率、服装产品缺损率、平均储存费用、库存周转率18个方面作为指标层，具体见表4-35。

**表4-35　服装企业仓储绩效评价指标体系**

| 目标层 | 准则层 | 指标层 | 指标类型 |
|---|---|---|---|
| 服装企业最优仓库 | 资源利用程度 | 仓库面积利用率 | 效益型 |
| | | 仓容利用率 | 效益型 |
| | | 设备完好率 | 效益型 |
| | | 设备利用率 | 效益型 |
| | | 设备作业能力利用率 | 效益型 |
| | | 装卸设备起重量利用率 | 效益型 |
| | | 资金利用率 | 效益型 |
| | | 劳动生产率 | 效益型 |
| | 服务水平 | 顾客满意度 | 效益型 |
| | | 缺货率 | 成本型 |
| | | 准时交货率 | 效益型 |
| | | 货损货差赔偿费率 | 成本型 |
| | 能力与质量 | 服装产品吞吐量 | 效益型 |
| | | 账货相符率 | 效益型 |
| | | 进发货准确率 | 效益型 |
| | | 服装产品缺损率 | 成本型 |
| | | 平均储存费用 | 成本型 |
| | 库存效率 | 库存周转率 | 效益型 |

根据2017年各仓库运营状况，可获得表4-36中相关信息。

其次，运用改进熵值法确定各指标权重。

根据改进熵值法步骤和表4-35中的数据计算可得各指标的权重。根据指标的计算结果可得，服装企业在评价仓储绩效的时候，首先要考虑仓储作业的资源利用程度，其次要考虑服务水平、能力与质量，最后才要考虑库存效率。也就是说，资源利用程度是服装企业评价仓储绩效水平的优先考虑因素。

**表 4-36 齐尚服装集团各仓库基本情况**

| 指标 | 仓库 | | | | | | | | |
|---|---|---|---|---|---|---|---|---|---|
| | 1 | 2 | 3 | 4 | 5 | 6 | 7 | 8 | 9 |
| 仓库面积利用率（%） | 98.1 | 98.3 | 98.4 | 98.4 | 98.9 | 98.4 | 98.3 | 98.8 | 98.5 |
| 仓容利用率（%） | 92.4 | 94.3 | 86.5 | 83.9 | 92.5 | 87.2 | 85.9 | 85.3 | 83.8 |
| 设备完好率（%） | 88.3 | 88.7 | 93.1 | 90.8 | 88.0 | 86.1 | 93.9 | 82.6 | 90.6 |
| 设备利用率（%） | 91.4 | 93.2 | 90.7 | 98.4 | 92.7 | 97.5 | 91.4 | 84.8 | 89.4 |
| 设备作业能力利用率（%） | 93.4 | 94.4 | 88.3 | 91.5 | 86.9 | 85.4 | 88.8 | 92.1 | 90.8 |
| 装卸设备起重量利用率（%） | 76.4 | 84.3 | 70.5 | 79.6 | 77.8 | 82.8 | 76.5 | 86.3 | 88.9 |
| 资金利用率（%） | 84.5 | 80.9 | 79.5 | 84.7 | 83.8 | 90.8 | 82.8 | 93.4 | 76.5 |
| 劳动生产率（%） | 88.4 | 81.4 | 90.9 | 79.8 | 71.4 | 80.1 | 81.5 | 83.6 | 86.9 |
| 顾客满意度（%） | 90.3 | 93.5 | 95.3 | 89.5 | 95.6 | 98.7 | 89.5 | 84.8 | 88.6 |
| 缺货率（%） | 4.3 | 6.1 | 7.2 | 3.3 | 2.5 | 6.2 | 4.9 | 5.2 | 3.4 |
| 准时交货率（%） | 93.0 | 94.2 | 90.9 | 92.1 | 93.2 | 90.3 | 89.9 | 88.6 | 87.3 |
| 货损货差赔偿费率（元） | 1 118 | 1 184 | 1 119 | 1 961 | 1 152 | 1 119 | 1 134 | 1 181 | 1 145 |
| 服装产品吞吐量（吨） | 274.1 | 253.9 | 345.4 | 234 | 268.9 | 331.4 | 274.1 | 281.8 | 313.9 |
| 账货相符率（%） | 95.3 | 94.8 | 94.1 | 94.6 | 95.4 | 87.3 | 94.5 | 98.4 | 94.3 |
| 进发货准确率（%） | 98.0 | 97.5 | 95.4 | 99.2 | 95.6 | 96.8 | 95.6 | 98.5 | 97.8 |
| 服装产品缺损率（%） | 2.1 | 1.4 | 1.9 | 2.8 | 2.4 | 2.2 | 3.1 | 2.7 | 2.4 |
| 平均储存费用（元） | 1 891 | 1 783 | 2 000 | 1 451 | 1 854 | 1 873 | 1 923 | 1 823 | 1 563 |
| 库存周转率（%） | 92.1 | 93.6 | 93.2 | 90.5 | 89.4 | 87.4 | 93.4 | 94.2 | 92.3 |

最后，运用逼近理想点法对服装企业仓库进行绩效评价。

由表 4-37 可知，在资源利用程度准则下，可得各仓库综合绩效评价值的大小顺序为：仓库 9>仓库 5>仓库 1>仓库 2>仓库 6>仓库 8>仓库 3>仓库 7>仓库 4。

**表 4-37 评价模型的计算结果**

| 准则 | 仓库 | | | | | | | | |
|---|---|---|---|---|---|---|---|---|---|
| | 1 | 2 | 3 | 4 | 5 | 6 | 7 | 8 | 9 |
| 资源利用程度 | 0.571 5 | 0.574 6 | 0.473 3 | 0.523 5 | 0.367 8 | 0.572 6 | 0.457 9 | 0.576 9 | 0.554 9 |
| 服务水平 | 0.438 3 | 0.568 5 | 0.595 7 | 0.420 5 | 0.063 3 | 0.590 8 | 0.531 9 | 0.560 2 | 0.307 7 |
| 能力与质量 | 0.497 4 | 0.666 4 | 0.633 2 | 0.314 9 | 0.376 1 | 0.553 7 | 0.158 4 | 0.290 7 | 0.514 7 |
| 库存效率 | 0.691 2 | 0.911 8 | 0.852 9 | 0.455 9 | 0.294 1 | 0.000 0 | 0.882 4 | 1.000 0 | 0.720 6 |
| 综合值 | 0.628 2 | 0.555 2 | 0.484 1 | 0.461 2 | 0.656 5 | 0.518 5 | 0.471 6 | 0.497 7 | 0.675 6 |

由此可知，2017年齐尚服装集团的最优仓库为位于华南的仓库9。根据上述结果，齐尚服装集团应该对仓库9的管理人员给予一定量的物质上和精神上奖励，同时对仓库4的管理人员给予一定量的物质上和精神上惩罚。此外，齐尚服装集团应对仓库3、仓库7和仓库4加强仓储作业管理，以便改进各仓库的不足之处，从而提高各仓库的综合竞争实力。

资料来源：江玉杰．基于改进Entropy-Topsis法的服装企业仓储绩效评价模型［J］．浙江纺织服装职业技术学院学报，2019，18（2）．

## 四、配送绩效考核指标

配送绩效考核指标包括以下类别的指标，具体指标如下。

1. 资源利用指标

$$车辆装载率=\frac{车辆实际装载量}{车辆最大的装载量}\times 100\%$$

$$车辆空车率=\frac{空车行驶距离}{配送总距离}\times 100\%$$

2. 服务水平指标

$$客户满意程度=\frac{物流企业中服务次数-客户抱怨数}{物流企业中服务次数}\times 100\%$$

$$配送正确率=\frac{配送正确笔数}{配送总笔数}\times 100\%$$

$$配送准时率=\frac{实际准时到货次数}{总到货次数}\times 100\%$$

$$货损货差赔偿费率=\frac{货损货差赔偿费}{同期业务收入总额}\times 100\%$$

3. 能力与质量指标

$$平均每人配送量=\frac{出货量总计}{配送人员数}$$

$$拣货差错率=\frac{拣货错误笔数}{订单总笔数}\times 100\%$$

$$订单延迟率=\frac{延迟交货订单数}{订单数量}\times 100\%$$

$$平均配送费用=\frac{每月配送费用总额}{月平均配送量}\times 100\%$$

4. 配送安全指标

$$车祸肇事率=\frac{车祸肇事次数}{总配送次数}\times 100\%$$

5. 作业效益指标

$$净资产收益率=\frac{净利润总额}{平均净资产}\times 100\%$$

$$配送成本费用利润率=\frac{本期配送利润总额}{本期配送成本费用}\times 100\%$$

$$单位配送成本=\frac{商品配送费用总额}{商品配送总量}\times 100\%$$

拓展阅读

## 鲜活农产品物流配送的绩效评价方法

在进行配送绩效评价时，选择成本指标和运输指标作为配送体系的2个重要指标。指标分为一级指标和二级指标。一级指标包括4个：配送成本、运输、服务水平、内部运作。配送成本包含8个二级指标：分拣费用、配装费用、包装费用、流通加工费用、运输费用、库存周转率、装卸费用、设备折旧率；运输包含9个二级指标：车辆总数、满载率、承运能力、配送安全性、送货及时率、交货准确率、配送一致性、配送灵活性、途中破损率；服务水平包含6个二级指标：客户满意度、配送人员的应变能力、驾驶员技术水平、客户问题处理率、人员素质、用户需求信息；内部运作包含7个二级指标：订单处理时间、人员利用率、设备利用率、信息化水平、在库残存率、单据传输准确率、订单满足率。

1. 指标的筛选与精简

对初步选取的指标，运用大规模AHP决策运算方法ABC筛选法，采用专家评分法对同一层的指标运用调查表格的形式由专家作出判断，分别计算出权重值，对B类、C类因素不予考虑，从而得出此评价体系的简化模型。

2. 绩效评价方法

采用从ABC法得出的权重来作为指标权重，依据模糊数学理论进行综合评价。选取亲自参与配送的工作人员即专家20余人，发送E-mail咨询，对经过量化的数据进行评定，得出相应的单因素评价矩阵。由模糊综合评价的结果可知，该物流配送中心总的运作绩效属于良好水平，评价等级为优和良的隶属度占62%。在3个一级评价指标中，服务水平指标的评价结果比较好，评价等级为优。但配送成本与运输指标的评价为良，其中配送成本指标一般和差的评价隶属度占44%。因此，在降低配送成本方面，应该增强鲜活农产品包装和流通加工的技术，从而降低配送成本；在促进先进技术的应用方面，要引进一些自动化程度较高的物流设备。

资料来源：于航，张凯．鲜活农产品物流配送的绩效评价方法［J］．安徽农业科学，2010，38（28）．

## 五、运输车辆绩效考核指标

运输车辆绩效考核指标有多种，主要指标如下所示。

1. 车辆运行效用考核指标

车辆时间利用指标：

$$车辆工作率=\frac{工作车日}{总车日}\times 100\%$$

$$车辆完好率=\frac{完好车日}{总车日}\times 100\%$$

$$出车时间利用系数=\frac{运行时间}{出车时间}\times 100\%$$

$$平均日出车时间=\frac{计算期每日出车时间累计}{同期工作车日总数}\times 100\%$$

$$昼夜时间利用系数=\frac{平均每日出车时间(小时)}{24\ 小时}\times 100\%$$

注：出车时间＝纯运行时间＋停歇时间。

车辆速度利用指标：

$$技术速度=\frac{总里程}{同期运行时间}$$

$$营运速度=\frac{总里程}{同期出车时间}$$

$$平均车日行程=\frac{计算期总行程}{同期工作车日}$$

车辆行程利用指标：

$$总行程=平均车日行程\times 工作车日数$$

$$行程利用率=\frac{载重行程}{总行程}\times 100\%$$

车辆载重能力利用指标：

$$吨位利用率=\frac{实际载重量}{额定载重量}\times 100\%$$

2. 车辆正确使用考核指标

$$车辆事故频率=\frac{当月事故次数}{当月车辆使用时间}$$

$$车辆违章频率=\frac{当月违章次数}{当月行驶里程}$$

$$车辆维修费率=\frac{当月维修费用}{当月行驶里程}$$

$$货损货差率=\frac{货损货差金额}{运输总金额}\times 100\%$$

$$油耗考核=\frac{车辆每单位里程的实际油耗量}{车辆标准油耗}\times 100\%$$

拓展阅读

## 运输部经理绩效考核指标量表参考

运输部经理绩效考核指标量表见表 4－38。

表 4－38 运输部经理绩效考核指标量表

| 被考核人姓名 | | 职位 | 运输部经理 | 部门 | 运输部 |
|---|---|---|---|---|---|
| 考核人姓名 | | 职位 | 总经理 | 部门 | |
| 序号 | KPI 指标 | 权重 | 绩效目标值 | | 考核得分 |
| 1 | 运输任务完成率 | 20% | 考核期内运输任务完成率达 100% | | |
| 2 | 运输管理费用总额 | 15% | 考核期内运输管理费用总额控制在预算范围内 | | |
| 3 | 运输路线计划更改的次数 | 15% | 考核期内运输路线计划更改次数在______次以内 | | |
| 4 | 运输资源开发计划完成率 | 10% | 考核期内运输资源开发计划完成率在______%以上 | | |
| 5 | 完成运量及时率 | 10% | 考核期内完成运量及时率在______%以上 | | |
| 6 | 运输货损率 | 10% | 考核期内运输货损率在______%以下 | | |
| 7 | 单位运输成本降低率 | 10% | 考核期内单位运输成本降低率达______% | | |
| 8 | 车辆完好率 | 5% | 考核期内车辆完好率达______% | | |
| 9 | 运输安全事故发生次数 | 5% | 考核期内运输安全事故发生次数在______次以下 | | |
| 10 | 员工管理 | 5% | 考核期内部门员工绩效考核平均得分在______分以上 | | |
| 本次考核得分 | | | | | |
| 考核指标说明 | $运输资源开发计划完成率=\frac{运输资源开发实际完成量}{运输资源开发计划完成量}\times 100\%$ | | | | |
| 被考核人 | | 考核人 | | 复核人 | |
| 签字： | 日期： | 签字： | 日期： | 签字： | 日期： |

资料来源：运输配送人员绩效考核方案．（2020－08－11）．https://wenku.baidu.com/view/854fb5c6ff0a79563c1ec5da50e2524de418d058.html.

## 六、物流责任成本考核的作用

1. 责任成本管理法使物流成本的控制有了主动力

责任成本管理是重管“事”而不重管“人”，重视对人的激励和引导，通过正确引导，使他们朝着有利于完成企业目标的方向发展。通过对责权利的严格划分，层层签订责任成本合同，把与物流有关的每一项支出与职工的经济利益联系起来．促使职工发挥主观能动性，积极探索新工艺、新方法、新材料、新能源、新设备，充分依靠科学技术来降低物流成本，在增加个人收益的同时也提高了企业的经济效益。

2. 责任成本管理法使物流成本控制更具有实效性和可操作性

责任成本管理依据科学合理的测算和分析，更具实效性和可操作性。责任成本管理的实施是首先确定目标成本，然后采用“顺推法”确定责任成本，编制责任预算，并将其层层分解到各责任控制中心，成为落实到各个部门、各个班组、各个人员的责任成本。在实际工作中如果条件有所变化，则相应的责任预算和责任成本也应该作合理的调整，以保证其有效性。最后，定期对各责任中心的实际成本与责任成本进行比较，对节约或超支严格实行奖罚，并且要作出细致的数据分析，这样才能扬长避短，不断提高物流成本管理水平。

3. 责任成本管理可以更新物流成本管理观念

责任成本管理要求对物流成本进行事前预测、事中控制、事后分析的全员管理、全过程管理、全环节管理和全方位管理，责任指标细化量化，保证了物流成本管理的科学性和合理性。责任成本管理可以提高员工的积极性，真正激发员工的主人翁意识，促进物流手段和设备的改进，可以有效地推动物流成本管理。

**学习讨论**

参考表4-39，结合配送绩效考核指标必备知识，整理出制定量化考核指标需要具备的要素，同时结合自己的企业实践或教师指导，自行完善配送员工的绩效考核量表。

**表4-39　配送员工绩效考核指标节选**

| 序号 | 量化考核指标 | 权重 | 评分标准 | 数据来源 | 得分 |
|---|---|---|---|---|---|
| 1 | 配送任务完成率 | 15% | 每有1次未按时完成，减____分 | 业务部、物流部 | |
| 2 | 货物准时送达率 | 15% | 每有1次延误，减____分 | 客户、物流部 | |

答：

______________________________________________

______________________________________________

## 任务解决

通过上述必备知识学习，我们现在一起来完成工作情境中的工作任务。

问题一，通过必备知识的学习可以获悉，责任成本是成本（费用）中心在一定期间内发生的各项可控成本的总和。通过责任成本制可以将成本与经济责任制结合起来，把能够用成本反映的经济责任落实到各部门、车间、班组以至个人，借以调动降低成本积极性的成本指标。可以以物流责任成本报告为考核依据，将实际成本与预算成本或责任成本进行比较，确定两者差异的性质、数额以及形成的原因，并根据差异分析的结果，对各物流成本中心进行奖惩，以督促各物流成本中心努力降低成本，这样可以在一定程度上保证各责任中心的责任报告的合理性。参考物流责任成本考核中的示例内容，可以完成表 4－28 中的业绩报告核算，见表 4－40。

**表 4－40 各班组责任成本核算表**

单位：元

| 项目 | 实际 | 预算 | 差异 |
|---|---|---|---|
| A 班组责任成本 | 76 230 | 80 000 | －3 770 |
| B 班组责任成本 | 70 003 | 67 890 | 2 113 |
| C 班组责任成本 | 75 680 | 73 877 | 1 803 |
| 合计 | 221 913 | 221 767 | 146 |
| 仓储责任中心可控成本 | 21 100 | 22 098 | －998 |
| 管理人员工资 | 24 000 | 23 890 | 110 |
| 设备折旧费 | 21 239 | 22 348 | －1 109 |
| 设备维修费 | 5 589 | 5 600 | －11 |
| 水电费 | 3 400 | 3 000 | 400 |
| 办公费 | 6 800 | 7 246 | －446 |
| 低值易耗品 | 459 | 400 | 59 |
| 合计 | 82 587 | 84 582 | －1 995 |
| 仓储部门责任成本合计 | 304 500 | 306 349 | －1 849 |

从表 4－40 中可以看出，仓储部预计花费 306 349 元，实际花费 304 500 元，成本控制效果好。从具体内容来看，A 班组责任成本控制良好，但是 B 班组责任成本和 C 班组责任成本存在超支现象，后期需要对 B 班组和 C 班组成本控制项目进行管控。除此之外，仓储责任中心的管理人员工资、水电费和低值易耗品等存在超支现象，后期需要根据成本管控需要制定出合理的绩效考核量表，落实责任。

问题二，本任务单元列出的绩效考核指标包括仓储、配送和运输等主要绩效考核指标，结合本任务单元的工作情境内容，需要针对仓储环节设计绩效考核指标，具体在实施前，需要根据责任成本报告来规划和设计未来年度的考核量表。

## 自我训练

请结合表4－28中的责任成本报告和仓储绩效考核指标，设计出一个小的绩效考核量表，完成本任务单元工作情境要求的设计仓储部门的考核量表。

答：________________________________________________

________________________________________________

## 单元自测

### 一、单选题

1. 责任成本按（　　）归集和分摊费用。

A. 可控原则　　B. 不可控原则　　C. 相关原则　　D. 雷同原则

2. （　　）是指对物流费用进行归集、分配，对物流成本能加以控制、考核的责任单位。

A. 物流责任成本中心　　B. 物流责任预算中心

C. 物流责任考核中心　　D. 物流责任评价中心

3. （　　）是成本（费用）中心在一定期间内发生的各项可控成本的总和。

A. 责任成本　　B. 标准成本　　C. 预算成本　　D. 绩效成本

### 二、多选题

1. 物流成本责任报告表的编制方法有（　　）。

A. 直接计算法　　B. 间接计算法　　C. 成本差异法　　D. 绩效考核法

2. 配送绩效考核指标包括（　　）。

A. 资源利用指标　　B. 服务水平指标　　C. 能力与质量指标　D. 配送安全指标

3. 有关成本中心，描述正确的有（　　）。

A. 对成本和费用承担控制的中心　　B. 对成本和费月承担考核责任的中心

C. 对成本具有可控性的责任单位　　D. 对成本具有不可控性的责任单位

### 三、判断题

1. 在特定空间内，不可控成本通过人为努力可以控制。（　　）

2. 成本中心是对成本不具有可控性的责任单位。（　　）

3. 在责任中心确定的前提下，确定责任成本的关键是成本可控性，它容易受发生区域的影响。（　　）

## 技能实训

### 宁波科翔技术有限公司物流标准法训练

**[实训目标]**

通过本技能训练任务，使大家：

1. 能够根据物流标准成本法原理和核算法则对企业物流中的直接材料、直接人工和制造费用等物流成本制定出合理的标准成本。

2. 能够对企业物流中的直接材料和直接人工等标准物流成本进行差异分析。

**[情景资料]**

宁波科翔技术有限公司（公司简介详见附录1）是位于宁波北仑保税区的一家以生产汽车配件为主的汽车配件制造有限公司，公司产品畅销海内外。随着中国制造业的转型升级，公司将原来海外业务逐渐向国内业务拓展，在此基础上，要求对物流成本进行合理管控，实现充分有效地利用各种资源、提高企业的综合效益的目标，从而更好地满足企业和社会需求。

**情境一：根据给定的标准成本信息，汇总并核算出单位物流服务所需的标准成本费用**

宁波科翔技术有限公司物流管理部对某产品提供物流服务时，需要两种材料，相关资料见表4-41。

**表4-41　两种材料数量信息表**

| 标准 | 品种 | |
|---|---|---|
| | A材料 | B材料 |
| 预计发票单价 | 5 | 6 |
| 装卸检验等成本 | 1 | 2 |
| 直接材料价格标准（元/千克） | 6 | 8 |
| 材料设计用量 | 6 | 7 |
| 允许损耗量 | 1 | 2 |
| 直接材料用量标准（千克） | 7 | 9 |

**任务1**　根据表4-41给定的成本信息，完成表4-42中的成本信息填写。

表 4-42　直接材料标准成本汇总表

| 标准 | A材料 | B材料 |
| --- | --- | --- |
| 用量标准（1） | | |
| 价格标准（2） | | |
| 成本标准（3） | | |
| 合计 | | |

宁波科翔技术有限公司物流管理部对某产品提供物流服务时，需要经过两道工序才能完成物流服务，相关资料见表 4-43。

表 4-43　两道工序直接人工信息表

| 标准 | 工序 | |
| --- | --- | --- |
| | 第一道工序 | 第二道工序 |
| 每人月工时（8 小时×22 天） | 176 | 176 |
| 物流服务工人人数 | 20 | 15 |
| 每月总工时 | 3 520 | 2 640 |
| 每月工资总额 | 60 192 | 60 192 |
| 工资率标准（元/小时） | 15 | 20 |
| 应付福利费提取率 | 14% | 14% |
| 直接人工价格标准（元/小时） | 17.1 | 22.8 |
| 物流服务时间（人工小时/件） | 2 | 1.5 |
| 休息时间（人工小时/件） | 0.5 | 0.2 |
| 其他时间（人工小时/件） | 0.4 | 0.3 |
| 直接人工用量标准（人工小时/件） | 2.9 | 2 |

**任务 2**　根据表 4-43 给定的成本信息，完成表 4-44 中的成本信息填写。

表 4-44　直接人工标准成本汇总表

| 项目 | 第一道工序 | 第二道工序 |
| --- | --- | --- |
| 标准总工时（1） | | |
| 月标准总工资（2） | | |
| 标准工资率（元/小时）（3）=（2）÷（1） | | |
| 单位物流服务的工时标准（4） | | |
| 直接人工标准成本（5）=（4）×（3） | | |
| 合计 | | |

宁波科翔技术有限公司物流管理部对某产品提供物流服务时，需要在仓库完成相应的物流服务，其中的制造费用信息见表 4-45。

表 4-45 制造费用信息表

| 标准 | 仓库 |
| --- | --- |
| 制造费用预算（元） | |
| 变动性制造费用预算： | 3 100 |
| 间接材料费用 | 2 000 |
| 间接人工费用 | 800 |
| 水电费用 | 300 |
| 固定性制造费用预算： | 56 400 |
| 管理人员工资 | 20 000 |
| 折旧费 | 12 000 |
| 其他费用 | 24 400 |
| 预算的标准工时 | 10 000 |
| 用量标准（机器小时/件） | 2 |

**任务 3** 根据表 4-45 给定的成本信息，完成表 4-46 中的成本信息填写。

表 4-46 制造费用标准成本汇总表

| 项目 | 仓库 |
| --- | --- |
| 标准总工时（小时）(1) | |
| 标准变动制造费用总额（元）(2) | |
| 标准变动制造费用分配率（元/小时）(3) ＝(2) ÷ (1) | |
| 单位物流服务工时标准（小时）(4) | |
| 变动制造费用标准成本（元）(5) ＝(4) × (3) | |
| 标准固定制造费用总额（元）(6) | |
| 标准固定制造费用分配率（元/小时）(7) ＝(6) ÷ (1) | |
| 固定制造费用标准成本（元）(8) ＝(4) × (7) | |
| 单位物流服务制造费用标准成本（元）(9) ＝(5) ＋ (8) | |

**任务 4** 根据表 4-42、表 4-44 和表 4-46 中填列的成本信息，完成表 4-47 中的成本信息填写。

表 4-47 单位物流服务标准成本汇总表

| 成本项目 | | 用量标准 | 价格标准 | 成本标准 |
| --- | --- | --- | --- | --- |
| 直接材料 | A | | | |
| | B | | | |
| | 小计 | — | — | |
| 直接人工 | 第一道工序 | | | |
| | 第二道工序 | | | |
| | 小计 | — | — | |
| 变动制造费用 | | | | |
| 固定制造费用 | | | | |
| 单位物流服务标准成本 | | — | — | |

**工作准备：**

（1）阅读情境一的资料，明确直接材料标准成本制定公式，辨析多种材料下的标准成本制定公式与单一材料下的标准成本制定公式的差异。

（2）明确直接人工标准成本制定公式，辨析多道工序下的标准成本制定公式与单一工序下的标准成本制定公式的差异。

（3）明确变动制造费用与固定制造费用标准成本制定公式的差异。

（4）根据情境一的资料，准备完成任务的电子文档或者纸质文档，找到并仔细阅读完成任务的评价表。

**工作实施：**

引导问题1：标准成本法的内涵是什么？实际工作中，往往采用哪种标准成本来应用？

引导问题2：直接人工标准成本单一工序公式是什么？多道工序的公式又是什么？

引导问题3：直接材料标准成本单一材料公式是什么？多种材料消耗下的公式又是什么？

引导问题4：固定制造费用标准成本制定公式是什么？变动制造费用标准成本制定公式又是什么？

引导问题5：变动成本法和完成产品法制定产品标准成本的差异是什么？

**任务1**　根据表4-41给定的成本信息，完成表4-48中的成本信息填写。

**表4-48　直接材料标准成本汇总表**

| 标准 | A材料 | B材料 |
| --- | --- | --- |
| 用量标准（1） | | |
| 价格标准（2） | | |
| 成本标准（3） | | |
| 合计 | | |

**任务2** 根据表4-43给定的成本信息，完成表4-49中的成本信息填写。

**表4-49 直接人工标准成本汇总表**

| 项目 | 第一道工序 | 第二道工序 |
|---|---|---|
| 标准总工时（1） | | |
| 月标准总工资（2） | | |
| 标准工资率（元/小时）（3）=（2）÷（1） | | |
| 单位物流服务的工时标准（4） | | |
| 直接人工标准成本（5）=（4）×（3） | | |
| 合计 | | |

**任务3** 根据表4-45给定的成本信息，完成表4-50中的成本信息填写。

**表4-50 制造费用标准成本汇总表**

| 项目 | 仓库 |
|---|---|
| 标准总工时（小时）（1） | |
| 标准变动制造费用总额（元）（2） | |
| 标准变动制造费用分配率（元/小时）（3）=（2）÷（1） | |
| 单位物流服务工时标准（小时）（4） | |
| 变动制造费用标准成本（元）（5）=（4）×（3） | |
| 标准固定制造费用总额（元）（6） | |
| 标准固定制造费用分配率（元/小时）（7）=（6）÷（1） | |
| 固定制造费用标准成本（元）（8）=（4）×（7） | |
| 单位物流服务制造费用标准成本（元）（9）=（5）+（8） | |

**任务4** 根据表4-42、表4-44和表4-46中填列的成本信息，完成表4-51中的成本信息填写。

**表4-51 单位物流服务标准成本汇总表**

| 成本项目 | | 用量标准 | 价格标准 | 成本标准 |
|---|---|---|---|---|
| 直接材料 | A | | | |
| | B | | | |
| | 小计 | — | — | |
| 直接人工 | 第一道工序 | | | |
| | 第二道工序 | | | |
| | 小计 | — | — | |
| 变动制造费用 | | | | |
| 固定制造费用 | | | | |
| 单位物流服务标准成本 | | — | — | |

**评价反馈：**

每两个同学为一组，每个同学需要相互展示作品，介绍任务的完成情况。作品展示前准备阐述材料，填写阐述项目表，并完成评价表表 4 - 52 和表 4 - 53 的填写。

**表 4 - 52　学生自评表**

| 序号 | 任务 | 完成情况记录 |
|---|---|---|
| 1 | 是否按计划时间完成 | |
| 2 | 技能训练情况 | |
| 3 | 相关理论完成情况 | |
| 4 | 任务完成情况 | |
| 5 | 任务创新情况 | |
| 6 | 材料上交情况 | |
| 7 | 收获 | |

注：评价档次统一采用 A（优秀）、B（良好）、C（合格）、D（努力）四个档次。

**表 4 - 53　学生互评表**

| 序号 | 任务 | 小组互评 | 教师评价 |
|---|---|---|---|
| 1 | 是否按计划时间完成 | | |
| 2 | 作品完成上交情况 | | |
| 3 | 作品质量 | | |
| 4 | 语言表达能力 | | |
| 5 | 创新点（或收获） | | |

注：评价档次统一采用 A（优秀）、B（良好）、C（合格）、D（努力）四个档次。

## 情境二：对企业物流中的直接材料和直接人工等标准物流成本进行差异分析

已知在实际业务操作中，公司的直接材料和直接人工的第一道工序出现了实际应用和预计应用不符合的现象，相关信息见表 4 - 54 和表 4 - 55，请进行差异分析，并确定相关原因。

**表 4 - 54　直接材料变动信息表**

| 物流服务量（件） | A 材料 | | | | |
|---|---|---|---|---|---|
| | 单位标准用量（千克） | 单位标准价格（元/千克） | 总标准用量（千克） | 总实际用量（千克） | 单位实际价格（元/千克） |
| | 7 | 6 | 8 498 | 8 500 | 5 |
| 1 214 | B 材料 | | | | |
| | 单位标准用量（千克） | 单位标准价格（元/千克） | 总标准用量（千克） | 总实际用量（千克） | 单位实际价格（元/千克） |
| | 9 | 8 | 10 926 | 10 000 | 9 |

表 4-55 直接人工第一道工序变动信息表

| 物流服务量（件） | 单位标准工时（小时/件） | 单位标准工资率（元/小时） | 总标准工时（小时） | 实际耗费工时（小时） | 单位实际工资率（元/小时） | 实际工资总额（元） |
|---|---|---|---|---|---|---|
| 1 214 | 2.9 | 17.1 | 3 520 | 3 600 | 16.5 | 59 400 |

**任务 5** 结合情境一中的对应表格，分析直接材料和直接人工第一道工序的差异及变动原因。

**工作准备：**

（1）阅读情境二的资料，识别直接材料和直接人工差异的分析步骤，明确直接材料和直接人工差异形成的原因。

（2）根据情境二的资料，准备完成任务的电子文档或者纸质文档，找到并仔细阅读完成任务的评价表。

**工作实施：**

引导问题 1：成本差异的分类有什么呢？是否有利差异越大越好呢？

______________________________

______________________________

引导问题 2：直接材料差异形成的原因分别是什么？

______________________________

______________________________

引导问题 3：直接人工差异形成的原因分别是什么？

______________________________

______________________________

| |
|---|
| 任务 5：结合情境一中的对应表格，分析直接材料和直接人工第一道工序的差异及变动原因。 |

**评价反馈：**

每两个同学为一组，每个同学需要相互展示作品，介绍任务的完成情况。作品展示前准备阐述材料，填写阐述项目表，并完成评价表表 4-56 和表 4-57 的填写。

表 4-56　学生自评表

| 序号 | 任务 | 完成情况记录 |
|---|---|---|
| 1 | 是否按计划时间完成 | |
| 2 | 技能训练情况 | |
| 3 | 相关理论完成情况 | |
| 4 | 任务完成情况 | |
| 5 | 任务创新情况 | |
| 6 | 材料上交情况 | |
| 7 | 收获 | |

注：评价档次统一采用 A（优秀）、B（良好）、C（合格）、D（努力）四个档次。

表 4-57　学生互评表

| 序号 | 任务 | 小组互评 | 教师评价 |
|---|---|---|---|
| 1 | 是否按计划时间完成 | | |
| 2 | 作品完成上交情况 | | |
| 3 | 作品质量 | | |
| 4 | 语言表达能力 | | |
| 5 | 创新点（或收获） | | |

注：评价档次统一采用 A（优秀）、B（良好）、C（合格）、D（努力）四个档次。

## 综合评价：

每个同学在完成上述技能训练任务后，需要填写表 4-58 对应内容，参与互评的同学也需要填写表 4-58 对应内容。教师根据学生训练表现和作业质量，在表 4-58 中完成对学生技能训练的综合评价。

表 4-58　综合评价表

| 序号 | 评价项目 | 自我评价 | 互相评价 | 教师评价 | 综合评价 |
|---|---|---|---|---|---|
| 1 | 学习准备 | | | | |
| 2 | 引导问题填写 | | | | |
| 3 | 完成质量 | | | | |
| 4 | 完成速度 | | | | |
| 5 | 关键技能要领掌握 | | | | |
| 6 | 5S 管理 | | | | |
| 7 | 沟通协作 | | | | |
| 8 | 展示汇报 | | | | |
| 9 | 参与讨论积极主动性 | | | | |

注：评价档次统一采用 A（优秀）、B（良好）、C（合格）、D（努力）四个档次。

## 学思之窗

### 物流行业“十四五”规划展望：推进物流降本增效

新一轮产业革命和技术革命风起云涌，国内外环境发生深刻变化。作为支撑国民经济发展的基础性、战略性、先导性产业，我国物流业仍然处于重要的战略机遇期。“十三五”期间，我国物流行业取得了骄人的成绩，“十四五”期间，国家将以推动现代物流业高质量发展为重点，以支撑构建新发展格局为目标，以深化供给侧结构性改革、推动现代物流业实现由大到强转变为主线，深入推进现代化物流提质增效降本。

伴随着新一轮产业革命以及中美贸易摩擦，全球产业布局和全球供应链格局均将发生重大调整。未来，我国的制造业将加速向智能化、高端化、精细化发展，对于物流供应链可视化、协同化、全球化和稳健性的要求越来越高。作为生产性服务业的重要组成部分，物流业将在提升制造业的核心竞争力方面发挥更加重要的作用。未来这种趋势将进一步驱动物流业与制造业深度联动融合发展。对于物流企业而言，竞争力的关键不再是单纯提供物流运营业务，而是能够输出上下游供应链一体化的解决方案，实现制造、流通和消费的无缝对接。培育具有国际竞争力的全球供应链体系，将成为物流业和制造业深度联动融合发展的核心。

中央经济工作会议将“5G、人工智能、工业互联网、物联网”定义为“新型基础设施建设”，并且提出“加大城际交通、物流、市政基础设施等投资力度”，《国家物流枢纽布局和建设规划》提出以 127 个城市作为国家物流枢纽承载城市建设现代化物流运行体系。预计作为政府稳增长、稳投资的重点领域，智慧型物流园区、物流物联网络、农村物流、冷链物流等新型物流基础设施的投资规模将进一步加大。

“十四五”规划下，物流行业高质量发展面临的 4 个难题如下：

（一）物流产业结构不均衡

我国物流产业结构不均衡严重阻碍高质量发展，具体表现为：沿海地区经济发达的珠三角、长三角、环渤海和京津地区，物流资源相对集中，发展水平较高；而中西部地区尤其是西藏、甘肃等地，物流规模明显偏低，物流业发展水平与东部地区差距明显，同时，城乡之间物流资源分布也很不均衡，物流能力差别较大。区域间协作困难，物流大流通需要的组织形式、流通渠道等难以实现最优化状态。

（二）物流发展方式较粗放

物流业由于进入的壁垒比较低，我国物流企业数量虽多，但龙头企业较少。大多数企业存在规模小、资金不足、管理水平弱、设备自动化水平低、服务内容单一、创新能力不足等问题。粗放的发展方式不仅造成单个企业盈利能力弱，可持续发展能力低，也造成整个行业多数企业靠价格战来维持生存，甚至个别企业低于成本竞争，出现劣币驱逐良币现象。整个行业流成本居高不下，运营效率低，龙头企业引领作用弱，难以实现集约化发展，严重制约物流产业转型升级。

（三）物流基础设施不够完善

由于我国物流基础设施的规划和建设缺乏统筹协调，造成物流基础设施网络布局不合理，物流基础设施之间配套性、兼容性差，系统功能不强，具有多式联运功能、能支撑区域经济发展的综合物流枢纽设施建设投入较少，高效、顺畅、便捷的综合交通运输网络尚不健全，在一定程度上阻碍了物流业综合能力的提升。

（四）物流管理能力有待提升

物流运输方式、运输器具、包装标准等缺乏统一、规范的行业标准，物品在运输、仓储、配送等流动环节中难以实现一体化运作，大大降低了运输工具装载率、仓储空间利用率和工人操作效率；先进技术在物流行业普及程度还不高，很多企业还停留在纸笔时代，物流作业自动化水平低，信息传递速度慢，流程监管难度大；物流企业管理较为粗放，专业化水平不高，核心竞争力缺乏，整合协作能力不足，难以实现供应链一体化、智能化、集成化管理。

资料来源：物流行业“十四五”规划展望：推进物流降本增效 推动智慧物流发展（图）.（2019-10-16）. https://baijiahao.baidu.com/s?id=1647533864612025536&wfr=spider&for=pc.

# 参考文献


[1] 郑秀峦，温卫娟．物流成本管理［M］．北京：清华大学出版社，2021.

[2] 王桂花，高文华．物流成本管理［M］．北京：中国人民大学出版社，2014.

[3] 段春媚，刘姗姗．物流成本管理［M］.3版．北京：中国人民大学出版社，2020.

[4] 谢合明．物流成本管理实务［M］．北京：科学出版社，2018.

[5] 曲建科，杨明．物流成本管理［M］.3版．北京：高等教育出版社，2019.

[6] 杜晓荣．成本控制与管理［M］．北京：北京交通大学出版社，2018.

[7] 熊明华．企业社会责任成本与企业效益的关系研究［M］．浙江：浙江大学出版社，2016.

[8] 孙茂竹，支晓强，戴璐．管理会计学［M］.8版．北京：中国人民大学出版社，2018.

[9] 中国共产党第十九届中央委员会［M］．中共中央关于制定国民经济和社会发展第十四个五年规划和二〇三五年远景目标的建议．北京：人民出版社，2020.

[10] 曹模珍．现代企业物流成本控制分析［M］．北京：中国国际广播出版社，2019.

# 附　录

## 附录 1

学习项目依托企业载体：宁波科翔技术有限公司。

宁波科翔技术有限公司是位于宁波北仑保税区的一家以生产汽车配件为主的汽车配件制造有限公司，公司产品畅销海内外。随着中国制造业的转型升级，公司将原来海外业务逐渐向国内业务拓展，在此基础上，要求对物流成本进行合理管控，实现充分有效地利用各种资源、提高企业的综合效益、更好地满足企业和社会需求的目标。

公司产品涵盖汽车六大系列零部件的设计制造、销售及售后服务，主要包括底盘系统、汽车热管理系统、发动机附件系统、制动及传动系统、转向及安全系统、新能源及汽车电子系统，在这些领域都具有较强的研发能力，具有较强的市场竞争优势。

公司除了具有自身的汽车配件生产工厂（六大事业零部件事业部）之外，还成立了汽配物流事业部（下称物流管理部门）。该部门是以六大汽配项目为服务主体的事业部，具有独立的仓储、运输、配送、物流信息等传统运作。该部门的核心营运模式是为客户提供配送物流，实现循环取货、集约配送、零库存运作，这也是该部门的核心业务。

运输物流方面，公司需要承担不同区域内的汽车零部件的采购运输、合作伙伴零部件送达运输、汽车维修零部件市场配送以及召回部件的回收物流等工作。仓储方面，公司除了承担零部件的仓储和调拨储存之外，还要为不同的汽车配件生产事业部提供零部件等。配送方面，公司会同仓储部门，将公司所需的 130 多个品种的零部件及时送达生产线上，同时将生产好的零部件根据客户需求配送到客户公司。另外，仓储部门还与第三方物流公司合作，帮助公司完成 JIT（Just in Time，准时生产）配送。

新型冠状病毒肺炎疫情对全球经济造成了深远影响，其对全球经济及全球化的影响势必将持续较长一段时期。由于汽车行业本身是全球化的最大受益者之一，汽车行业产业链已较大程度地实现全球化，因此本次疫情对汽车行业的冲击较一般行业更大。而疫情过后某些国家和地区将不可避免地掀起逆全球化运动，届时，将进一步影响汽车行业的产业链和产业布局，并对当前的国内市场格局造成冲击。

公司长期以来认为物流管理部门起到的作用只是保障后勤，即保障公司六大生产事业部的顺利生产销售即可。但是随着经济形势的变化，公司越发感受到，物流管理部门应该与其他六大生产事业部的地位是平行的，因此，公司痛下决心，要求物流管理部门按照《企业会计准则》的规定，进行独立核算和账务处理。

# 附录 2

加入或学习使用精品课程资源课件、PPT、视频、微课等资源，可以通过以下方式：

**方式一：浙江省精品在线开放课程共享平台：**https：//www. zjooc. cn

第一步，如果您不是成员，请点击“注册”。

第二步，注册成功后，点击“登录”按钮登录。

第三步，如果您是教师，登录界面显示，此时可以将您的学校名称、登录名等信息发送到邮箱 290108945@qq. com，申请加入“物流成本管理”教师团队。此后，您就可以依托课程资源建设自己的 SPOC 课程了，具体操作可以通过发送邮件咨询课程负责教师，邮箱地址为 290108945@qq. com。

（以下步骤适用于社会学员或者学生）

第四步，如果您是社会学员或者学生，登录后，可以在搜索栏中输入课程名“物流成本管理”，然后点击“搜索”按钮。

第五步，点击最近正在开课的课程，就可以加入进去学习了。

**方式二：智慧职教** MOOC **学院：**https：//mooc. icve. com. cn

第一步，如果您不是成员，请点击“立即注册”。

第二步，注册成功后，点击“登录”按钮登录。

第三步，如果您是教师，登录界面显示，此时可以将您的学校名称、登录名等信息发送到邮箱 290108945@qq. com，申请加入“物流成本管理”教师团队。此后，您就可以依托课程资源建设自己的 SPOC 课程了，具体操作可以通过发送邮件咨询课程负责教师，邮箱地址为 290108945@qq. com。

（以下步骤适用于社会学员或者学生）

第四步，如果您是社会学员或者学生，登录后，可以在搜索栏中输入课程名“物流成本管理”，然后点击“搜索”按钮。

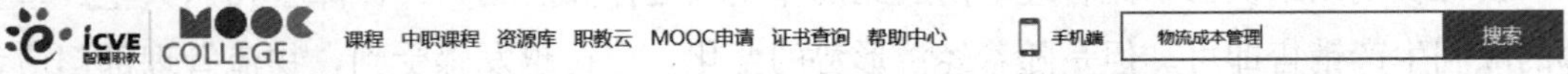


第五步，点击最近正在开课的课程，就可以加入进去学习了。

图书在版编目（CIP）数据

物流成本管理 / 王顺林主编．-- 北京：中国人民大学出版社，2022.6
新编 21 世纪高等职业教育精品教材．物流类
ISBN 978-7-300-30675-9

Ⅰ.①物…　Ⅱ.①王…　Ⅲ.①物流管理－成本管理－高等职业教育－教材　Ⅳ.①F253.7

中国版本图书馆 CIP 数据核字（2022）第 095902 号

浙江省普通高校“十三五”新形态教材
新编 21 世纪高等职业教育精品教材·物流类
**物流成本管理**
主　编　王顺林
副主编　陈一芳
Wuliu Chengben Guanli

| | | | |
|---|---|---|---|
| 出版发行 | 中国人民大学出版社 | | |
| 社　　址 | 北京中关村大街 31 号 | 邮政编码 | 100080 |
| 电　　话 | 010－62511242（总编室） | | 010－62511770（质管部） |
| | 010－82501766（邮购部） | | 010－62514148（门市部） |
| | 010－62515195（发行公司） | | 010－62515275（盗版举报） |
| 网　　址 | http://www.crup.com.cn | | |
| 经　　销 | 新华书店 | | |
| 印　　刷 | 北京市鑫霸印务有限公司 | | |
| 规　　格 | 185 mm×260 mm　16 开本 | 版　　次 | 2022 年 6 月第 1 版 |
| 印　　张 | 18 插页 1 | 印　　次 | 2022 年 6 月第 1 次印刷 |
| 字　　数 | 383 000 | 定　　价 | 40.00 元 |